LYON. — IMPRIMERIE ALF. LOUIS PERRIN & MARINET.

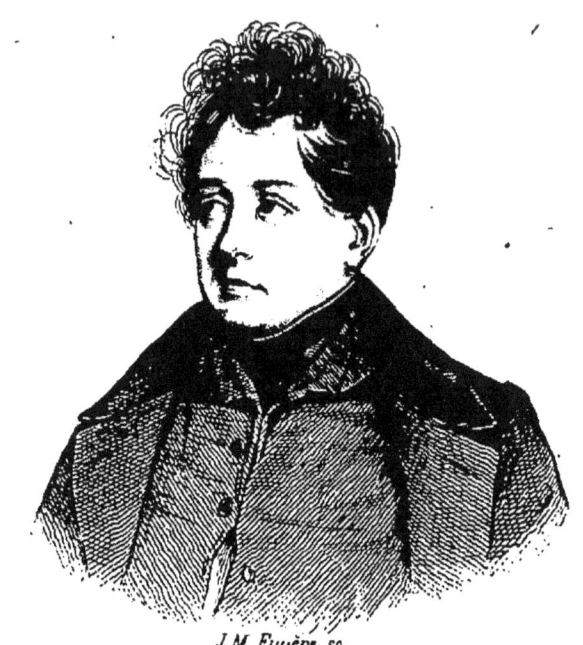

FREDERICK LEMAITRE
1800–1876

GALERIE HISTORIQUE

DES

ACTEURS FRANÇAIS

MIMES ET PARADISTES

Qui se sont rendus célèbres dans les annales des scènes secondaires
depuis 1760 jusqu'à nos jours

POUR SERVIR DE COMPLÉMENT

A LA TROUPE DE NICOLET

PAR

E.-D^d DE MANNE

ET

C. MENETRIER

Ornée de portraits gravés à l'eau-forte

PAR J.-M. FUGÈRE

Indocti discant & ament
meminisse periti.

LYON

N. SCHEURING, ÉDITEUR

—

M DCCC LXXVII

GALERIE HISTORIQUE

DES

ACTEURS FRANÇAIS

MIMES ET PARADISTES

GALERIE HISTORIQUE

DES

ACTEURS FRANÇAIS

MIMES ET PARADISTES

Qui se font rendus célèbres dans les annales des scènes secondaires
depuis 1760 jusqu'à nos jours

POUR SERVIR DE COMPLÉMENT

A LA TROUPE DE NICOLET

PAR

E.-D^{is} DE MANNE

ET

C. MENETRIER

Ornée de portraits gravés à l'eau-forte

PAR J.-M. FUGÈRE

Indocti discant & ament
meminisse periti.

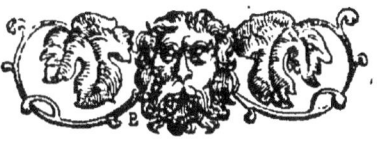

LYON

N. SCHEURING, ÉDITEUR

—

M DCCC LXXVII

AVANT-PROPOS.

AINSI que le titre de cette nouvelle publication l'indique, elle continue, en la complétant, notre Troupe de Nicolet.

Consacrée à des artistes appartenant à tous les théâtres, en dehors de la Comédie-Française, & qui se sont distingués depuis la fin du siècle dernier jusqu'à nos jours, la réunion de ces notices biographiques forme une histoire de nombreux théâtres.

Par la nature même de son sujet & s'occupant d'artistes qui ont paru sur les diverses scènes de genre ou plutôt dans tous les genres, depuis le plus élevé jusqu'au plus infime, notre publication présente dans sa variété, dans ses oppositions même, un intérêt que nos lecteurs apprécieront.

Tous les noms que nous faisons passer sous leurs yeux n'offrent assurément ni la même valeur, ni la même notoriété; à côté de noms presque illustres, de personnalités glorieuses, en dehors de toute comparaison, se trouvent des individualités plus modestes & dont les titres sont plus restreints : quelques-uns de ces artistes, portés par la fortune ou par un de ces caprices du hasard, ont eu leur jour, parfois même seulement leur heure d'éclat au feu de la rampe, pour retomber ensuite dans leur obscurité ; mais tous dans l'ensemble de leur vie artistique, ont pris une part relative à l'histoire du théâtre durant la longue période qui s'est écoulée depuis 1762, jusqu'à nos jours.

Et quelle histoire singulière & curieuse, à ne la prendre même qu'à partir du décret de 1807, réglementant quelque peu arbitrairement le nombre & le genre des théâtres? Quels changements survenus dans cet intervalle & quelles révolutions, non-seulement dans les institutions théâtrales, dans les habitudes & les mœurs artistiques, mais aussi & surtout dans l'art dramatique lui-même, modifié, changé, nous n'osons dire amélioré, de fond en comble! Les classifications d'autrefois n'existent plus; un nouvel ordre de choses, ou plutôt un mélange confus de tous les genres, s'est imposé aujourd'hui. Nous ne prétendons ni le juger ni l'approuver : nous nous bornons à le constater. Presque toutes les scènes ont subi une transformation complète. Là, où jadis, dans un théâtre consacré uniquement & spécialement à la comédie légère, à la muse enjouée & comique du vaudeville, on allait, selon une expression populaire, pour se désopiler la rate, *le drame envahisseur* impose aux spectateurs des émotions bien opposées.

Les noms même des théâtres qui autrefois indiquaient d'une façon exacte leur genre & leur physionomie spéciale, sont en contradiction avec leur répertoire actuel. On a longtemps plaisanté du théâtre qui, envahi par le mélodrame, *continuait à s'appeler le* Théâtre de la Gaîté. *N'en pourrait-on pas dire autant aujourd'hui du* Vaudeville *&* des Variétés, *& même du* Gymnase-Dramatique, *qui, aux pièces à couplets & aux esquisses légères, ont fait succéder de véritables comédies de mœurs, des drames & des pièces à intrigue compliquée, dont jusqu'alors la Comédie-Française & l'Odéon semblaient & devaient avoir le privilége exclusif. Mais, arrêtons-nous ici; il n'entre pas dans notre plan de nous jeter dans des considérations qui nous entraineraient beaucoup trop loin.*

L'ouvrage que nous présentons à nos lecteurs leur permettra de suivre, en quelque sorte, ces changements & ces transformations successives. La biographie d'un certain nombre d'artistes est là pour l'attester : tel d'entre eux, au début de sa carrière, s'était consacré, entraîné par sa vocation, soit au drame, soit à la comédie, soit enfin au vaudeville, ou même aux productions les moins littéraires, dont nous retrouvons plus tard le talent exclusivement voué à un genre diamétralement opposé. Pour ne citer qu'un exemple, prenons l'artiste contemporain le plus célèbre entre tous, Frédérick Lemaître *qui demeure, sans contredit, le comédien le plus éminent de notre époque; c'est dans le mélodrame de l'ancien boulevard du Temple, genre aujourd'hui bien démodé, qu'il a commencé une réputation, consacrée plus tard par l'interprétation d'œuvres plus dignes de son génie dramatique. Après lui, nous pourrions encore citer d'autres artistes qui se sont également montrés supérieurs aux ouvrages qu'ils étaient appelés à interpréter. Si les comédiens, dont nous retraçons ici la carrière théâtrale,* n'ont pas eu comme ceux de la Comédie-Française l'honneur d'attacher leurs noms & de consacrer leurs talents aux chefs-d'œuvre impérissables de cette glorieuse scène, ils ont, du moins, mérité l'éloge d'avoir plus d'une fois contribué au succès éphémère de productions qui, privées de l'appui de leurs talents, n'auraient pas trouvé grâce devant le public & qui, eux disparus, ne laissaient qu'un souvenir dont l'honneur revenait à leurs interprètes.

Les premières notices de ce nouveau volume mettent sous les yeux du lecteur les biographies rétrospectives d'acteurs appartenant au dernier siècle, peu ou très-insuffisamment connus ; nous espérons que les détails inédits, puisés aux meilleures sources, donneront quelque intérêt à ces physionomies d'une époque bien éloignée de nous, & justifieront jusqu'à un certain point le choix de l'épigraphe, peut-être bien ambitieuse, que nous avons empruntée au Président Hénault.

JEAN-PIERRE-NICOLAS BAROTEAU

dit BAROTO

1743 — 1800

VOICI un nom d'acteur du temps paſſé qui ne réveille plus aujourd'hui aucun ſouvenir, & qui, néanmoins, eut une eſpèce de notoriété dans la ſphère modeſte où s'écoula ſa vie théâtrale.

Nous diſons à deſſein ſa *vie théâtrale;* car, pour lui, comme pour ſon camarade Conſtantin (voir ce nom dans *la Troupe de Nicolet*), il ne faut rechercher la trace de ſon exiſtence que ſur les énoncés des noms d'acteurs, en tête des vieilles pièces, ou dans les almanachs de ſpectacles.

Extrait des regiſtres de la paroiſſe St-Pierre-aux-Bœufs : « Le ſeize mars mil ſept cent quarante & trois, a été nommé *Jean-Pierre-Nicolas,* né d'hyer, fils de Joſeph-Marcel Baroteau, bourgeois de Paris, & de Madeleine-Françoiſe Deſchamps, ſon épouſe. »

Baroto, ou Baroteau, son nom se rencontre écrit des deux façons, quoique plus souvent de la première, fit partie de la troupe de Nicolet, presque dès l'origine. Il remplissait le rôle de *Pierrot*, dans les pantomimes, avec une naïveté, disons le mot: avec une bêtise naturelle qui établit sa réputation (1).

A la mort de Taconet, il fut jugé digne de lui succéder dans ses rôles d'ivrognes & de savetiers.

Mais aux parades, dont la vogue allait s'affaiblissant chaque jour, succédèrent les pièces de Beaunoir, qui, d'un genre moins bas, fournirent à Baroto de plus rares occasions de se produire; aussi quitta-t-il, en 1780, Nicolet pour le théâtre des Variétés-Amusantes, où il débuta le 8 avril.

Volange, la colonne de ce spectacle, était passé à la Comédie-Italienne, & pour remplir le vide causé par son départ, on avait eu inutilement recours à Dorvigny. Le rôle de Janot, dans la fameuse pièce des *Battus paient l'amende*, qui faisait courir tout Paris d'alors, restait toujours sans interprète, lorsque Baroto entreprit de le jouer. Il y parut le 21 avril, & y obtint du succès, même après Volange, ce qui était le meilleur éloge à faire de son jeu.

Il resta attaché à cette scène dans son nouvel éta-

---

(1) A cette époque, il demeurait faubourg du Temple, chez le sieur Raymond, marchand de rouge végétal à l'usage des actrices du boulevard, & il était membre d'une loge maçonnique, dont les assemblées se tenaient chez lui, & dont faisaient également partie Constantin & Sallé, affiliés à la loge de l'Orient.

bliffement au Palais-Royal, dont elle prit le nom, & ne quitta qu'en 1791, c'eft-à-dire : à l'époque où Gaillard & Dorfeuille, fes directeurs, lui donnant le titre de Théâtre-Français de la rue de Richelieu, & changeant fon répertoire, congédièrent leur ancienne troupe. Baroteau fut alors engagé, en octobre 1792, au théâtre de la Cité, pour y tenir l'emploi des *niais* & des *comiques*, auxquels il adjoignit quelques rôles de *caricatures* & les *utilités* dans les pantomimes.

Les différentes directions qui fe fuccédèrent à ce théâtre jufques en 1800, confervèrent cet acteur, quoiqu'il fût déjà vieux & caffé. Mais il ne paraiffait plus que dans des rôles acceffoires ; puis, un jour, fon nom difparut tout-à-coup de l'affiche, & de lui, il ne fut plus queftion. Que devint le pauvre diable ? C'eft ce que nous n'avons pu découvrir.

JACQUES-THOMAS MAGUE

dit MAGUE SAINT-AUBIN

1746 — 1824

VOICI encore une de ces figures qui, fans avoir le mérite de l'originalité, ont droit, ce nous femble, à une petite place dans cette galerie d'artiftes du temps paffé. C'eft une variété du type de ces comédiens-auteurs, qui promenaient de théâtre en théâtre, à Paris, en province & à l'étranger même, leurs talents plus ou moins appréciés, prétendants fouvent déçus à la double couronne

---

Extrait des regiftres de l'églife Saint-Antoine, à Compiègne: « Le quinze janvier mil fept cent quarante-fix fut baptifé *Jacques-Thomas*, né du treize du même mois, fils légitime de Monfieur Anne-Michel Mague, contrôleur des Aides, & de Madame Angélique-Catherine Mottet. Le parrain Monfieur Thomas de Pincemaille ; la marraine dame Florence de Canlers, époufe de M. Cheneau. »

de l'écrivain & de l'acteur. Rarement, à cette vie nomade, ils acquéraient la notoriété à défaut de la renommée, &, plus rarement encore, le bien-être & des ressources assurées pour leurs vieux jours. Ce qu'il y a peut-être de plus triste, c'est que tous, ou, du moins, la plupart, fournirent une assez longue carrière & n'eurent que trop le douloureux loisir de regretter l'imprévoyance de leurs jeunes années.

Mague fut de ce nombre. Nous voulons nous borner à une simple esquisse de la carrière théâtrale & littéraire de ce comédien fort inconnu aujourd'hui & que déjà, il y a quelque quarante ans, la Biographie portative des contemporains confondait avec Cammaille Saint-Aubin, son contemporain, auteur dramatique & acteur comme lui.

C'est en province que Mague de Saint-Aubin, qui sur les brochures de ses pièces ne signait que la lettre initiale de son nom patronymique, afin de laisser s'étaler tout au long, dans sa gloire & dans sa particule nobiliaire, son nom d'emprunt, commença sa double carrière de comédien & d'auteur.

La première ville où nous signalons sa présence, est La Rochelle. Il y fit représenter, en septembre 1777, une parodie de la *Belle Arsène*, de Favart, sous le titre de la *Lingère*. Cette pièce obtint quatre représentations, dont une eut lieu au bénéfice de l'auteur.

Venu à Paris peu d'années après, il parvint à se faire engager chez Nicolet, où il débuta dans une petite comédie, la *Couturière* (1), par un rôle de valet. Malheureusement pour lui, il y avait à ce spectacle un acteur du nom de Lelièvre, qui avait joué précédemment ce rôle avec un succès que ne put faire oublier Mague Saint-Aubin. En homme d'ordre, Nicolet n'hésita pas à se priver des services de ce débutant, qui se vit alors réduit, au dire du *Chroniqueur désœuvré*, à entrer chez Nicolet cadet, le joueur de marionnettes, pour y faire la parade à la porte, à raison de 15 sols par jour. Mais cette entreprise n'ayant pas prospéré, il retourna en province, où un sieur Leclerc, ancien acteur des *Grands Danseurs du Roy*, devenu directeur à son tour, l'admit dans sa troupe.

On le revit, en 1781, dans la Capitale. Il alla tout droit chez Audinot, une pièce à la main : le *Parisien dépaysé*, ou *Chaque Oiseau trouve son nid beau*. Tel était son titre. Le directeur de l'Ambigu-Comique accepta la pièce & son interprète ; car Mague Saint-Aubin se proposait pour y remplir quatre rôles de caractère. Il eut l'heureuse chance de réussir & de plaire au public, & profita de la circonstance pour se faire faire un engagement de quatre mille francs.

Cet acteur n'était pourtant ni beau, ni séduisant, & son organe, dit-on, laissait à désirer. De plus, il était affligé d'une infirmité qui devait singulièrement nuire à l'illusion dans ses travestissements, puisqu'il boitait d'une manière fort sensible.

---

(1). Pièce en deux actes, par un anonyme, jouée en 1775.

Pendant son passage à ce théâtre, l'année suivante il retournait en province, & faisait représenter un autre ouvrage intitulé : le *Cabinet de Figures*, ou le *Sculpteur en bois*, qui n'était que la reproduction en prose d'une comédie en vers d'un sieur Gernevalde, imprimée à la Haye, en 1781. Il fit aussi jouer, sur le petit théâtre du Bois de Boulogne, sa pièce de la *Lingère*.

Se trouvant à Dijon, en 1783, il donna une pièce de circonstance, les *Fêtes dijonnaises*, dont il était l'auteur : espèce d'apothéose des grands hommes de cette ville, & dans laquelle il n'épargnait l'éloge & la flatterie ni aux habitants, ni aux autorités.

L'année suivante, c'était à Lyon qu'il portait le tribut de ses hommages, dans deux autres ouvrages, également de circonstance, les *Fêtes d'Astrée* & la *jeune Thalie*.

Mais ce n'était pas assez pour lui de composer des ouvrages dramatiques & de les faire représenter ; il voulut encore éclairer ses concitoyens sur cette question si grave des spectacles qui, depuis plus de cent ans, partageait les moralistes & les philosophes, & il prétendit donner aussi son avis dans une brochure publiée en 1787, dont voici le titre : *Réforme des Théâtres*, ou *Vues d'un Amateur*, par M. M*** de Saint-Aubin.

La Révolution le trouva à Paris, acteur au théâtre des Associés, où il faisait jouer des pièces qui ne valaient ni plus ni moins que beaucoup d'autres, & dans lesquelles il jouait lui-même, tant bien que mal :

pièces qui étaient, au furplus, parfaitement au niveau de leurs interprètes. Nous excepterons pourtant les *Hochets*, comédie à ariettes en deux actes, qui n'aurait pas été déplacée fur une fcène plus relevée.

Rendons, du moins, à Mague cette juftice, qu'il n'abufa pas de fon talent d'auteur dramatique pour groffir le bagage des pièces jetées dans le moule révolutionnaire de l'époque. Une feule, le *Corfaire nantais*, ou la *Reprife du Voltigeur* (1798), eft deftinée à célébrer un acte de courage &, comme telle, fe fait facilement amniftier.

A l'inftar de plufieurs de fes camarades, il voulut auffi être directeur & il prit, à la mort de Sallé (1), la direction du petit théâtre patriotique des Affociés, qu'il appela le *Vaudeville du Boulevard*. Mais il fut obligé bientôt d'abandonner la partie ; fon entreprife fuccomba faute de recettes, & ne fut reprife qu'après un certain laps de temps par un fieur Prévoft (2) qui lui donna la défignation modefte de *Théâtre fans prétention* (3).

Cependant, le nom de Mague Saint-Aubin difparut tout-à-coup des affiches de théâtre, foit comme

---

(1) Anthiome Sallé, qui avait époufé une fille du fameux Volange, eft mort en 1795, dans l'état le plus miférable.

(2) Voir dans notre *Troupe de Nicolet* la notice fur ce directeur-acteur-auteur.

(3) Avant de quitter la place, Mague Saint-Aubin avait demandé, le 5 vendémiaire an V (26 feptembre 1797), à être exempté du droit de patente, comme directeur « dont « la refponfabilité, difait-il, eft dan- « gereufe, puifqu'on ne peut con-

auteur, soit à titre d'acteur. Il reprit de nouveau le chemin de la province, qui ne lui fut pas plus hospitalière que la Capitale. Après un intervalle de plusieurs années, on le revit, en 1805, dans une espèce de caveau souterrain de la galerie Beaujolais, au Palais-Royal, où végétait alors un café-spectacle; on y servait un vaudeville entre deux bouteilles de bière. C'est sur ces tréteaux du plus bas étage que Mague Saint-Aubin jouait chaque soir quelque pièce de sa composition, en rêvant à ses succès du temps passé. Quand le décret de 1807 balaya ces établissements interlopes, que devint notre pauvre vieux comédien jusqu'au moment où il fut admis, en 1816, à l'hospice de Bicêtre? Tout ce que nous savons, c'est qu'il est mort dans cet asile de la misère, le 15 septembre 1824, à l'âge de soixante-dix-huit ans & huit mois.

Qui croirait qu'au sein d'une vie aventureuse, dénué de fortune, sans position stable & déjà aux deux tiers de sa carrière, Mague ait songé à se marier, & fait plus extraordinaire encore, ait trouvé femme dans une fille de bonne maison? C'est pourtant ce qui arriva. Le 6 pluviôse an II (27 janvier 1794), il épousa demoiselle Anne-Adélaïde Warmont, âgée de 28 ans, fille d'Adrien de Warmont, conseiller au Parlement,

---

« tester à l'ancien théâtre d'intéresser les mœurs publiques. »

A cela le ministre répondit que sa profession était une sorte de métier & qu'il ne pouvait se mettre à la place des comédiens ou auteurs à qui la loi ne demande rien, en effet, pour l'exercice de leurs talents. En conséquence, refus.

(*Archives nationales.*)

& de Catherine La Grâce de Wicq, fon époufe.

Des nombreufes pièces que cet auteur compofa pour les fcènes de Paris & de la province, onze feulement ont été imprimées. En voici les titres :

>Les Tracafferies de village.
>La Lingère.
>Le Cabinet de Figures.
>Les Fêtes dijonnaifes.
>La jeune Thalie.
>Les Fêtes d'Aftrée.
>Le Parifien dépayfé.
>Bagare, Parodie de Tarare.
>La Nuit champêtre.
>Le Corfaire nantais ou la Reprife du Voltigeur.

Plufieurs autres pièces jouées, mais non imprimées, exiftent en manufcrit à la Bibliothèque nationale & proviennent de la célèbre collection théâtrale de M. de Soleinne.

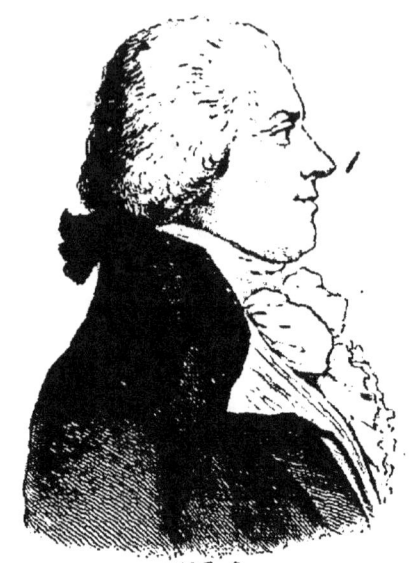

BEAUNOIR
1746 – 1823

ALEXANDRE-LOUIS-BERTRAND ROBINEAU

BEAUNOIR

1746 — 1823

LE nom de Beaunoir ne saurait être oublié dans cette galerie ; si ce n'est comme acteur, c'est, du moins, parce qu'il fut dans les trente dernières années du siècle précédent, l'un des fournisseurs les plus féconds des petits spectacles, sans en excepter Dorvigny & Guillemain.

Nous venons de dire qu'il n'avait point été acteur,

Extrait des registres de la paroisse Saint-Barthélemy : « Le cinq mai mil sept cent quarante-six, a été baptisé par nous, prêtre & vicaire de cette église, *Alexandre-Louis-Bertrand*, né d'hyer, fils de maître Claude-Louis Robineau, conseiller du Roi, notaire au Châtelet de Paris, & de Marie-Louise Cressart, sa femme, demeurant rue Saint-Barthélemy de cette paroisse. Le parrain, maître Alexandre Fortier, aussi notaire audit Châtelet ; la marraine, Bertrande de Noinville. »

mais succeſſivement auteur & directeur de théâtre en province. Il a, pendant le cours de ſa longue & aventureuſe carrière, joué aſſez de rôles divers, & ſouvent très-oppoſés, ſur la ſcène du monde, pour avoir droit au titre de comédien *in partibus*. Ajoutons que, malheureuſement pour ſon honneur & ſa fortune, ils ne furent pas tous honorables & profitables.

Alexandre-Louis-Bertrand était fils de maître Claude Robineau, notaire au Châtelet de Paris, & conſeiller du Roi; auteur de pluſieurs écrits ſur l'économie politique, reſtés inédits. Des revers de famille ruinèrent les eſpérances de grande fortune à laquelle ſes enfants ſemblaient d'abord deſtinés. Celui qui nous occupe, grâce à l'appui d'un parent qui s'intéreſſa à lui, put faire de bonnes études & ſuivre les cours du célèbre docteur Petit. Par malheur, la mort de ce parent, ſurvenue quatre ans plus tard, laiſſa le jeune Robineau ſans appui, & le força d'abandonner ſes études médicales. C'eſt alors que, dans l'eſpoir d'obtenir quelque bénéfice, bien plutôt qu'avec l'intention d'entrer dans les ordres, il prit l'habit eccléſiaſtique (1).

En attendant qu'il eût l'âge requis, grâce aux ſoins de Capperonnier, garde de la bibliothèque du Roi, il obtint dans cet établiſſement un emploi peu lucratif,

---

(1) Une infirmité naturelle (il n'avait qu'un moignon au bras droit) ne lui aurait pas permis, d'ailleurs, d'exercer le miniſtère ſacré. L'auteur du *Chroniqueur déſœuvré*, Mayeur, a plaiſanté Robineau ſur cette difformité phyſique, en lui diſant : « Que pour réuſſir « auprès des belles, il ne faut pas « être manchot. »

puifque entré en 1769, il ne touchait en 1774 que les modiques appointements de 800 livres. Cette pénurie lui donna l'idée de travailler pour le fpectacle de Nicolet, qui ne portait point encore le titre des *Grands Danfeurs du Roi*. Une chanfon qui courait alors tout Paris, lui infpira fa première pièce. *La Bourbonnoife*, c'était fon titre populaire, attira la foule à la foire Saint-Germain & au boulevard du Temple (1), au point que les comédiens italiens, jaloux de ce fuccès, la firent défendre. Il n'y a que le premier pas qui coûte; encouragé par cet heureux début, l'abbé Robineau devint promptement le fournifleur privilégié de Nicolet. Taconet, vieux & ufé avant l'âge, ne produifait plus guère & fe bornait au métier d'acteur. Il trouva en Robineau un fuccefleur jeune, rempli de zèle & qui, pendant plufieurs années, alimenta à lui feul le répertoire. Comédies, parades, farces, pantomimes, tout était bon pour exciter la verve de ce favori du couple Nicolet qui, dit la chronique, ne rétribuait pas fort libéralement les œuvres dramatiques (2). A tout prendre, cependant, le métier était meilleur que celui de bibliothécaire.

(1) Une autre pièce, la *Bourbonnoife à la Guinguette*, par un fieur Baret, qui fe jouait en même temps à la loge de Gaudon, faifait concurrence à celle-ci.

(2) Le prix de rétribution de chacun de fes ouvrages fe trouve indiqué dans une lettre qui, fi elle n'eft pas un jeu d'efprit, prouve au moins l'opinion que l'on avait de la fécondité de cet auteur. Voici la lettre qu'on a prétendu avoir été écrite par Nicolet à fon infatigable fournifleur :

« L'adminiftration que je préfide
« a décidé qu'à l'avenir comme par

Parmi les nombreuses pièces qu'il fit, refit ou arrangea, plusieurs obtinrent un très-grand succès : telles que *l'Amour quêteur, Vénus pèlerine, le Mariage de Jeannette, le Barbier de village*, &c.

La plupart d'entre elles sont plutôt des canevas dialogués que des pièces régulières & complètes ; mais elles renferment parfois des situations comiques, renouvelées de l'ancien théâtre italien & du répertoire de la Comédie-Française. Toutes, à peu d'exceptions près, sont moins informes & plus décentes que celles de ses prédécesseurs. Sous ce rapport, Robineau mérite qu'on le loue pour avoir épuré la scène de Nicolet, ou, comme il le disait lui-même avec une certaine complaisance, « pour avoir nettoyé les écuries « d'Augias. »

Cependant, sa qualification & son costume d'abbé cadraient assez mal avec ses occupations profanes, & *la Mère Godichon, les Riboteurs de la Râpée, les Amours de Colombine, le Diable à la Cave, Madelon Friquet,* ne pouvaient pas passer précisément pour des œuvres édifiantes. Aussi, ses supérieurs ecclésiastiques le mirent-ils en demeure d'opter entre ces deux carrières à suivre. Le choix ne fut ni long, ni difficile, & un beau matin, l'abbé Robineau disparut pour faire

---

« le passé, vos ouvrages seraient « reçus à notre théâtre sans être « lus & qu'on continuerait de vous « les payer dix-huit livres la pièce ; « mais vous êtes prié de n'en pas « présenter plus de trois par semaine. »

Signé : NICOLET.

place à M. de Beaunoir, écuyer & auteur dramatique (1).

Il n'avait pas ceffé d'appartenir à la bibliothèque du Roi. Là, on tolérait, fi on ne les approuvait pas, les travaux frivoles de l'employé. Malgré l'indulgence dont il était l'objet, il reconnut, ou plutôt on finit par reconnaître l'impoffibilité pour lui de mener de front fes devoirs de bibliothécaire & fes occupations théâtrales. De Beaunoir prévint donc un congé imminent, en donnant, en 1781, fa démiffion : « Se fondant, « écrivait-il, fur les occupations preffantes & utiles « pour fa fortune, qui ne lui permettent plus de « fe livrer aux travaux ordinaires de fon em- « ploi (2). »

Sa mife à la retraite eut lieu dans des conditions fortables, puifqu'on lui affura une forte de penfion à titre d'indemnité (3).

A cette époque, Beaunoir pouvait efpérer de vivre du produit de fon travail. Il ne compofait plus que

---

(1) C'eft au moment des repréfentations de *l'Amour quêteur*, en octobre 1777, que s'opéra cette transformation.

(2) *Archives de la Bibliothèque nationale.*

(3) Il faut croire que cette penfion ou indemnité n'était pas régulièrement payée ; car, le 6 août 1785, Beaunoir déclare « qu'il eft « perdu, fi dans les vingt-quatre « heures on ne figne pas une ordon- « nance de paiement de la fomme « de 2,600 livres, pour complé- « ment de fon traitement de re- « traite de la Bibliothèque du « Roi. »

(*Archives de la Bibliothèque nationale.*)

Le 5 août 1786, il renouvelle cette réclamation.

(*Les mêmes.*)

rarement pour le spectacle de Nicolet, & avait fait représenter aux Variétés-Amusantes quelques ouvrages qui lui rapportèrent à la fois plus de bénéfices & de notoriété. Au nombre de ses productions, nées en grand partie de la circonstance, il en est une dont le principal personnage devint un type, adopté par la mode, & qui donna lieu à de nombreuses imitations. Nous voulons parler de *Jérôme Pointu*, si parfaitement joué par Volange, & ce fut le point de départ de tous les *Pointus* qui se succédèrent pendant une quinzaine d'années sur les scènes secondaires.

Mais de ces tréteaux de bas étage aux grands théâtres il y avait encore bien loin, quand un hasard heureux ouvrit à de Beaunoir les portes de la Comédie-Italienne, avec les honneurs de la guerre.

On n'ignore pas qu'indépendamment de la censure de la police, les pièces destinées aux petits spectacles devaient encore subir le contrôle & obtenir le *visa* des grands théâtres, qui avaient le droit de s'approprier tout ouvrage paraissant leur convenir (1). Deux pièces de notre auteur, composées pour les Variétés-Amusantes, se trouvèrent dans ce cas, & furent revendi-

---

(1) Préville, pour la Comédie-Française, de Hesse, pour la Comédie-Italienne, exercèrent longtemps les fonctions de censeurs des spectacles forains : « Mais, ajoute M. G. « Bonnassies, dans son livre sur *la* « *Comédie-Française & les Specta-* « *cles forains*, où nous puisons « ce renseignement, une lettre « de Molé, qui remplaça Préville « en 1781, constate que ces der- « niers ne tenaient guère compte « des censures ; car, ils rétablis- « saient presque toujours les passa- « ges supprimés. »

quées, l'une par la Comédie-Françaife, l'autre par la Comédie-Italienne. *Les Amis du jour* & *Fanfan & Colas*, deux pièces charmantes, dont la dernière, furtout, attira longtemps la foule, & qui toutes les deux furent repréfentées fous le nom de fa femme; car, depuis quelques années, il avait uni fon fort à celui d'une jeune fille qui ne manquait ni d'efprit, ni d'inftruction (1).

Avait-il cru trouver, grâce à ce fubterfuge, le moyen de défarmer la critique acharnée après lui, ou d'échapper aux obfeffions de fes créanciers? Ce couple, bien afforti, ne s'était jamais piqué de beaucoup d'ordre, & malgré les reffources qu'il tirait de fa plume, la pofition de ce ménage fut toujours gênée.

Ainfi qu'il arrive fouvent aux auteurs & aux comédiens qui ont réuffi, Beaunoir voulut être directeur. En 1788, il s'affocia à un nommé Colineau de Coudaine pour acquérir d'un fieur de la Jaubertie, qui n'avait pu faire honneur à fes affaires, le privilége du théâtre de Bordeaux, dont la prolongation fut portée

---

(1) Louife-Céline Cheval, née à Paris, dans une famille refpectable du commerce, qui fut plus d'une fois honorée de l'échevinage.

Séparée, durant un affez grand nombre d'années, de fon mari qui avait émigré; fruftrée, par fuite des évènements, d'une habitation qu'elle avait poffédée à Saint-Domingue, le chagrin s'empara d'elle & une maladie de langueur l'emporta, le 19 janvier 1821. Elle eft auteur d'un roman intitulé: *Le Danger des Liaifons*.

« Aux lauriers qui ceignent ma
« tête, écrivait de Beaunoir en an-
« nonçant fon mariage à un ami,
« je vais joindre les rofes de l'hy-
« men. »

à trente-cinq ans, moyennant la promesse d'une somme de 552,228 livres 6 sols, payables deux mois après l'entrée en possession (1). Beaunoir, déçu dans ses espérances de fortune, revint à Paris; mais la Révolution avançait à grands pas, & il se hâta de passer en Belgique.

A Bruxelles, Beaunoir, habitué aux coups de théâtre, & aux intrigues de comédie, se lança en pleine politique & voulut jouer son rôle dans le drame qui se préparait; car, la Belgique aussi allait faire sa révolution! Non moins léger d'argent que de scrupules, il mit sa plume au service des différents partis, & les trahit tous (2).

Au mois de mai 1790, il se vit forcé de quitter cette résidence. Croyant avoir à se venger du parti qui avait chassé le prince d'Orange, & qui gouvernait, il écrivit contre les chefs de la révolution, Vandernoot & ses adhérents, deux pamphlets : l'un, roman licencieux, & l'autre, comédie qui, sous une forme

---

(1) « Non-seulement, dit l'auteur auquel nous empruntons ces détails, ces deux aventuriers ne purent solder leur promesse ; mais ils furent obligés de se retirer au bout d'un peu moins d'un an, avec 59,398 livres six sols de dettes, dans lesquelles la ville, ainsi que cela lui arrivait assez souvent alors, se trouvait intéressée pour le loyer de la salle (56,000 livres). »
(*Histoire des Théâtres de Bordeaux*, par Detchévéry.)

(2) Beaunoir avait voulu d'abord exploiter les opinions aristocratiques. Il avait émigré pour sauvegarder sa noblesse de contrebande, « qu'il soutenait, dit Arnault, dans ses *Souvenirs d'un Sexagénaire*, avec un talent des plus roturiers. »

dialoguée, n'était que le tableau des évènements du jour (1). Il publia, en même temps, à Liége où il s'était réfugié, le Vengeur, journal dirigé contre la République française. Cette publication n'eut qu'une durée éphémère.

Après avoir successivement parcouru la Flandre, la Hollande, l'Allemagne (2), il se trouvait en Russie en 1799. Il était descendu à l'hôtel du prince Bélofersky. Paul Ier, qui semblait avoir pris du goût pour lui, le chargea de la direction des deux théâtres de la Cour,

---

(1) *Les Masques arrachés*, qu'il signa du pseudonyme de *Jacques Lesueur*, agent de police. Sur la comédie, il mit son nom traduit en allemand, *Von Schön Schwartz*.

(2) A son passage par Nuremberg, il fit un singulier traité avec un nommé Empaytoz, habitant de cette ville. Nous copions l'original que nous avons sous les yeux :

« Entre les soussignés Alexandre-
« Louis-Bertrand de Beaunoir,
« d'une part ;

« Et Pierre-Frédéric Empaytoz,
« de Berlin, d'autre part ;

« A été convenu ce qui suit :

« Art. 1er. M. Empaytoz vend à
« M. de Beaunoir une bague avec
« mouvement de montre, & en-
« tourage de pierres précieuses
« & de diamants, que le premier
« a remis à ce dernier, qui le re-
« connaît par le présent acte.

« Art. 2°. M. de Beaunoir, par
« contre, donne en toute pro-
« priété à M. Empaytoz une pièce
« de comédie qu'il fera d'ici à
« deux mois, pour être représen-
« tée sous le nom de M. Empaytoz,
« au moins sept fois, & que celui-
« ci ait ses entrées libres pendant
« un an, & ce, au théâtre du Vau-
« deville.

« Art. 3°. M. de Beaunoir assure
« à M. Empaytoz une rentrée de
« six cents francs de France, & dans
« le cas où la pièce qui sera don-
« née sous le nom de M. Empaytoz
« rapporterait davantage, le béné-
« fice sera partagé entre les au-
« teurs soussignés. — Fait double
« entre les parties, à Nuremberg,
« le 15 décembre 1800. »

Nous n'avons pu savoir si le traité a été exécuté.

quand un beau jour, il dut quitter précipitamment la Ruſſie. Pour quelle raiſon? C'eſt ce qui eſt reſté ignoré.

De retour à Paris, en 1801, il chercha à s'aſſurer des moyens d'exiſtence, en créant un journal des théâtres, que la police ſupprima au 41e numéro. Il eut alors l'idée de fonder un cabinet de littérature, véritable officine de compliments en vers & en proſe, de proverbes de ſociété, qu'il ſe chargeait de compoſer ſur commande. Il ſe chargeait auſſi de la vente des manuſcrits. De plus, imitant l'exemple donné par Grimm & La Harpe, il devint le correſpondant littéraire de pluſieurs étrangers de diſtinction. Cette entrepriſe, ne lui procurant que des reſſources aſſez précaires, il y renonça pour redevenir directeur du théâtre de Bordeaux. Mais cette tentative ne fut pas plus heureuſe que la précédente.

En 1809, Beaunoir était rédacteur, chargé de la partie des ſpectacles, au *Publiciſte*. Quelques-uns de ſes articles ſur l'Odéon & le Vaudeville ayant paru peu convenables à ces théâtres, les propriétaires de ce journal lui firent ſavoir qu'à partir du 1er janvier 1810, il ceſſerait de rendre compte des pièces nouvelles de l'Odéon & du Vaudeville, ne conſervant plus que l'Ambigu-Comique & la Gaîté; &, qu'en conſéquence, en vertu des conventions primitives, ſes appointements ſeraient réduits à cinquante francs par mois.

A cette époque, de Beaunoir, qui n'exerçait plus

aucune influence fur les entreprifes théâtrales de quelque importance, était obligé pour vivre de s'adreffer aux fcènes les plus infimes. C'eft ainfi qu'il paffa un contrat avec un fieur Gafpard-Jofeph Cuchet, entrepreneur du théâtre des *Fabuliftes* (1), par lequel il s'engageait à lui fournir quatre fables par mois, arrangées pour la fcène, à raifon de cinquante francs par fable, payés *comptant*, du 1er feptembre 1810 au 1er feptembre 1811.

Plus tard, il fut attaché, comme fecrétaire, au prince Jérôme, roi de Weftphalie.

Naturellement, le régime impérial le compta au nombre des écrivains qui le célébrèrent en vers & en profe. Il chanta le mariage de Napoléon & la naiffance du roi de Rome, avec le même enthoufiafme & la même conviction, fans doute, qu'il déploya dix ans plus tard à la naiffance du duc de Bordeaux.

Cette flexibilité d'opinion lui valut, fous la Reftauration, un emploi à la divifion littéraire du miniftère de la police (2). Il reconnut cette faveur par des publications dans lefquelles il revendiquait l'aboliffement de la cenfure en faveur de la liberté. On le nomma, dans la fuite, archivifte du dépôt de la guerre : place qu'il a occupée jufqu'à fa mort.

Les diverfes brochures de circonftance qu'il publia ne l'empêchèrent pas de travailler encore pour la

---

(1) Inftallé dans une dépendance de l'ancien *Hôtel des Fermiers généraux*, rue du Bouloy.

(2) Bureau des gravures.

scène; mais sa verve était épuisée, & l'auteur, dont autrefois les ouvrages étaient acceptés les yeux fermés par Nicolet, essuyait de la part de F. Bourguignon, son gendre & son successeur, un refus après lecture. Un mélodrame, *Zuma, ou le Quinquina*, qu'il parvint à faire représenter en 1818, à la Porte-Saint-Martin, éprouva une chute bruyante & complète. Son dernier ouvrage fut un roman historique, intitulé *Attila, ou le Fléau de Dieu*, paru en 1823. Le 5 août de cette même année, de Beaunoir atteint, comme l'avait été sa femme, d'une maladie de langueur, mourut à Paris, à l'âge de soixante-dix-sept ans & trois mois.

Il y aurait injustice à refuser à cet auteur une très-remarquable facilité de travail & une fécondité qui eût certainement gagné à moins se prodiguer. Il avait de l'esprit & une certaine habileté d'arrangement, qui lui valurent des succès au théâtre. Le nombre de ses pièces est considérable, puisqu'à celles, très-nombreuses, jouées chez Nicolet & Audinot, il convient d'en ajouter une soixantaine, au moins, représentées à la Comédie-Italienne, aux Variétés-Amusantes & à d'autres théâtres (1). Beaunoir estimait lui-même que ses ouvrages dramatiques lui avaient rapporté plus de cent mille écus. Mais sa vie tourmentée ne lui permit jamais de se faire une position assurée; & pour finir

---

(1) A l'Ambigu-Comique, 6. — Aux grands Danseurs du Roi, 114. — Aux Variétés amusantes, 8. — Aux Italiens, 5. — Aux Élèves de l'Opéra, 2.

cette notice par une appréciation d'Arthur Dinaux, qui résume l'ensemble de cette existence accidentée & irrégulière : « Beaunoir fit de tout, alla partout, « toucha à tout, excepté au bonheur & à la fortune. »

ANTOINE-FRANÇOIS ÈVE

dit DÉMAILLOT

1747 — 1814

NÉ le 21 mai 1747, à Dôle, où fon père était avocat, le jeune Eve, à fa fortie de penfion, & n'ayant pas encore atteint fa dix-huitième année, s'enrôla comme foldat. Mais bientôt rebuté de ce métier, il déferta & fe réfugia en Hollande, où fe trouvant à bout de reffources, il fe fit comédien. Il prit à cette occafion le nom de Démaillot qu'il garda pendant tout le temps de fon féjour en ce pays, & qu'il modifia plus tard en l'abrégeant. Après une abfence de fept années, il rentra en France

---

Extrait des regiftres de la paroiffe Notre-Dame, à Dôle: « Antoine-François, fils de monfieur Jean-Claude Ève, avocat au Parlement, & de dame Etiennette Thiébaud, fon époufe, eft né & a été baptifé, le vingt & un may de l'année mil fept cent quarante-fept. Les parrain & marraine font meffire Jean Ève, preftre, & demoifelle Jeanne Françoife Rénel. »

& vint à Paris où il vécut, tant bien que mal en composant quelques bluettes pour des scènes de bas étage. Son premier ouvrage fut *Figaro directeur de Marionnettes*, comédie en un acte & en profe, mêlée de vaudevilles. Vers 1785, il fit repréfenter l'opéra de *Tancrède*, qui lui valut une gratification du Roi : ce qui ne l'empêcha pas, lorfque éclata la Révolution, d'en embraffer les principes avec ardeur. Cependant, il eft jufte de dire qu'ayant été envoyé comme commiffaire dans le Loiret, il s'y montra très-modéré (1).

Démaillot avait de l'imagination ; mais il était dépourvu de bon fens, de jugement, & l'âge ne le rendit ni plus raifonnable, ni plus clairvoyant (2).

Après une exiftence écoulée, en grande partie, au milieu des agitations & dans la mifère : après avoir

---

(1) Dans un ouvrage qu'il publia en 1814, *Tableau hiftorique des Prifons d'Etat en France, fous le règne de Buonaparte*, il revendique l'honneur d'avoir fauvé la ville d'Orléans & le département du Loiret des atrocités fuggérées par l'horrible Léonard Bourdon. Il ajoute que, fix mois avant le 9 thermidor, il obtint la liberté de plufieurs individus compromis, entre autres d'Aignan, plus tard académicien ; & de qui obtint-il cet acte de juftice ? de Robefpierre lui-même.

Sous l'empire il fut arrêté & détenu pendant dix ans, comme fufpect au nouveau gouvernement. Ses relations avec Malet & d'autres républicains, ennemis de l'empire, ainfi que les fonctions qu'il avait remplies pendant le régime de la terreur, furent la caufe ou le prétexte de fa détention.

Démaillot tournait agréablement le couplet, il aiguifait l'épigramme avec une facilité dont il eut plus d'une fois à fe repentir, ainfi qu'il l'avoue dans l'ouvrage cité plus haut, & qui contient plufieurs chanfons fatyriques contre les puiffants de l'époque.

(2) Le 23 ventôfe, an VII (13 mars 1799), le fieur Guéroult, chef

passé ses dix dernières années privé de sa liberté, c'est à l'hospice Dubois qu'il alla finir sa triste carrière.

Outre les ouvrages que nous avons cités précédemment, Démaillot est encore auteur des suivants : *Sudmer*, opéra, 1784. — *Le vieux Soldat & sa Pupille*, 1785. — *La Fille garçon*. — *Célestine*, opéra joué à la Comédie-Italienne, sous le nom de *Magnitot*. — *Le Congrès des Rois*, opéra comique, 1794. — *Madame Angot, ou la Poissarde parvenue*. Cette parade, qui fut le point de départ des pièces dont Mme Angot a été le type, avait été primitivement représentée en 1795 sur le théâtre de la Gaîté, sous le titre de la

du bureau central de morale, mettait sous les yeux du ministre de la police générale un rapport sur une dénonciation faite par le citoyen Maillot contre le sieur Picardeaux, régisseur de l'Ambigu-Comique.

Voici cette dénonciation, dont la forme exagérée suffira pour donner la mesure du bon sens de son auteur :

« Citoyens !

« Vous nommer Picardeaux, « c'est vous présenter le tableau de « tous les vices. Je n'entrerai pas « dans de grands détails sur ses « affaires avec les artistes ; vous les « connaissez déjà. Mais, Citoyens, « ce que je vous dénonce, ce que « vous devez savoir, ce sont les « expressions qu'il emploie à l'é-

« gard de ces infortunés, & que « le plus affreux tyran n'oserait pas « prononcer. Le citoyen Dupa- « rai (*), recommandable par ses « talents, ses mœurs & son civisme, « père de quatre enfants, ayant « été demander à Picardeaux un « faible à-compte de quarante- « huit francs, sur une somme bien « plus considérable, lui dit : « Ma « femme vient d'accoucher & je « n'ai pas un sol ! — Pourquoi ta « femme accouche-t-elle en ce « moment ? lui répond le tigre. — « Mes enfants meurent de faim. — « Pourquoi leur as-tu appris à « manger ? » Et il renvoie le pau- « vre Duparai sans argent.

« Sous l'ancien régime, il y a « longtemps que Picardeaux serait

(*) L'excellent acteur qui fait l'objet d'une des notices du volume précédent.

nouvelle Parvenue (1). — Le Mariage de Nanon, 1797. — La petite Maison de Proserpine, ou Pluton devenu comédien sans le savoir, 1799. — Le Repentir de madame Angot, ou le Mariage de Nicolas, 1799. — Dernières Folies de madame Angot, 1803. — Les Méprises par les noms, 1805. — Arlequin de retour, ou l'heureux Dénoûment, 1805.

« à Bicêtre... Sous le régime de la
« justice, il doit être, au moins,
« administrativement interdit... Un
« républicain ne doit jamais avoir
« d'arrière-pensée. Il faut que la
« foudre frappe enfin l'impudeur
« & l'immoralité. L'infâme con-
« duite du sieur Picardeaux mérite
« toute l'indignation du gouverne-
« ment. »

On lit en marge, écrit de la main du ministre, en date du 28 germinal (17 avril) : Renvoyer ces *grands dénonciateurs* devant les tribunaux, seuls compétents.

(*Archives nationales.*)

L'intention de Démaillot était, sans doute, louable, mais son intérêt pour Duparai l'entraînait au delà du but, & quelques années plus tard, victime lui-même de dénonciations, plus ou moins justifiées, il put faire de tristes réflexions sur les conséquences de ces imprudents avis à l'autorité.

(1) Ce personnage, qui devint en quelque sorte le type des nouvelles enrichies sous le Directoire, n'avait pas été inventé par Démaillot. On le trouve pour la première fois, bien antérieurement à la Révolution, esquissé dans *le Déjeuner de la Rapée*, discours poissard & mis à la scène par Delautel, dans une pièce jouée en novembre 1767, au boulevard du Temple, sur le théâtre éphémère d'une demoiselle Gasserent.

PHILIPPE-ALEXANDRE-LOUIS-PIERRE

PLANCHER-VALCOUR

1751 — 1815

C'EST en l'année 1751 que naquit, à Saint-Pierre-fur-Dives, Plancher, qui fut tout à la fois auteur dramatique, directeur, acteur, romancier & journaliste. Il avait commencé à Caen l'étude du Droit & endossé la robe de stagiaire, lorsqu'un coup de tête le fit s'enrôler dans une troupe de campagne, à la suite d'une comédienne dont il s'était amouraché; il prit à cette occasion le nom de

---

Extrait des registres de la paroisse Saint-Pierre : « Le vingt-cinq février, an mil sept cent cinquante & un, a été par nous soussigné, prêtre-vicaire, baptisé un fils né du 23 dudit mois, issu du légitime mariage de Pierre-François Plancher, bailli de la haute-justice de Saint-Pierre-sur-Dives, & son procureur du Roy en la vicomté de ce lieu, & de Marie-Jeanne Bridet, qui a été nommé *Philippe-Alexandre-Louis-Pierre*, par Marie-Marguerite Chéron, assistée de Philippe Bridet, parrain & marraine. »

Valcour, auquel, pendant la Révolution, dont il avait embrassé les principes avec effervescence, il accoupla celui d'*Aristide*. C'est de ce double pseudonyme, ajouté à son nom patronymique, qu'il signa de nombreux articles de journaux, notamment dans le journal de la Montagne, où il rendait compte des séances des Jacobins.

Cet écrivain qui a fourni au théâtre une assez longue carrière, & qui a composé un grand nombre de pièces, représentées sur la plupart des théâtres de la Capitale, & sur quelques scènes de province, est peu connu de nos jours, malgré tout son bagage littéraire. Le nombre de ses ouvrages dramatiques s'élève à une centaine, dont dix-sept seulement ont été imprimés ; & ne sont pas comprises dans cette énumération les pièces qui, bien que reçues, ne furent jamais jouées & sont restées en portefeuille. Généralement leur sujet était emprunté aux souvenirs des villes où il avait résidé. C'est ainsi qu'il fit représenter à Poitiers une espèce de drame, intitulé : *Le Siège de Poitiers*, dans lequel il jouait le rôle principal, & qu'il dédia aux magistrats de la ville.

Quand il vint pour la première fois à Paris, en 1777, il publia, sous le voile de l'anonyme, un recueil de poésies légères, dans le goût graveleux du jour, sous ce titre caractéristique : *Contes & Nouvelles en vers, ou le Petit-Neveu de Boccace*. Il composa aussi pour Nicolet & les Variétés-Amusantes plusieurs comédies-proverbes qui réussirent.

Après une seconde tournée en province, il revint à Paris & fonda, sur le boulevard du Temple, à côté de l'hôtel Foulon, un petit théâtre qu'il appela les *Délassements-Comiques*, & dont il fut, en même temps, le directeur, l'acteur principal & l'auteur en titre.

L'autorisation d'ouvrir ce spectacle ne lui avait été accordée qu'à la condition de se transporter à la foire Saint-Germain & d'y rester pendant toute la durée de la foire.

Cette modeste entreprise était en pleine voie de prospérité lorsqu'un incendie consuma la salle en 1787. Elle fut promptement réédifiée; mais les grands théâtres, toujours jaloux des petits spectacles, l'année suivante, obtinrent une ordonnance qui astreignit celui-ci à ne jouer que des pièces à trois interlocuteurs, &, de plus, à interposer un rideau de gaze entre le public & les acteurs. Force fut au pauvre imprésario de se soumettre; mais au mois d'août 1789, la gaze était déchirée par Plancher-Valcour lui-même, au cri de: vive la Liberté! (1). Dégagé de toutes les entraves qui avaient arrêté l'élan de sa verve dramatique, il usa largement de cette liberté qu'il acclamait, & ne se fit pas faute, pendant la Révolution, d'exploiter en vers & en prose les évènements du jour & de produire un grand nombre d'ouvrages de circonstance. Sa muse,

---

(1) Qui croirait que cette ridicule obligation se ferait reproduite de nos jours? Elle fut pourtant imposée, à la requête des grands théâtres, au spectacle de *Franconi*, salle Monthabor, ainsi qu'à celui des *Jeux-Gymniques*, ancienne salle de la Porte-Saint-Martin.

plus burlefque que comique, côtoyait les faits politiques & s'affombriffait avec eux. On retrouve dans fes pièces les opinions les plus exagérées de l'époque. Les cris de haine & de fureur, qui s'élevaient dans la rue & dans les clubs, rencontrèrent trop fouvent un écho dans fes couplets qui fe chantaient parfois fur des airs d'une niaiferie fentimentale : contrafte affez fréquent alors.

En 1790, il céda fon entreprife au couple Colon, en fe réfervant les fonctions de régiffeur.

L'année fuivante, il figurait au nombre des acteurs du théâtre Molière, que Bourfault-Malherbe venait de fonder, & il reprit en même temps fa plume d'auteur dramatique; &, au commencement de 1792, il parut fur une fcène infime de la foire Saint-Germain, nommée les *Variétés*, pour laquelle il brocha quelques pièces de circonftance. Au mois d'avril fuivant, il revenait au théâtre Molière, où il remplaçait Bourfault dans la direction, qu'il cédait à fon tour, peu de temps après, à un fieur La Chapelle (1).

Il renonça bientôt à la profeffion de comédien, dans laquelle, du refte, il n'avait jamais brillé. D'après les journaux du temps, Plancher-Valcour ne manquait pourtant ni de tenue, ni de correction; mais il était peu goûté du public à caufe de fon exceffive froideur !

Il continua d'écrire pour le théâtre & fit, en colla-

---

(1) Claude-Gilbert Lachapelle, précédemment attaché à la maifon du Roi, périt révolutionnairement le 15 meffidor an II (3 juillet 1794).

boration avec Deſtival (1), *le Gâteau des Rois*, &, de concert avec Moline & Léonard Bourdon, *le Tombeau des Impoſteurs, ou l'Inauguration du Temple de la Vérité*, ſans-culottide tellement foncée en couleur, que le Comité de Salut public lui-même crut devoir en interdire la repréſentation. D'autres pièces dans le même goût, quoique un peu plus modérées de ton & d'allures, ſe ſuccédèrent ſous ſa plume, de 1791 à 1794; telles que : *le Mariage du Curé, le Premier Coup de Canon, aux Frontières, les Piques, le Débarquement de la Sainte-Famille à Alger, le Vous & le Toi, l'École des Prêtres; la Diſcipline républicaine & la Tentation de Saint Antoine*. Ce dernier ouvrage, repréſenté à Bordeaux, y fut interdit, comme immoral, par le Repréſentant du Peuple en miſſion.

N'omettons pas de dire qu'en 1787, ce même Plancher-Valcour avait célébré les vertus de Louis XVI, dans un à-propos, joué à Cherbourg, ſous le titre des *Travaux de Cherbourg*, & que des alluſions flatteuſes pour ce monarque ſe trouvent également dans pluſieurs de ſes productions théâtrales, entre autres : *Pharamond, Louis XII, Charles VI*, compoſées à l'aurore de la Révolution.

---

(1) Jean-Nicolas Braban, dit d'Eſtival, l'un des meilleurs acteurs de Nicolet, né en Lorraine, en 1735, à Merles, département de la Meuſe, vivait encore en l'an VII de la République; nous en avons eu la preuve par une lettre qu'il écrivait, le 7 nivôſe de cette année, à la veuve Nicolet, pour lui recommander un artiſte qui cherchait à ſe placer.

Son ardent républicanisme tomba tout-à-coup avec la cause qui l'avait fait naître. Il se mit alors à faire du mélodrame, & il ne craignit pas, lui qui, par bravade, avait dédié au pape *le Tombeau des Imposteurs*, de mettre en prose l'*Esther* de Racine, & de parler à sa façon le langage biblique.

A son nombreux bagage dramatique, disparu de la scène depuis si longtemps, heureusement sans espoir de retour, & qui n'est plus connu aujourd'hui que des amateurs & des collectionneurs, il convient d'ajouter beaucoup d'écrits de circonstance, qui ne furent guère que des spéculations de librairie. C'est ce qu'attestent plusieurs ouvrages indiquant cette qualité jointe à son nom.

Un incident qui n'est pas le moins curieux de ceux qui traversèrent cette existence versatile & bariolée, c'est l'idée grotesque qu'eut un jour le gouvernement du Directoire de faire un juge de paix de Plancher-Valcour. Il exerça ces fonctions dans le faubourg Saint-Martin, pendant plusieurs années. Elles lui furent retirées en 1801. Il reprit alors son ancien état de comédien, & reparut d'abord au théâtre de la Cité; puis à celui de l'Impératrice (1).

A la Restauration, il se retira à Belleville, où il vé-

---

(1) « Comme comédien, a dit un critique de 1809, il avait le jeu sec & froid, mais la diction correcte & facile; & dans les premiers rôles & les pères nobles qu'il joua, il portait mieux l'épée que certains grands comédiens. »

cut (1), ou plutôt végéta, dans une pofition plus que modefte, & tout à fait ignoré de la génération contemporaine. Il y eft mort, le 28 février 1815, laiffant après lui une veuve (2).

Malgré l'exaltation des opinions de fa jeuneffe, Plancher-Valcour put traverfer fans péril les grandes crifes de la Révolution; & il eut du moins ce bonheur de ne point attacher à fon nom le trifte fouvenir d'excès révolutionnaires, auxquels fa pofition de journalifte & fes relations avec quelques-uns des puiffants du jour, parmi les plus fougueux, auraient pu l'entraîner (3).

(1) Il y a été libraire. Plufieurs ouvrages portent cette qualification à la fuite de fon nom.

(2) Il avait été marié deux fois : en premières noces avec Marie-Anne Marchand ; en deuxièmes noces avec Thérèfe-Victoire Hérai.

(3) M. Charles Monfelet a confacré à Plancher-Valcour, dans fon curieux livre des *Dédaignés & des Oubliés*, un article qui contient des détails piquants, mêlés à de fpirituelles appréciations fantaififtes.

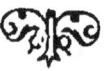

HONORÉ-ANTOINE RICHAUD

dit MARTELLI

1751 — 1817

RICHAUD appartenait à une très-bonne famille d'Aix en Provence, où il naquit le 27 octobre 1751. Son père était conseiller à la Cour des aides, & un de ses oncles servait en qualité de capitaine de vaisseau dans la marine royale. Après avoir fait d'excellentes études, il fut reçu avocat au Parlement; mais nous devons dire que son début dans la carrière ne fut pas heureux; le goût des lettres le dominait & l'éloignait des luttes du barreau, dont une circonstance fortuite vint le détourner tout-

---

Extrait des registres de la paroisse Saincte-Magdeleine d'Aix: « *Honoré-Antoine, né à Aix, le 27 octobre mil sept cent cinquante & un, fils d'Antoine Richaud & de Marie-Anne Desmichels de Martelly, sa femme, a été baptisé le 28 octobre, &c., &c.* »

à-fait. Le Kain, en traverfant Aix, y donna le 16 feptembre 1771, une repréfentation (qui fut l'unique) de la tragédie de *Tancrède*. Le jeune Richaud s'enflamma tellement au jeu de l'illuftre acteur, que les plus beaux fuccès, les feuls dignes d'envie, lui parurent déformais ceux obtenus fur la fcène. Il rechercha dès lors toutes les occafions de jouer la comédie de fociété, & les applaudiffements qui l'accueillirent en qualité d'amateur, en déterminant fa vocation, lui firent à tout jamais abandonner le barreau. Hâtons-nous de dire que l'honnêteté de fes mœurs & la droiture de fon caractère fe confervèrent fi pures, que fes anciens confrères décidèrent à l'unanimité le maintien de fon nom fur le tableau des avocats ; il en fut de même à Marfeille où les membres du barreau le traitèrent toujours en collègue.

Cependant, avant de prendre cette grande détermination, on raconte que Richaud avait été confulter un de fes oncles qui portait le froc de capucin. Il lui foumit les raifons qui le pouffaient à fe faire comédien & les efpérances de fuccès qu'il puifait dans fon amour de l'art. Le bon Père, homme de fens, aurait commencé par lui faire envifager tous les inconvénients qui feraient la conféquence de fa réfolution ; mais voyant que fon neveu, loin d'être rebuté par le tableau qu'il lui mettait fous les yeux, perfiftait en fon deffein, il lui ferait, dit-on, venu en aide en lui fourniffant les moyens de fubvenir aux dépenfes auxquelles allait l'entraîner le parti qu'il prenait.

Quel que foit le degré d'authenticité de cette anecdote, Richaud, après avoir ajouté à son nom un des noms de sa mère qu'il conferva feul par la fuite, débuta fur le théâtre de fa ville natale par ce même rôle de *Tancrède*, dont la repréfentation avait déterminé fa vocation. Venant après Le Kain, l'entreprife était hardie, pour ne pas dire téméraire; mais elle avait, fans doute, pour but, de fe concilier par un coup d'éclat la fympathie & les fuffrages de fes concitoyens & de fe faire abfoudre par le fuccès.

Il comptait fur le premier vers de fon rôle :

« A tous les cœurs bien nés que la patrie eft chère ! »

Hélas ! fon attente fut déçue & fa réuffite à peu près nulle : tant il eft vrai qu'on eft rarement prophète dans fon pays. Il ne fe découragea pourtant pas de cette efpèce d'échec.

Après s'être exercé pendant plufieurs années fur des fcènes fecondaires de la province, il fe rendit à Bordeaux où l'appelait un engagement. Son talent, mûri par l'étude & la réflexion, y fut fingulièrement apprécié ; le public qui l'adopta, lui décerna le nom de *Molé provençal*. Cette conftante faveur dont il devint l'objet, donna à Martelli pour cette ville une prédilection marquée & qu'il conferva toute fa vie : fi bien même, qu'après avoir joué à Marfeille, à Lyon, à Nantes & même à Paris, il revenait toujours avec empreffement à Bordeaux. Pendant un de fes derniers séjours en cette ville, où Beaumarchais se trouvait alors, il joua en sa présence Almaviva du *Mariage de Figaro*. Il paraît que, contre son attente, il n'obtint pas le suffrage de cet auteur, qui le lui fit sentir assez rudement. — « Vous avez absolument manqué le rôle, « lui dit Beaumarchais. — Hé bien, répliqua l'acteur « cruellement mortifié, si j'ai manqué le rôle, je tâche-« rai de ne pas manquer la pièce. »

En effet, faisant appel à son goût & à ses études littéraires, Martelli composa les *Deux Figaro* (1). Ce fut là sa vengeance & elle fut bonne. On n'ignore pas que cette comédie est une satire ingénieuse & piquante de la pièce de Beaumarchais. Elle obtint un grand succès, & il ne manqua pas de gens pour en contester la paternité à son auteur ; mais l'*Intrigant dupé par lui-même*, autre comédie en cinq actes, également jouée à Paris, le *Maladroit*, qu'il destinait à la Comédie-Française & qui fut représenté à Bordeaux, les *Amours supposés*, à Lyon, protestent victorieusement contre cette imputation malveillante.

Malgré sa réputation solidement établie d'excellent comédien, Martelli ne put arriver au Théâtre-Français,

---

(1) « La première idée de Martelli était de faire simplement une critique du *Mariage de Figaro ;* mais entraîné apparemment par une conception heureuse, il a fait plus & mieux qu'il ne voulait faire d'abord. C'est à la suite, dit-on, d'une gageure. M. de Beaumarchais n'ayant pas été content de la manière dont Martelli avait joué, à Bordeaux, le rôle d'Almaviva, &c. »

(*Correspondance littéraire de La Harpe,* 1793.)

à l'attention duquel aurait dû le recommander les succès de bon aloi obtenus sur les principales scènes de la province. Le vrai, le seul motif qui lui en ferma l'accès, ne résida pas, ainsi qu'on l'a dit, dans le reproche qu'on lui faisait d'avoir une diction heurtée & rocailleuse. L'ostracisme dont il fut frappé provint uniquement de Molé qui, placé cependant par son talent hors ligne, en dehors de toute rivalité, ne sut pas se montrer supérieur à un sentiment de mesquine jalousie. Dans la suite, ils se trouvèrent ensemble au théâtre de Marseille où Martelli régnait en maître; ils jouèrent alternativement les mêmes rôles, & il résulte des témoignages contemporains que cette lutte qui, d'ailleurs, tourna au profit de l'art, ne fut pas précisément désavantageuse à Martelli.

Ce n'est que beaucoup plus tard qu'il vint à Paris. On rapporte que s'y trouvant à court d'argent, il écrivit dans l'espace d'une matinée une pièce en un acte, intitulée : *Une Heure de Jocrisse*, qu'il envoya au directeur des Variétés, Montansier, qui la lui paya quinze louis. Durant son séjour, il joua au théâtre Molière où, grâce à la liberté théâtrale de l'époque, il put aborder le répertoire classique. Il produisit beaucoup de sensation & ses représentations ne cessèrent d'attirer la foule. Quelques années après, le 4 avril 1813, il parut une unique fois à l'Odéon dans le *Vieillard & les jeunes Gens* & dans l'*Habitant de la Guadeloupe*. Quoique déjà avancé en âge, il fit encore plaisir.

Martelli retourna ensuite à Marseille, où il avait fixé

sa résidence. Il s'y était marié avec une ancienne actrice (1), dont il eut une fille qui épousa par la suite un musicien de talent, nommé Lambert. Retiré du théâtre, & habitant une jolie bastide qu'il possédait à proximité de la ville, il reparaissait de temps à autre sur la scène où il jouait, toujours avec une grande supériorité, le *Legs* & l'*Amant bourru*.

Il est mort, le 10 juillet 1817, à l'âge de soixante & six ans.

Si on considère Martelli en tant qu'auteur dramatique, on peut le ranger parmi ceux qui ne méritent pas l'oubli. Ses productions littéraires dénotent en général un esprit judicieux & pourvu d'une certaine finesse. Outre ses pièces de théâtre, il a publié un recueil de fables, & le tome XI des *Mémoires de l'Académie de Marseille* renferme un conte en vers, intitulé : *Le Bonheur*, dû à sa plume. Il a laissé inédite une jolie petite comédie en un acte & en vers, *Conseil d'un Homme de lettres, ou les trois Rivaux*, qui n'a jamais été jouée.

(1) Mlle Loche.

ANTOINE-JEAN BOURLIN

dit DUMANIANT

1752 — 1828

FÉCOND auteur dramatique, romancier, acteur & directeur de spectacle en province, Antoine-Jean Bourlin commença de bonne heure sa vie accidentée.

Il naquit à Clermont-Ferrand, le 11 avril 1752, l'aîné de quatre garçons. Son père, fils d'un avocat en réputation, avocat lui-même & conseiller au présidial, le destinait à suivre le barreau. Le jeune homme aurait préféré l'étude de la médecine ; mais il n'y dut pas songer à cause de l'opposition de son père qui regar-

---

Extrait des regiſtres de la paroiſſe Saint-Geneſt, à Clermont-Ferrand : « L'an mil sept cent cinquante-deux, le onze avril, a été baptisé *Antoine-Jean*, fils légitime à maître Jean Bourlin, avocat, & à Diane-Marie Bourlin, né le même jour. Parrain, ſieur Antoine Bourlin, médecin à Riom ; marraine, Suzanne Tétard. »

dait les médecins « comme des assassins privilégiés, & regrettait, qu'à l'exemple de Rome, on ne les expulsât pas de la France. » Le jeune Antoine demanda alors à entrer dans la finance, carrière dans laquelle il entrevoyait la possibilité de faire une grande fortune; il espérait être placé à Paris dans les bureaux d'un fermier général. Mais envoyé comme surnuméraire à Saint-Denis, il se dégoûta promptement de cette position subalterne.

Cependant, n'osant retourner chez son père, il alla à la Rochelle retrouver un de ses cousins détenu dans la prison de cette ville pour un léger délit. Ce parent ayant recouvré sa liberté, grâce à l'intervention d'un bon religieux, Père de l'Oratoire, emmena avec lui le jeune Bourlin dans un couvent de Bernardins, comme novice, en attendant qu'il y fît profession; mais le futur auteur dramatique n'avait pas la vocation. Aussi ne tarda-t-il pas à quitter le couvent; & la force des choses le ramena chez son père qui, cette fois, le mit en demeure de se livrer à l'étude du droit & d'entrer chez un procureur pour y apprendre la pratique. Nouvelle révolte du jeune Bourlin qui, se sentant un goût irrésistible pour le théâtre & préférant la lecture de Molière & de Racine à l'étude du droit & de la jurisprudence, trancha brusquement la question par un coup de tête qui décida de son avenir. Il s'enfuit de la maison paternelle & se rendit à Paris; là, il s'engagea dans une troupe de province; &, afin de se soustraire aux justes reproches de son père;

plus encore, peut-être, aux mesures de rigueur dont il pourrait être l'objet, il prit le nom de Dumaniant qui était celui d'une de ses tantes, & qu'il a toujours conservé depuis.

Avant de le suivre dans cette nouvelle voie théâtrale & littéraire, avec ses chances diverses, nous emprunterons à une espèce d'autobiographie inédite, qu'il avait commencé d'écrire en 1807 & que nous avons sous les yeux, ce passage empreint de mélancolie, dans lequel il fait un triste retour sur sa position présente : « Déshérité par mon père, dit-il, pour avoir
« embrassé la carrière du théâtre, parvenu à cin-
« quante-cinq ans, je ne possède pas le plus faible
« abri, pour y couler les jours que le Ciel peut m'ac-
« corder encore. J'étais l'aîné de quatre garçons ;
« je devais être le plus fortuné, & j'en suis le plus
« pauvre, puisque je ne possède que le revenu incer-
« tain de mes ouvrages. »

Ce n'est pas ainsi, sans doute, qu'il raisonnait en 1778, lorsque ne se contentant pas d'interpréter sur la scène les ouvrages des autres, il se lançait à son tour dans la carrière d'écrivain, & faisait imprimer sa première comédie : *le Pardon inutile*. Il avait alors vingt-six ans &, sur le titre, se qualifiait de *Comédien du Roi*.

Il se trouvait à Douai au mois de juin 1783, & jouait le rôle de Mondor, dans les *Fausses infidélités*, comédie en un acte & en vers de Barthe. Il crut devoir prendre dans ce rôle le costume d'*Homme de robe*, ou de *Robin*, comme on difait familièrement, ainfi qu'il l'avait vu faire à Bordeaux & à Touloufe par d'autres acteurs. Le procureur du Roi, pour ce qu'il regardait comme une offenfe à la magiftrature, l'envoya pour vingt-quatre heures à la prifon de la ville.

C'eft à ce propos qu'il écrivit à la Comédie-Française pour lui demander confeil, & on lui répondit que le rôle, à l'origine, joué en coftume de *Financier*, depuis huit ans était repréfenté à la ville & à la *Cour* en coftume de Robin, fans obfervations de l'Autorité.

Encouragé par cette réponfe qui le mettait en rapport avec les hauts feigneurs de la Comédie, Dumaniant écrivait de nouveau en août & octobre fuivants, pour leur propofer fes pièces, deux lettres qui reftèrent apparemment fans réponfe.

En 1785, il parvenait à fe faire engager à Paris, but envié de tous les comédiens de province, & entrait au théâtre du Palais-Royal pour y remplir l'emploi des *Pères* & des *Raifonneurs*; fon jeu était froid, mais intelligent; &, d'ailleurs, grâce à fon talent d'écrivain, il allait prendre dans cette adminiftration une pofition honorable & diftinguée. Il faifait jouer, en 1786, fur ce théâtre, le *Français en Huronie*, la *Nuit aux Aventures*, le *Médecin malgré tout le monde* & *Guerre ouverte* (1), fa meilleure comédie, qui, du-

---

(1) Bordier, acteur très-aimé à ce théâtre, tenta de faire tomber cette pièce par irritation de ce que Dumaniant avait chargé Michot du rôle principal, tandis que lui jouait celui bien moins brillant

rant la première moitié de ce siècle, a été jouée un peu partout, traduite dans presque toutes les langues & que le compositeur Jadin mit plus tard en musique.

Pendant quatre ans, cet auteur-acteur fut le fournisseur le plus actif & le plus heureux du répertoire de ce théâtre. Aux farces, aux comédies-proverbes de Dorrigny, de Guillemain & autres qui l'avaient alimenté quand il était établi au boulevard sous le nom de *Variétés-Amusantes*, on vit succéder des pièces plus régulières & d'un genre plus relevé. Dumaniant contribua largement pour sa part à ce progrès & se fit une réputation méritée dans la comédie d'intrigues & les imbroglios habilement imités du théâtre espagnol : Les *Intrigants* ou *Assaut de fourberies*, *Ricco*, l'*Amant femme de chambre*, le *Dragon de Thionville*, *la Loi de Jatab*, & beaucoup d'autres ouvrages du même genre témoignent de son talent à conduire une intrigue compliquée au travers d'incidents imprévus. Son dialogue est vif & ne manque pas de relief.

En 1791, le théâtre du Palais-Royal prit le titre de Théâtre de la rue Richelieu, qu'il devait encore changer l'année suivante contre celui de la *République*;

---

de Lolive. Dumaniant adressa à son camarade de vifs reproches qui lui firent entendre raison.

Ce même Bordier, devait jouer le rôle de *Ricco*, qu'il avait répété; à sa mort il fut joué par l'auteur lui-même qui s'y montra si mauvais, que Beaulieu qui, jusque-là, n'avait rempli que des rôles d'*amoureux*, s'en chargea & s'en acquitta si bien, qu'il se consacra dès ce jour aux rôles comiques.

&, profitant de la liberté des théâtres, il essaya de faire concurrence à la Comédie-Françaife, avec le concours de Monvel & de quelques artistes diffidents, Talma, Grandmesnil, Dugazon, Mmes Vestris & Desgarcins.

Dumaniant, dont le talent d'acteur n'avait jamais eu rien de remarquable, demeura pourtant encore un an à ce théâtre fur lequel il fit représenter plusieurs pièces ; &, entre autres, deux tragédies : la *Vengeance*, imitée d'une pièce anglaife de Young, & *Alonzo & Cora*, empruntée d'une épifode des Incas, qui, l'une & l'autre, n'obtinrent que peu de fuccès (1).

Congédié l'année fuivante, il entra au théâtre de la Cité, où il fit représenter, avec plus ou moins de fuccès, plusieurs pièces ; &, en 1793, renonçant définitivement à paraître fur la fcène, il devint un des administrateurs de ce théâtre.

Devenu, de 1803 à 1805, directeur de la Porte-Saint-Martin qui venait de rouvrir, Dumaniant ne fe renferma plus exclufivement dans la comédie d'intrigues. Il fit jouer, foit feul, foit en collaboration, quelques mélodrames : les *Français en Alger*, l'*Hermite de Saverne*, les *Péruviens*, &c.

Ecrivant à une époque agitée, où la politique envahiffait le théâtre & fervait d'écho aux clubs &

---

(1) 26 novembre 1791, et 28 janvier 1793. La *Revue rétrofpective* de 1836 reproduit une piquante correfpondance, relative à cet acteur avec la Comédie-Françaife.

aux paſſions des partis oppoſés, Dumaniant qui, en 1792, avait célébré la mort héroïque de Beaurepaire, en ſe faiſant l'interprète de tous les cœurs patriotes, compoſa deux pièces de circonſtance politique : l'*Hypocrite en révolutions* & la *Journée du neuf Thermidor*, ou la *Chute du Tyran*.

La première, dirigée contre le parti des hébertiſtes, ou des révolutionnaires exagérés, devait paraître peu de temps après le jugement & l'exécution d'Hébert & de ſes complices, mais elle ne fut jouée que le 2 thermidor, c'eſt-à-dire peu de jours avant la chute de Robeſpierre, alors qu'il n'était plus queſtion des hébertiſtes.

La ſeconde pièce, compoſée en ſociété avec Pigault-Lebrun, était, ainſi que l'annonce ſon titre, une ſuite de ſcènes en vers, reproduiſant les faits principaux de cette journée, & ne dut ſon ſuccès qu'aux circonſtances.

Le théâtre de la Porte-Saint-Martin ayant été fermé, en raiſon du décret de 1807, Dumaniant fut appelé comme ſecrétaire général du théâtre de l'Odéon par ſon ami Alexandre Duval, qui venait d'en prendre la direction en 1808. Cette fonction qu'il conſerva pendant pluſieurs années, n'était qu'une véritable ſinécure. Dans l'intervalle qui s'écoula de 1819, époque où il perdit ſa place par ſuite de la réorganiſation de l'Odéon en ſecond Théâtre-Français, juſqu'à 1828, on le vit ſucceſſivement directeur de troupe départementale ; notamment de celle qui deffervait le théâtre de Clermont-Ferrand, réfidence de fa famille, avec laquelle il s'était, d'ailleurs, réconcilié quelques années auparavant. Dans l'écrit que nous avons cité, il exprimait l'efpoir « de finir fes « jours dans fa ville natale & d'y repofer à jamais. » Un trifte hafard du fort trompa cette efpérance. Pendant un voyage qu'il fit à Paris pour fes affaires théâtrales, il fut atteint de la maladie à laquelle il fuccomba, le 24 feptembre 1828, laiffant après lui une veuve (1) fans fortune, à laquelle le gouvernement de la Reftauration fit une penfion.

La lifte des pièces de Dumaniant eft trop confidérable pour trouver place ici ; nous avons déjà mentionné les principales. Il eft jufte de reconnaître qu'elles font généralement écrites avec beaucoup de verve & renferment des fituations d'où la complication des incidents n'exclut pas le comique. Cet auteur a fondé, en quelque forte, une école, & fes comédies dans lefquelles il a multiplié à deffein les incidents, ont beaucoup diverti la génération contemporaine par la gaîté entraînante qui en forme le principal élément.

On connaît auffi de lui un opufcule fur la mort de fon camarade Bordier ; puis *Hermès*, poème en trois chants, fuivi de la *Création de la femme*, production auffi mal conçue que mal écrite.

---

(1) Sophie Liger, qu'il avait époufée, le 10 brumaire an VII (31 octobre 1798).

Une épître à l'auteur de la *Gaſtronomie* lui a été attribuée. Il avait difpofé pour la fcène le *Soldat pruſſien*, pièce allemande, traduite par Berquin, ainſi qu'*Eléazar & Nephtali*, de Kotzebue, traduit en français par un anonyme. Enfin, il a écrit deux romans : *Vie & Aventures d'un Émigré* (anonyme), & l'*Enfant de mon Père*, ou les *Torts du Caractère & de l'Éducation*, 2 vol. in-18, an VIII.

PIERRE-CASIMIR

TALON

1754 — 1826.

TALON a été un des plus anciens acteurs de l'Ambigu-Comique; &, attaché à ce spectacle dès son origine, il s'y distingua dans l'emploi des *amoureux*.

Il y était entré en 1770, à l'âge de quinze ans passés, ainsi qu'une sœur & un frère plus jeunes que lui. Doué d'une jolie figure, servi par une intelligence que la pratique du métier développa rapidement, il

---

Extrait des registres de la paroisse Saint-Nicolas-des-Champs : « Le dimanche sept avril, mil sept cent cinquante-quatre, a été baptisé *Pierre-Casimir*, né d'avant-hier, fils de Denis-Michel Talon, fabricant de bas (*), & de Marie-Jeanne Arnoul-Prieur, son épouse, demeurant rue Saint-Martin, &c. »

(*) Maître Denis-Michel Talon, qui fut père d'une nombreuse lignée, quitta plus tard son premier état pour se faire marchand luthier.

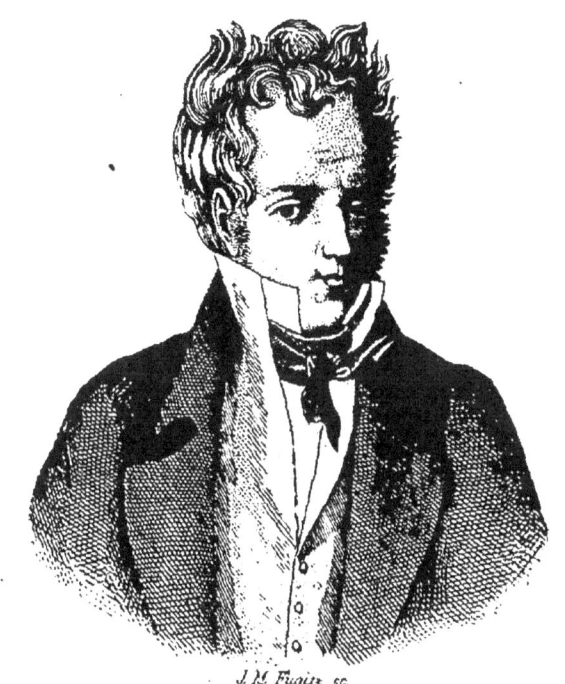

TALON
1754-1826

ne tarda pas à fe placer à la tête de fes camarades. Il rempliffait ordinairement les rôles d'abbés, de petits-maîtres & d'amoureux *habillés*, pour nous fervir d'une expreffion technique. Il avait de la grâce & une diftinction naturelle, que relevait encore une excellente tenue. Toutes ces qualités le rendaient la coqueluche de ce théâtre & de fes habituées. Non-feulement il rempliffait les rôles principaux dans les petites comédies mufquées du répertoire; mais encore, il paraiffait dans les pantomimes, plus ou moins mythologiques, que compofaient Audinot, Arnould-Muffot (1) & quelques autres auteurs attitrés de l'Ambigu-Comique.

En 1776, Talon quitta ce fpectacle pour entrer chez Nicolet; mais fur cette nouvelle fcène, où régnait la farce & la parade, où fe jouaient des pantomimes extravagantes, dénuées de plan & d'action, & qui ne fe foutenaient que par la pompe du fpectacle & l'accumulation incohérente des tableaux, ce jeune acteur ne retrouva pas le fuccès auquel il était accoutumé chez Audinot.

Chargé, dans *le fameux Siége*, d'un rôle acceffoire, il ne parut dans la plupart des pièces qu'à la fuite des Ribié, des Lelièvre, des Mayeur. Le feul rôle important qu'il ait eu à jouer dans cette période, fut celui

---

(1) François Arnould, né à Befançon, mort à Paris au commencement du fiècle. Auteur & acteur, il avait pris d'abord le pfeudonyme de *Muffot* qui, depuis, refta accolé à fon nom.

de *l'Elève de la Nature*, dans la pièce ainſi nommée, que Mayeur, ſon auteur, avait tirée du roman de Beaurieu (1). A l'expiration de ſon engagement, Talon n'eut rien de plus preſſé que de retourner à l'Ambigu-Comique. Il y reprit poſſeſſion de l'emploi des *premiers amoureux* dans tous les ouvrages importants, & il le conſerva juſqu'en 1783. Il joua même dans quelques comédies en vers, refuſées aux grands théâtres, & que leurs auteurs avaient été autoriſés à faire repréſenter aux boulevards. C'eſt encore lui qui, dans *l'Héroïne américaine* (2), pantomime qui obtint la vogue, remplit le rôle principal à côté de la belle Julie Diancourt. Mais la conſtance n'était pas une des qualités dominantes de Talon; au bout de deux ans il retourna chez Nicolet, dont il ne fit, pour ainſi dire, que traverſer la ſcène, puiſque peu de temps après il quittait la France, en compagnie de Mayeur, de Varennes, de Sophie Foreſt & de quelques autres de ſes camarades. Les troubles ſurvenus dans les colonies à la ſuite de la Révolution, forcèrent nos voyageurs à regagner la mère-patrie avant la fin de 1791. Talon rentra à l'Ambigu, où il paſſa les années les plus orageuſes de cette triſte époque.

L'âge, cependant, était venu, & ce n'était plus ce

(1) Gaſpard Guillard de Beaurieu, né à Saint-Paul en Artois, le 3 juillet 1768, mort à Paris, à l'hôpital de la Charité, le 5 octobre 1795. On a de lui pluſieurs ouvrages, dont celui cité dans cette notice eſt le plus célèbre.

(2) Pantomime, en trois actes, d'Arnould-Muſſot.

même abbé coquet, ce marquis doucereux, ce tendre Damis des premières années de fa carrière. Il prit alors l'emploi des premiers rôles de drame & de comédie ; enfuite il s'eſſaya dans les rôles comiques & dans les caractères.

Le 27 feptembre 1802, un nouveau théâtre s'ouvrait; ou, plutôt, une entreprife nouvelle s'établiſſait dans l'ancienne falle de l'Opéra, abandonnée depuis 1794, pour y jouer la comédie en vers ou en profe de l'ancien & du nouveau répertoire, le drame & le mélodrame, ainfi que les ballets-pantomimes (1).

La troupe, formée d'anciens artiſtes de la province & de comédiens qui, depuis pluſieurs années, s'étaient fignalés avantageufement fur différentes fcènes de Paris, compta bientôt Talon parmi fes fujets les plus remarquables. Il fe montra excellent acteur dans l'emploi des *feconds comiques;* car, il y avait encore à cette époque des emplois diſtincts & reconnus. Il s'y trouvait avec Bourdais, Fufil, Dugrand (2), tous acteurs dignes

---

(1) Le théâtre de la Porte-Saint-Martin, inſtallé dans l'ancienne falle de l'Opéra, inaugura fes repréſentations par *Piʒarre*, drame de G. de Pixérecourt. Cette entreprife changea pluſieurs fois de directeur, mais fans interruption jufqu'au décret de 1807, qui le comprit au nombre des théâtres fupprimés.

Cette falle ne fut réouverte que le 26 décembre 1814. Incendiée en mai 1871, pendant les finiſtres événements de la Commune, elle fut reconſtruite l'année fuivante.

(2) Artiſtes de beaucoup de valeur. Le premier, furtout, eût été un comédien du premier mérite dans les *haut-comiques*, fur notre première fcène. Il avait un mafque extrêmement mobile, l'œil vif, le regard intelligent, le débit fpirituel

de la Comédie-Françaife. Lorfque le décret de 1807 ferma les portes de ce théâtre, au moment où ces artiftes de premier ordre venaient de repréfenter le mélodrame de *Robinfon Crufoë*, avec un fuccès attefté par cent repréfentations confécutives, fait inoui à cette époque, Talon y rempliffait le rôle de *Vendredi* d'une manière tout-à-fait remarquable.

La Weftphalie & la Ruffie enlevèrent à la France ces talents diftingués. Talon aimé & apprécié à Saint-Péterfbourg, n'en revint que lorfque la gravité des évènements le força à quitter ce pays hofpitalier.

On le vit au théâtre de l'Odéon où il débuta, le 28 avril 1812, dans *le Collatéral* & dans *le Jeu de l'Amour & du Hafard;* quelques jours après, dans *le Voyage interrompu*. Il y refta jufqu'en 1817, &, felon toute probabilité, il renonça pendant un certain temps à la fcène; car, dans un intervalle de plufieurs années, on perd fa trace, foit à Paris, foit en province. Ce n'eft que beaucoup plus tard, en 1825, qu'on le retrouve affocié à fon ancien camarade Dumaniant, pour la direction du théâtre de Clermont-Ferrand.

Quoique à l'âge où il était parvenu, il dût éprouver

& original. Il alla au théâtre de Caffel, en Weftphalie, & ne revint en France qu'à la chute du roi Jérôme. Il eft mort à Saint-Péterfbourg en 1823.

Fufil, à qui le public avait fini par pardonner le déplorable rôle qu'il avait joué dans les évènements de la Révolution, fit partie de l'Odéon, de 1809 à 1816. Il alla enfuite en Ruffie. Il mourut à Paris dans l'année 1825.

Nous ne favons ce qu'eft devenu le troifième.

le besoin du repos, Talon qui, en raison du proverbe : *Pierre qui roule n'amasse pas mousse*, avait peu songé à s'assurer des ressources pour ses vieux jours, mourut à la peine, le 4 janvier 1826, à Poitiers, où la troupe ambulante, dont il était le régisseur, passait les mois d'hiver.

Cet acteur de mérite, qui avait eu son heure de célébrité, & à meilleur titre que le fameux Constantin de chez Nicolet & que Bordier (1), fut, dans sa jeunesse, surnommé le *Molé* du boulevard du Temple (2). Il s'efforçait, effectivement, d'imiter dans son jeu les manières de ce grand comédien. Mais à l'exemple de tous les imitateurs, il reproduisait plus facilement les défauts que les qualités.

Cette préciosité de langage & cette fatuité qu'il prêtait aux personnages musqués qu'on le chargeait de reproduire, se retrouvaient en lui, mais moins justifiées, hors de la scène. C'était un travers que lui

---

(1) Voir les notices sur ces deux acteurs, dans notre *Troupe de Nicolet*.

(2) Il trouva l'occasion de personnifier le célèbre comédien dans une petite comédie satyrique, intitulée : *la Matinée du Comédien de Persépolis*, par Aubryet (*), composée sur une aventure arrivée à Molé.

C'est à l'une des représentations de cette pièce, qu'il eut un à-propos assez heureux. L'administration de l'Ambigu-Comique venait de changer de salle. A un moment où deux personnages, tenant la scène, Talon, l'un d'eux, offrait à son interlocuteur de s'asseoir, il ne trouva qu'une chaise : « Excusez-moi, dit-il, sans se déconcerter, nous ne faisons qu'emménager. »

(*) Le père de M. Xavier Aubryet.

reprochèrent les méchantes langues, fon camarade Mayeur en tête. Quelle qu'ait été la valeur de cette réputation, aujourd'hui éteinte, elle a eu fa raifon d'être, & l'acteur qui, après s'être diftingué au début de fa carrière dans l'emploi des *amoureux*, a fu plus tard tenir d'une façon plus que fatisfaifante, fur des fcènes importantes, l'emploi des *comiques* & des *valets*, ne devait certes pécher ni par le talent, ni par l'intelligence (1).

Son jeune frère, que nous avons mentionné au début de cette notice, après avoir commencé en même temps que lui la comédie à l'Ambigu, s'éclipfa tout-à-coup. On fit, à ce moment-là, courir fur fa probité des bruits dont nous n'avons pas à nous occuper. On a prétendu qu'il avait été accufé de vol, & que, plus tard, il avait acquis une grande fortune. Ces affertions repofent fur deux pamphlets qui font indignes d'attention.

Quant à fa fœur, également penfionnaire d'Audinot, elle avait réfolûment, dès le principe, abordé les

---

(1) Nous nous bornerons à citer l'opinion de Geoffroy, qui en vaut bien une autre :

« Talon eft chargé du perfonnage de Thomas (dans *la Fortereffe du Danube*)... Cet acteur n'eft pas inférieur à Brunet pour la naïveté & la niaiferie, & lui eft fort fupérieur pour la bouffonnerie & la caricature. »

Et en parlant de la reprife des *Intrigants* :

« Talon a donné un échantillon de fon talent dans cette pièce, où il jouait le rôle d'un valet déguifé en père : il a peu de mafque, mais une voix fonore, beaucoup de feu & de gaîté. »

(*Journal de l'Empire.*)

rôles de duègnes & de vieilles ridicules : fans doute, elle était laide! Elle refta longtemps attachée à ce théâtre, d'où elle finit par difparaître, fans laiffer après elle un fouvenir qui la fît regretter.

ADRIEN MOREAU

dit Le Petit ARLEQUIN

1755 — 1828

La renommée de cet acteur lilliputien fut un inftant plus grande que fa perfonne ; c'eft, d'ailleurs, à l'exiguité de fa taille qu'il dut fes premiers fuccès. Son père, obfcur contrebaffifte à l'Opéra, fongea de bonne heure à tirer parti des proportions microfcopiques de fon enfant, en l'exhibant comme un phénomène dans les falons de la nobleffe & de la finance, où, tantôt fous le coftume d'un Cupidon-pompadour, tantôt fous l'affublement d'un Ber-

---

Extrait des regiftres de la paroiffe Saint-Sulpice : « Le vingt-cinquième de mars mil fept cent cinquante-cinq, a été baptifé *Adrien*, né d'avanthier, fils de Pierre-François Moreau, muficien, & de Magdeleine Gidras, fon époufe, demeurant place des Quatre-Nations. — Le parrain, Adrien-Guillaume de Cailly, avocat au parlement, & la marraine, Marie-Françoife Le Clerc, époufe de Noël Grandcolas, marchand mercier. »

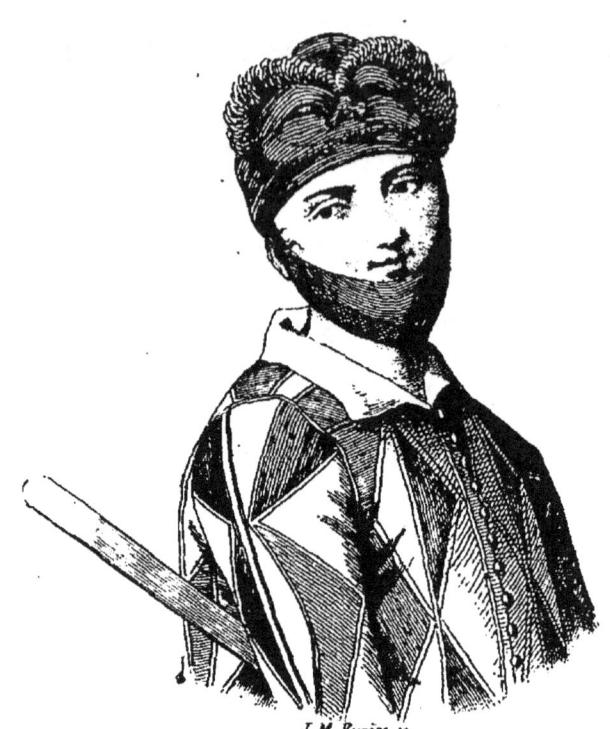

MOREAU
1755–1828

ger-trumeau, il récitait des vers tendres ou galants à l'adresse des belles dames qu'il s'agissait de fêter & qu'il comparait à Vénus ou à toute autre déesse *ejusdem farinæ*. Il eut même l'honneur, à l'âge de treize ans, d'être servi tout vif sur la table de Louis XV, roi de France & de Navarre, renfermé dans un pâté dont il surgit tout-à-coup à un signal donné. Vêtu en arlequin, il débita un compliment à Sa Majesté qui se montra charmée de sa grâce & de sa gentillesse. Ni l'âge ni les incidents d'une vie cahotée par les évènements n'effacèrent ce souvenir chez le pauvre petit acteur &, à plus de soixante ans, il se plaisait encore à narrer dans tous ses détails cet épisode mémorable de sa chétive existence.

Cet emploi, nous allions dire cette exploitation de son enfance semblait le destiner tout naturellement à la carrière théâtrale. Aussi lorsque Audinot obtint la permission d'établir sur le boulevard un nouveau théâtre, le petit Moreau devint le premier acteur de la troupe enfantine. Nous devrions, pour plus d'exactitude, dire le premier acteur *vivant*, puisque au début de cette entreprise, ses camarades n'étaient que des marionnettes; & ce ne fut pas la moindre curiosité de ce spectacle, à son origine, que la présence en scène de ce chétif nain au milieu des *comédiens de bois*, nom sous lequel a été connu d'abord le théâtre d'Audinot, avant qu'il ne prît le nom d'*Ambigu-Comique*.

Lorsque ces muets & dociles pensionnaires furent remplacés par des enfants, Moreau continua à faire partie de la troupe & resta spécialement chargé des rôles d'arlequin. Sa vivacité, sa gentillesse le rendirent promptement le favori du public, & Nougaret, Arnould-Mussot, Pleinchesne composèrent à l'envi pour lui des pièces dans lesquelles il se fit applaudir sous le costume bigarré du citoyen Bergamasque : c'était Carlin vu par le petit bout de la lorgnette.

Il quitta cette scène en 1780 pour entrer aux appointements modestes de 700 livres par an aux Variétés-Amusantes, où il débuta, le 4 septembre, dans la *Corbeille enchantée*, pièce féerique de Dorvigny. Mais si son talent de comédien s'était développé, sa taille était restée la même : aussi n'eut-il que de rares occasions de jouer. On reprit exprès pour lui, en 1781, sous le titre nouveau d'*Arlequin fille à marier*, une ancienne pièce de Molines, dont il avait créé le rôle principal à l'Ambigu, en 1775. Le 13 février 1785, il joua encore un rôle d'Arlequin dans les *Trois Rivales*. Mais ce répertoire était trop borné & vers la fin de cette même année, Moreau abandonnait ce théâtre pour aller donner des représentations en province.

Clément de Lormaison, ayant fondé au boulevard du Temple un petit spectacle qu'il appela les *Bluettes comiques & lyriques*, notre petit arlequin y fut engagé. Il y resta jusqu'à sa fermeture qui eut lieu en 1789. Des pièces dans lesquelles il joua, nous ne pouvons indiquer qu'*Arlequin Pygmalion*, comédie de Ducray-Duménil, jouée en juillet 1789.

En 1790, nous retrouvons Moreau à la tête d'un

bien modeſte théâtre, proportionné, du reſte, à ſa taille exiguë, non plus comme acteur, mais en qualité de directeur d'une petite troupe qui lui rappelait le début de ſa carrière : nous voulons parler des *Ombres chinoiſes*, établies au Palais-Royal, & dont la direction lui fut cédée par Séraphin, leur fondateur. Il eut ſoin de faire précéder ſa priſe de poſſeſſion d'une lettre, répandue dans le public & inſérée dans les Petites Affiches. Nous en extrayons quelques paſſages :

Après avoir rappelé qu'il était le citoyen le plus petit de la Capitale, & plaiſanté de bonne grâce ſur ſon frêle individu, « qui, à côté de ſes anciens camarades,
« devenus ſinon de grands comédiens, au moins de
« fort grands perſonnages, était reſté auſſi petit que
« le premier jour qu'il parut au faubourg Saint-Ger-
« main ; — il ajoutait : « Je ne perdis point courage ;
« j'offris mes petits talents de ſpectacle en ſpectacle,
« & n'en trouvai plus un ſeul de ma taille, tant ils s'é-
« taient élevés, agrandis !

« Cependant, il faut exiſter : il faut rendre à ma
« digne & tendre mère une partie des ſoins qu'elle a
« prodigués à mon enfance... Un honnête homme
« vient de m'en offrir les moyens. M. Séraphin me
« cède aux conditions les plus agréables & les plus
« utiles pour moi, l'infiniment petit ſpectacle des
« *Ombres chinoiſes*, & le plus petit des acteurs eſt
« enfin devenu le plus petit, mais à coup ſûr, le plus
« zélé des directeurs. Daignez, Meſſieurs, l'annoncer

« à ce même public qui daigna tant de fois m'hono-
« rer de fon indulgence. »

Il ouvrit fon fpectacle, le 5 feptembre 1790, par *Arlequin changé en Nourrice*, farce de Dorvigny, qui, déjà en 1780, avait écrit pour lui fa pièce de début aux Variétés-Amufantes. Il repréfenta auffi quelques pièces de Guillemain.

L'entreprife périclita entre fes mains & avant la fin de l'année, Séraphin rentrait dans la libre difpofition de fon fpectacle.

La liberté des théâtres, décrétée au mois de janvier 1791, lui permettant d'établir un nouveau théâtre, Moreau ouvrit, le 28 janvier, fous les galeries du Palais-Royal, une petite falle qu'il appela les *Comédiens de bois* (1), afin de faire concurrence à Séraphin. Peu de temps après, il la délaiffait pour aller s'inftaller à l'autre extrémité du Palais, dans la falle en planches, occupée depuis 1785 par les Variétés-Amufantes, qui venaient de l'abandonner pour prendre poffeffion du nouveau théâtre de la rue de Richelieu, aujourd'hui fiége de la Comédie-Françaife.

En s'établiffant dans ce nouveau local, Moreau changea la dénomination modefte de ce fpectacle & l'intitula fièrement : *Théâtre du Palais-Royal*.

Cette fois il avait des penfionnaires en chair & en os, jouant la comédie à ariettes & de petites pièces,

---

(1) N° 101, dans le fous-fol où l'on a vu, plus tard, pendant une longue fuite d'années le café des *Aveugles*, qui a ceffé d'exifter en 1872.

auxquelles il ajouta le répertoire des *Beaujolais* (1), & même quelques ouvrages du théâtre français & de la comédie italienne.

Cette entreprise n'eut pas de durée & ferma sans avoir répondu aux espérances de son directeur. Le petit Moreau, redevenu plus que jamais *le petit arlequin*, ne trouvant plus à se placer comme acteur, était réduit, en 1809, à se faire voir comme nain sur les places publiques de Paris.

Pendant une période de plusieurs années on le perd de vue; ce n'est qu'en 1817 qu'on ressaisit la trace de cet avorton de théâtre. A cette époque, il donnait des représentations à Marseille, &, spectacle digne de pitié, il jouait encore à soixante ans les rôles de sa jeunesse.

On ignore le moment précis de sa mort qui a dû avoir lieu dans cette ville, vers 1817.

Ainsi que Laporte, le célèbre *arlequin* du Vaudeville, Moreau était fort laid sans masque. A part ce point de ressemblance, il n'y avait aucune comparaison à établir entre ce pygmée & l'héritier des talents de Dominique & de Carlin.

---

(1) Ce théâtre avait ouvert au Palais-Royal, le 23 octobre 1784. La salle est celle où existe aujourd'hui le théâtre du Palais-Royal.

JEANNE-SOPHIE

MADEMOISELLE FOREST

1760 — 1817

TOUS les spectacles ont succeffivement leur
« moment de fplendeur. C'eft aujourd'hui
« celui de Nicolet qui attire la foule aux
« boulevards. Une actrice, nommé La Foreft, la plus
« jolie créature qu'il foit poffible de voir, rentrée depuis
« peu à ce théâtre en fait les plus beaux jours & excite
« la verve des poètes. M. Robineau, infatigable au-
« teur (1) de pièces foraines, en a compofé une

Extrait des regiftres de la paroiffe de Saint-Roch. « L'an mil fept cent foixante, le treizième de juin, a été baptifée par moi, vicaire fouffigné, *Jeanne-Sophie*, née d'hier, fille de Georges Foreft, bourgeois de Paris, & de Françoife Jubert, fon époufe, demeurant rue Sainte-Anne de cette paroiffe. Le parrain Louis Thévenin, marchand de cuirs en gros ; la marraine, Jeanne La Rochelle, &c. »

(1) Connu, à partir de 1777, fous le pfeudonyme de *Beaunoir*.

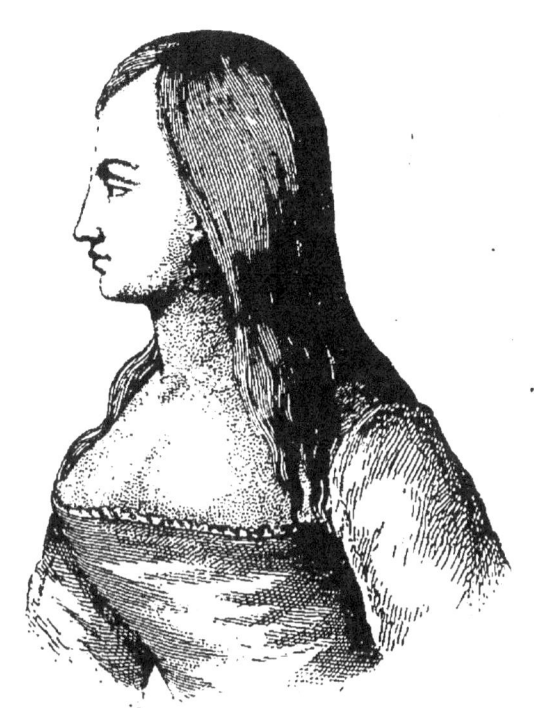

Melle FOREST
1760–1817

« pour mademoiselle Forest, intitulée : *Jeannette* ou
« *Les battus ne payent pas toujours l'amende,* l'inverse
« de celle des Variétés, & l'on trouve Jeannette supé-
« rieure à Jeannot. »

Ainsi s'expriment les *Mémoires Secrets,* à la date du 25 juin 1780. Ce double certificat de talent & de beauté, si libéralement délivré par des critiques ordinairement peu susceptibles d'enthousiasme pour ce qu'ils appellent à tout propos les tréteaux & les histrions du boulevard, donnerait à croire qu'il s'agit ici d'une actrice hors ligne, ou d'une grande renommée théâtrale du siècle dernier : il n'en est pourtant pas tout-à-fait ainsi.

Mlle Forest eut un instant de vogue & d'éclat, alors qu'elle joua le rôle que nous venons de citer & quelques autres dont nous parlerons tout-à-l'heure ; mais cette vogue fut de peu de durée : cet éclat fugitif ne fut qu'une affaire de mode qui ne s'éleva jamais jusqu'à la popularité. Nous n'en voulons pour preuve que l'obscurité où retomba cette actrice : obscurité, qui ne céda en rien à celle de ses deux sœurs également pensionnaires de Nicolet.

Sophie Forest avait été, dès son enfance, destinée au théâtre par ses parents. Elle fit ses premiers pas sur une des scènes de bas étage qui pullulaient à cette époque & que dirigeait un sieur Duval (1).

---

(1) Ce Duval est le même qu'on vit plus tard à la Montansier & aux Variétés, où il fut pendant si longtemps le compère de Brunet, qui, certes, lui dut beaucoup sous ce rapport. Duval était un

Vers 1776, elle entra aux *Grands Danseurs du Roi*, où elle parut dans de petits rôles de son âge. A la fin de l'année suivante, elle représenta dans le *Fameux Siége* une bergère galante, dans lequel sa jeunesse & sa charmante figure brillaient de toute leur fraîcheur.

En 1778, elle quitta le théâtre de Nicolet pour aller habiter un coquet petit hôtel, somptueusement meublé, dans la rue de Popincourt. Elle y eut laquais, équipage, & c'est, sans doute, à son rôle de bergère galante qu'elle dut ces témoignages de l'admiration qu'elle avait inspirée à Bertin, le trésorier des parties casuelles.

Mais la fortune est capricieuse & les hommes sont changeants! Aussi, à la rentrée de Pâques, en 1780, voyons-nous la Forest, quoique toujours charmante, dépossédée de son hôtel, revenir modestement à pied à l'humble théâtre de Nicolet.

C'est, pendant ce court intervalle, qu'une de ses sœurs avait été engagée à ce spectacle & y remplissait obscurément des rôles secondaires.

Cependant, l'aventure de Sophie avait eu du retentissement & avait attiré l'attention sur elle. Outre

---

comédien rempli de bonhomie & de naturel : type de la bonne bourgeoisie, n'ayant jamais l'air d'avoir appris ce qu'il récitait en scène. Au besoin, improvisateur spirituel & s'attachant à faire valoir ses camarades. Son abnégation & sa modestie n'empêchèrent pas le public d'apprécier le talent de cet excellent artiste qui partagea sa faveur avec Brunet pendant toute sa carrière théâtrale. Retiré comme acteur, il tint aux Variétés l'emploi de régisseur pendant deux ans. Il est mort en 1819.

le rôle de Jeannette dans lequel elle reparut, elle fut investie des rôles principaux dans plusieurs pièces nouvelles : *Contentement passe Richesses,* — *La Chambre garnie,* — *Le Barbier du village,* — *L'Oiseau de Lubin,* — *L'Amour quêteur & Vénus pèlerine,* deux pièces dont la vogue fut incroyable, grâce à sa beauté & au talent de comédienne de Mme Nicolet.

Lorsque celle-ci, à peu près vers la même époque, quitta la scène afin de se livrer exclusivement à la direction de son théâtre, Sophie Forest, tout en conservant ses anciens rôles, hérita de ceux que laissait vacants le départ de cette actrice.

Pendant les quatre années que Sophie Forest passa encore chez Nicolet, elle tint l'emploi des *premières amoureuses* dans les pièces suivantes, dont les titres donneront une idée assez curieuse des affiches de ce spectacle. C'est un assemblage grotesque de sujets & d'annonces disparates : *L'Élève de la Nature,* — *Les Amours de la Couturière & du Porteur d'eau,* — *Les Girandoles* (1), — *Le Sabotier, ou les huit Sols,* — *La Dinde du Mans,* — *La Correction villageoise,* — *Le Trousseau d'Agnès,* &c., &c.

La belle Sophie joua également dans la pantomime. Elle reprit le rôle de Jeanne d'Arc, dans le *Fameux Siége;* celui de Junon (2), dans l'*Enlèvement*

---

(1) Pièce très-jolie & au-dessus du genre habituel de ce spectacle, dont l'auteur était *Germain Garnier,* mort en 1820, comte & pair de France.

(2) Ce rôle avait été établi par la jeune Miller, devenue dans la suite, si célèbre à l'Opéra sous le nom de *Gardel.*

d'Europe, où Ribié jouant Jupiter, & vêtu en Arlequin, descendait des nues perché sur un dindon ; *Geneviève de Brabant* ; la Fée, dans la *Pantoufle de Cendrillon*. Ses deux sœurs paraissaient à ses côtés dans cette dernière pièce, & Nicolet, toujours curieux de la nouveauté, faisait jouer par la plus jeune, âgée de 11 ans en 1783, le rôle de Jeannette qui, trois ans auparavant, avait valu tant d'applaudissements à son aînée.

Tâchons à présent de donner une idée du talent de Sophie, dont la beauté se trouvait alors dans tout son épanouissement. Charmante dans les rôles d'Agnès & de paysannes, très-séduisante dans les petites maîtresses, elle devenait maniérée & guindée dans les rôles qui exigeaient de la tenue & de la distinction, qualités qu'on appréciait au contraire chez Mme Nicolet. On lui reprochait aussi, avec raison, un certain abus de minauderies qui dénotait le désir trop visible d'obtenir des applaudissements, & ses bouderies d'enfant gâté quand elle ne produisait pas l'effet sur lequel elle avait compté.

Avec l'habitude de la scène, cette actrice avait acquis, néanmoins, quelques-unes des qualités de la comédienne ; aussi, quitta-t-elle les Grands Danseurs du Roi, à la fin de 1784, pour entrer aux Variétés-Amusantes, où le répertoire, composé de pièces mieux conduites & mieux écrites, devait permettre à son talent de se développer avec plus d'avantages. Elle s'y montra, de 1785 à 1788, dans les premiers rôles d'un grand nombre d'ouvrages, dont plufieurs écrits en vers, avaient pour auteurs Dumaniant & Pigault-Lebrun.

En 1789, Sophie Foreft quitta la France, en compagnie de Talon, de Varennes, de Mayeur & de quelques autres de fes anciens camarades, pour aller jouer la comédie dans les colonies. Cette tentative, nous l'avons déjà dit ailleurs, échoua complètement. A la fin de 1791, on la revit à Paris ; mais, à partir de ce moment, fon nom ne figura plus nulle part comme actrice.

Pour nous fervir du ftyle mythologique, fort ufité à cette époque, la belle Foreft abandonna alors Thalie pour Plutus ; & le 18 germinal an II (7 avril 1794), elle époufa Claude-François Maradan, dont le nom devint fameux dans les faftes de la librairie, au commencement du fiècle. Plus d'un vieux bibliophile, s'il en refte encore de ce temps-là, peut fe rappeler avoir vu trôner la belle Sophie dans le comptoir de ce libraire.

Sophie Foreft eft morte à Paris le 11 feptembre 1817.

De fes deux fœurs, la plus jeune, Marie-Denife, devint, à Rouen, la femme du fameux Ribié. Elle mourut à Paris, le 27 mai 1807.

L'aînée, Thérèfe-Jofeph, après avoir fait affez piètre figure chez les Grands Danfeurs du Roi, quitta la fcène pour époufer un fieur Beaumont.

Eckard, dans une notice qu'il a donnée fur le *Jour=*

nal de Cléry, raconte que la femme (1) de celui-ci, en allant voir son mari à la Tour du Temple pour lui donner les nouvelles du dehors & lui porter des journaux, se faisait accompagner d'une de ses amies, qu'il dit être Mlle Forest, mariée alors à un sieur Beaumont (2). Elle se retira plus tard auprès d'eux, à Juvisy, près Paris, où elle est morte.

(1) La femme de Cléry, née Duverger, avait été artiste pensionnaire de la Musique de la Chambre du Roi & des Concerts de la Reine.

(2) Claude-Etienne, né à Besançon en 1757, mort à Paris en 1811. Il fut architecte assez distingué.

FRANÇOIS-PIERRE

RÉVALARD

1767 — 1816

VOICI un acteur, dont le nom, comme celui de tant d'autres, bien inconnu aujourd'hui & que nous avons pris à tâche de faire revivre, a eu jadis, au boulevard *du crime*, fobriquet que l'on avait donné au boulevard du Temple, a eu, difons-nous, fon inftant de popularité.

Fils de perruquier &, pendant les premières années, perruquier lui-même, *François-Pierre Révalard* était né à Paris, dans la rue Neuve-Saint-Euftache, le 19 feptembre 1767. Quittant la favonnette pour monter fur les planches, il courut d'abord la province &, plus tard, revenu à Paris, il devint un des acteurs du bou-

---

Extrait des regiftres de la paroiffe Saint-Euftache : « L'an mil fept cent foixante-fept, le dimanche vingt feptembre, a été baptifé *François-Pierre*, né d'hyer fils de François-Jofeph Révalard, perruquier, & de Anne-Louife Dutfoy, fa femme. Le parrain, Pierre-Étienne Dutfoy, charron; la marraine, Anne-Françoife Laya, femme Dutfoy. »

levard les plus aimés du populaire, dans les rôles de brigands & de traîtres, dont il avait, au reste, tout le physique qu'on aime à rencontrer dans les personnages qui font contraste avec la vertu persécutée. Déplorable comédien, braillard incapable de comprendre & de rendre d'autres rôles que celui qui le faisait admirer par les *Titis* de l'époque, il florissait dans la pantomime dialoguée, aux Jeux-Gymniques, théâtre sur lequel on le vit pour la première fois à Paris & sa vogue se maintint jusqu'au moment où le mélodrame vint succéder à ce genre de pièces. A la fermeture des Jeux-Gymniques, en 1812, il se remit à courir la province, & on ne le revit plus qu'en 1814, à la réouverture de la Porte-Saint-Martin, où il ne tint qu'une place effacée. Il disparut tout-à-fait de la scène, en 1815.

C'était un homme, non-seulement d'une ignorance crasse, puisque, disait-on, il ne savait pas même lire, & que c'était sa femme qui lui apprenait ses rôles : particularité, dont l'authenticité reposait sur une tradition fort accréditée dans le monde théâtral ; mais encore, il était d'une bêtise amère. C'est à lui que l'on a prêté cette annonce burlesque, faite sur une scène de province où l'on représentait *Tékéli*, ou le *Siége de Mongatz*. « Messieurs, dit-il, l'administration n'ayant
« pu se procurer de la poudre & des fusils, le public
« est prévenu que le bombardement de la forteresse
« se fera à l'arme blanche. »

Nous ignorons l'époque précise de sa mort que nous croyons avoir eu lieu vers 1816.

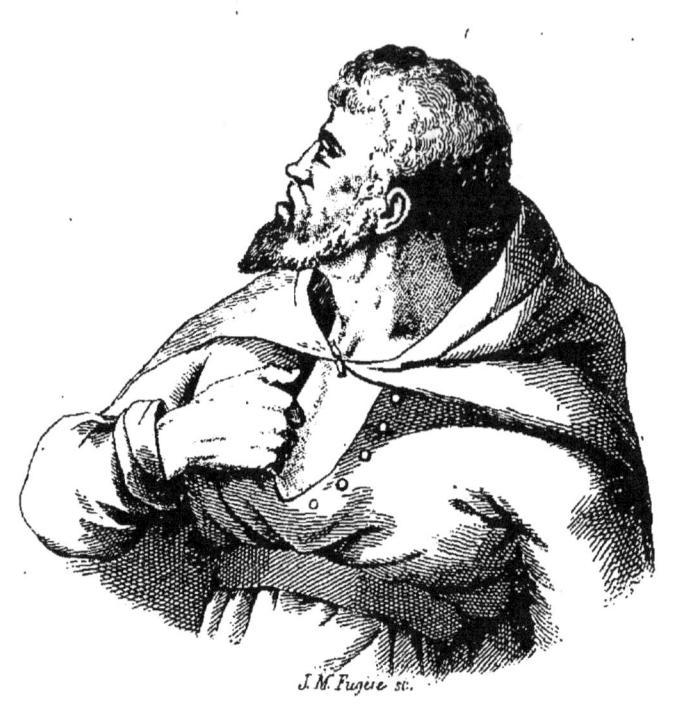

DE JOIGNY
1771-1819

Inv Fugère Lyon

AUGUSTE

DE JOIGNY

1771 — 1819

NÉ au fein d'une famille diftinguée, il manifefta de bonne heure un goût très-prononcé pour le théâtre qui lui fit abandonner le foyer paternel pour courir les aventures à la fuite d'une troupe de comédiens ambulants. Le mariage d'une de fes fœurs avec le général comte de Bettencourt, commandant le département de la Seine-Inférieure, l'arracha pendant quelque temps à cette exiftence vagabonde & le ramena au milieu des fiens. Son beau-frère avait exigé de lui la promeffe de renoncer

---

Extrait des regiftres de la paroiffe Saint-Viêtor, à Metz : « Le treizième jour du mois de mars de l'année mil fept cent foixante & onze, a été baptifé par nous preftre, fouffigné, *Augufte*, fils légitime & naturel de noble homme Pierre-Augufte Honoré de Joigny & de dame Magdeleine-Rofalie de Barthez, fon époufe. » &c.

au théâtre, & il l'avait fait placer au secrétariat du département, où il resta plusieurs années. Mais le général mourut en 1804, & Joigny, que cet événement délivrait de la pression exercée sur lui, se jugeant par cet événement dégagé de sa promesse, sentit sa passion théâtrale se réveiller plus vive que jamais & se hâta de partir pour Paris.

Quelques mois après, son nom figurait parmi ceux des acteurs de l'Ambigu-Comique.

Joigny était un acteur de mélodrame, & acteur de beaucoup de talent, auquel il n'a manqué qu'un nez pour être admis à la Comédie-Française ; mais le sien était réduit à des proportions si exiguës, qu'en scène on ne distinguait qu'un gros bouton au milieu de son visage ; &, cependant, il avait une physionomie très-expressive, quoique souvent sinistre.

Il n'avait que quarante ans à peine, lorsqu'il succomba, le 4 novembre 1819, à la suite d'une longue & douloureuse maladie. Il mourut chez Lafargue (1),

---

(1) Adrien-Louis-Thomas LAFARGUE, né le 20 décembre 1786, à Épinay-sur-Seine, où son père exerçait la profession de chirurgien, prit le théâtre fort jeune encore, à l'exemple d'un frère aîné qui s'est fait une réputation comme mime.

Celui dont nous parlons ici était un bel homme, plein de dignité & de noblesse. Il eut pourtant de la peine à se faire admettre du public de la Gaîté, habitué au jeu des Tautin & des Révalard. Sa diction était simple & naturelle ; il composait avec grande intelligence un personnage. Il avait la tradition de la haute comédie, aussi comprit-il qu'il n'était pas là à sa place & lors de la création du second Théâtre-Français, il fit partie de la troupe nouvelle. Il établit d'une manière supérieure le rôle de Pharès dans

son ancien camarade aux théâtres du boulevard, & son ancien élève.

le *Paria*. Il serait certainement entré à la Comédie-Françaife, pour y remplacer Baptifte aîné, s'il n'avait été atteint d'une affection de poitrine dont il mourut à Auteuil, le 4 avril 1825.

PIERRE-JACQUES
SÉVESTE
1773 — 1825

SON père était maître à danser dans la petite ville de Saint-Sauveur. Après avoir enseigné à son fils les principes de son art, il l'envoya à Paris pour se perfectionner & se créer des moyens d'existence. Le jeune homme entra comme danseur dans un théâtre des boulevards. Plus tard, il prit la comédie, malgré un bégaiement assez sensible dont il était affligé; mais cet inconvénient disparaissait presque entièrement à la scène, surtout quand il chantait, ce qu'il faisait avec goût. D'une petite taille, mais très-bien prise, ayant bonne tenue & doué d'une

---

Extrait des registres de la paroisse Saint-Jean, de la ville de Saint-Sauveur : « Le douze avril mil sept cent soixante & treize, est né & a été baptisé *Pierre-Jacques*, fils de Pierre Séveste, maître de danse, & de Catherine Pillon, sa femme.

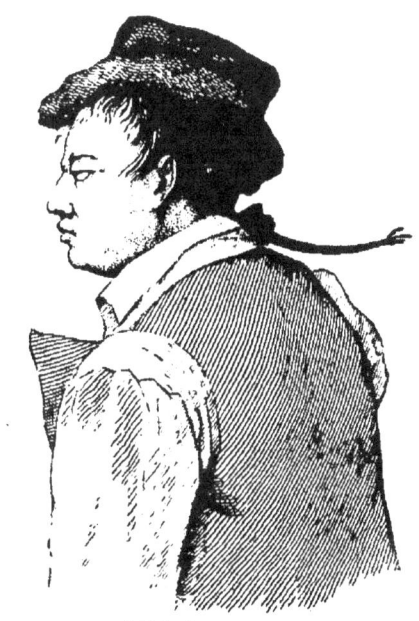

SEVESTE
1773-1825

Im Fugère Lyon

voix agréable, il joua d'abord les *amoureux* au théâtre du Vaudeville, où il s'était engagé comme double de Henri & de Julien. Un différend qu'il eut avec la direction, l'obligea à subir une diminution sensible de ses appointements. Tenant, néanmoins, à ne pas quitter ce théâtre, il se résigna à remplir tous les rôles qui lui seraient donnés dans quelque emploi que ce fût. Il était dans cette position qui, à tout prendre, n'en était pas une, depuis longtemps déjà, lorsque arriva le *Procès du Fandango* (8 mai 1809), pièce du directeur, qui exigeait que l'amoureux fût parfaitement danser. Sévefte réunissait toutes les qualités requises pour bien remplir ce rôle, qui lui fut confié & dont il s'acquitta à merveille. La pièce obtint un succès prodigieux, auquel cet acteur ne resta pas étranger, & notre *amoureux-danseur* reconquit ses appointements primitifs. Mais ce retour de bonne fortune ne fût pas de longue durée ; &, le succès épuisé, sans être retenue par un souvenir de reconnaissance du service rendu, la direction lui donna son congé, avec la demi-pension à laquelle il avait droit.

Sévefte, évincé de la scène, bien malgré lui, ouvrit un bureau d'agence théâtrale, tandis que de son côté, sa femme obtenait de la Comédie-Française (1) la concession gratuite d'un bureau institué pour le dépôt

---

(1) Il avait épousé, le 24 ventôse an V (14 mars 1797), à peine âgé de dix-neuf ans, *Edmonde-Angelique Balaffi*, de Paris, âgée de vingt-trois ans.

des armes, cannes & parapluies (1). Comme Séveste avait été un des plus ardents défenseurs du roi au 10 août, & que, plus récemment encore, il s'était distingué sous les murs de Paris, le 30 mars 1814, ce qui lui avait valu la décoration du Lys, il sollicita & obtint du gouvernement de la Restauration le privilége d'établir des théâtres dans la banlieue. Il s'adjoignit, à cette occasion, ses deux fils, qui continuèrent après lui cette entreprise, dont l'aîné, Edmond Séveste (2), lorsqu'il fut nommé, en 1848, commissaire près la Comédie-Française, abandonna l'exploitation à son frère Jules.

Séveste père est mort à Paris, d'une goutte remontée, le 31 mars 1825.

Un de ses petits-fils, Didier Séveste, qui promet-

(1) C'est à la suite de la première représentation de *Germanicus* (22 mars 1817), qui donna lieu à des scènes si tumultueuses, que l'Autorité fit revivre l'ordonnance de police du 12 janvier 1792, qui interdisait l'entrée des spectacles aux personnes porteurs de cannes, d'épées ou de toute autre espèce d'armes offensives.

Voici dans quels termes le Comité, dans sa séance du 16 avril 1817, arrêta cette mesure en faveur de Séveste :

« Le Comité, considérant que « M. Séveste a joué pendant nom- « bre d'années sur un théâtre (le « *Vaudeville*), avec lequel la Co- « médie-Française fait un échange « d'entrées, ce qui prouve son « estime pour l'administration & « les sujets qu'elle emploie ; con- « sidérant, que M. Séveste est « avantageusement connu de la « Comédie-Française & qu'il se « trouve, par sa retraite du théâtre, « dans une position moins heureuse « que par le passé, lui accorde la « permission exclusive d'établir un « bureau pour le dépôt des can- « nes, sabres, épées, dans le lieu « qui sera jugé le plus conve- « nable. »

(2) Mort en 1852.

tait pour l'avenir un bon comédien, eſt tombé victime de ſon patriotiſme à la bataille de Buzenval, à l'époque de la dernière invaſion pruſſienne (1).

(1) Didier Seveſte avait débuté, le 10 novembre 1863, dans l'emploi des *comiques*.

Le 19 janvier 1871, il prit part à la bataille de Buzenval, avec le corps de *francs-tireurs*, dans lequel il s'était engagé comme volontaire & où il avait été nommé lieutenant. Grièvement bleſſé à la cuiſſe, il fut tranſporté à l'ambulance du Théâtre-Français (*), où l'amputation fut immédiatement pratiquée. Il ſuccomba aux ſuites de cette opération, le mardi 30 janvier, à 7 heures du matin. Il était né le 4 août 1844.

Il avait été nommé chevalier de la Légion-d'Honneur le lendemain même de la bataille.

Son convoi eut lieu le 31, & plus de deux mille perſonnes accompagnèrent à ſa dernière demeure cet artiſte-citoyen.

M. Edouard Thierry, adminiſtrateur général de la Comédie-Françaiſe, prononça devant ſa tombe un diſcours qui produiſit la plus grande impreſſion ſur les aſſiſtants.

Le ſoir le théâtre afficha relâche.

(*) L'ambulance de la Comédie-Françaiſe avait été établie, le 8 ſeptembre 1870, dans le grand foyer public. Les dames patronneſſes étaient Mmes M. Brohan, Favart, Emilie Dubois, V. Lafontaine, Jouaſſain & Edile Riquer.

FRANÇOIS-ABEL DESBOIS

DUMÉNIS

1773 — 1834

S I l'Ambigu-Comique, au temps où floriffait le mélodrame *pur-fang*, eut le bonheur de poffèder en Raffile, pour tenir l'emploi des *comiques* & des *niais*, un acteur idolâtré du public, le théâtre de la Gaîté, fon voifin, n'eut rien à lui envier fous ce rapport. Le nom de Duménis a joui pendant plus de vingt-cinq ans, au boulevard du Temple, d'une renommée populaire, & il eut comme Raffile, quoique avec un jeu moins en dehors que celui-ci, le privilége de mettre & de maintenir en joie le bon pu-

---

Extrait des regiftres de la paroiffe des Quinze-Vingts : « L'an 1773, le dix-huit août, a été baptifé *François-Abel*, né d'hyer, fils d'Abel-Dominique Desbois, marchand confifeur, & de Marie-Jeanne-Rofe Lebel, fon époufe, demeurant dans l'enclos des Quinze-vingts. »

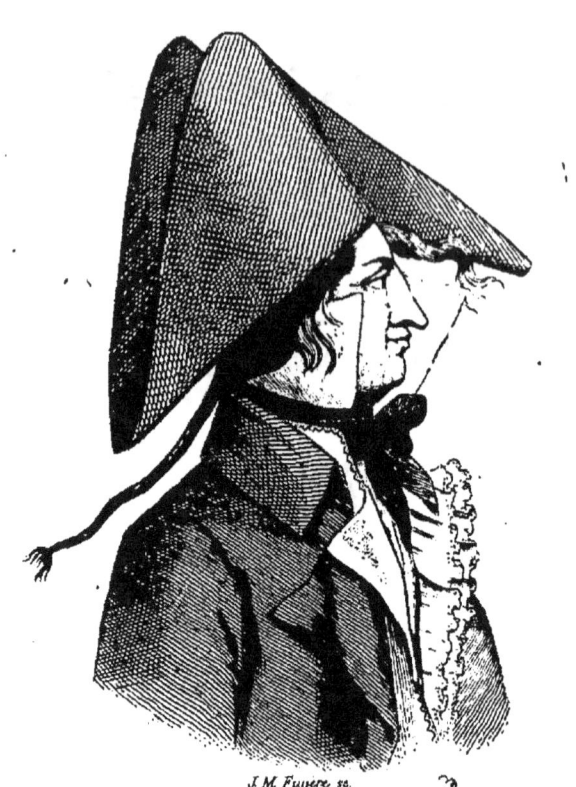

Dumenis
1773–1834

blic de cet heureux temps. Cette fidélité à la fcène qui avait accueilli fes débuts à Paris & qu'il ne quitta qu'en 1834, lorfque la direction paffa dans les mains de Bernard-Léon, eft déjà un fait qui prouve en fa faveur; & c'eft, d'ailleurs, un exemple devenu affez rare de nos-jours pour mériter d'être fignalé.

Duménis, qui avait commencé par jouer la comédie à Bordeaux, revint dans fa ville natale aux premières années du fiècle & entra au théâtre de la Gaîté, alors dirigé par Ribié, pour y jouer les rôles de *feconds comiques* dans la comédie & les *niais* dans les mélodrames, les pièces-féeries, les pantomimes dialoguées & les vaudevilles.

Nous le voyons en 1803 remplir dans la *Forêt enchantée* un rôle de gafcon à côté de Cazot, qui y jouait celui du jeune premier.

Mais le rôle qui fixa fur Duménis l'attention du public, fut le perfonnage de Nigaudinos, dans le fameux *Pied de Mouton* (1). Tout le monde a répété bien des fois après lui cette phrafe : « Demandez plutôt à Lazarille », devenue proverbiale à force d'être reproduite, comme tant d'autres plaifanteries analogues empruntées aux pièces en vogue, que nous entendons chaque

---

(1) Duménis conferva pendant de longues années le rôle de Nigaudinos qui avait établi fa réputation. Ce n'eft qu'en 1827 ou 1828 qu'il y fut remplacé par Léménil, qui commençait alors fon honorable carrière d'artifte, qu'il n'a terminée qu'à Saint-Pétersbourg, en 1866.

Louis Léménil eft mort à Paris, en 1872.

jour reſſaſſer à tout propos & ſouvent hors de propos.

La niaiſerie prétentieuſe & groteſque de ce perſonnage fut, à ce qu'il paraît, fort bien rendue par Duménis, que le rôle de Droguignard dans *la Queue du Diable*, contribua avec non moins de bonheur que le précédent, à mettre au rang des acteurs favoris du public habituel de ce théâtre.

C'eſt ſurtout des acteurs, tels que Duménis, qu'on peut dire que leur biographie eſt tout entière dans la nomenclature des rôles qu'ils ont eu à remplir pendant le cours de leur carrière théâtrale. *Jeunes gens, hommes faits, vieillards*, les différentes étapes de leur vie de convention ſont marquées par la phyſionomie, la condition & l'âge des perſonnages dont ils ont été chargés de reproduire tour-à-tour ſur la ſcène la figure & le caractère, les aſpects ſérieux ou comiques. Sous ce rapport, la liſte étendue des rôles joués par Duménis permettrait, à défaut d'autres indications, de le ſuivre pour ainſi dire pas à pas depuis ſa jeuneſſe juſqu'à ſa vieilleſſe. Son nom figure, en effet, dans preſque toutes les pièces importantes du répertoire, en regard du perſonnage comique, deſtiné à repoſer le ſpectateur des émotions du drame. C'eſt le plus ſouvent un jeune garçon naïf, fils, neveu ou filleul de l'un des perſonnages ſecondaires, amoureux berné d'une jeune fille égrillarde & railleuſe : dévoué à la mauvaiſe fortune du héros de la pièce & le ſecondant de ſes faibles moyens. Il déride les fronts aſſombris par les malheurs immérités du prince & de la princeſſe, persécutés ou fugitifs; il leur vient en aide au besoin, & contrarie plus d'une fois, sans le vouloir & sans le savoir, les perfides desseins du traître ou de l'usurpateur.

Dans la plupart des mélodrames représentés jusqu'en 1816, il est, en effet, fréquemment question de souverains dépossédés par un rival; parfois même, un parent, convoitant sous des dehors hypocrites leur couronne ou leurs richesses. Duménis était de toutes les fêtes qui servaient de prétexte pour amener le ballet obligatoire dans tout mélodrame qui se respectait un peu.

Nous devons constater, toutefois, que le talent de cet acteur qui, selon l'expression heureuse d'un critique contemporain, «fut bien près d'être un comédien», ne se renferma pas exclusivement dans le cercle invariable des *niais* & des *queues-rouges*. Il créa, & non sans succès, des rôles d'une physionomie plus originale & plus variée. Dans *Marguerite d'Anjou*, par exemple, il se fit applaudir sous l'habit d'un chirurgien gascon, dont il rendit avec une certaine verve le langage imagé & l'accent pittoresque. Il eut plus d'une fois cette bonne fortune de prouver qu'il y avait en lui autre chose que l'étoffe d'un simple farceur. Dans les petits vaudevilles & les comédies qui escortaient chaque soir le mélodrame nouveau en cours de représentations, il déploya souvent un talent de composition qui lui aurait permis de tenir convenablement sa place sur des scènes de genre, si le besoin ou le désir du changement avait été dans les habitudes des acteurs de son temps, ainsi que nous le voyons chez ceux d'aujourd'hui; déplorable système, grâce auquel les théâtres n'ont plus de troupe.

Cependant, si le talent de Duménis ne déchut pas d'abord avec l'âge, le genre du mélodrame se modifia sensiblement, & les personnages comiques, chargés d'égayer les situations tristes, s'effacèrent peu à peu; puis, disparurent tout-à-fait, laissant le champ libre aux émotions du drame. Le *niais* qui avait fait fureur pendant plus de vingt ans dans toutes les pièces à succès, se vit un beau jour dédaigné & presque oublié. L'âge, d'ailleurs, avait amené sur cette physionomie naïve une expression sinon sérieuse, du moins, plus calme, & le jeune gars de jadis était devenu un fidèle serviteur à cheveux blancs, qui se permettait encore quelquefois, mais avec sobriété, le mot pour rire ; que l'on plaisantait, mais avec discrétion, & à l'égard duquel on ne se prêtait plus à ces farces & à ces lazzi qui réjouissaient tant nos pères; il n'aurait plus été question de le pendre à la corde d'une lanterne, comme dans le *Chien de Montargis*, ou d'en faire le souffre-douleur des jeunes gens du village, comme dans beaucoup d'autres pièces.

Ce n'est pas que Duménis eût entièrement renoncé à ces sortes de rôles. De même que Brunet, dont il se rapprochait par un jeu naturel & comique sans efforts, il tint à honneur de se montrer dans les anciens ouvrages, aussi longtemps qu'ils se maintinrent au répertoire.

Mais, enfin, il arriva un jour où fe trouvant en préfence d'une génération nouvelle d'auteurs & de fpectateurs, *Nigaudinos* dut endoffer définitivement la garde-robe plus moderne du vieux payfan, de l'ancien domeftique, & fe réfigner aux rôles acceffoires.

Difons pourtant que, jufqu'à la fin, on tint à fon théâtre à conferver ce bon ferviteur, ce conftant & zélé collaborateur. Prefque tous les ouvrages nouveaux renfermaient un rôle à la taille de Duménis, rôle qu'il ne refufait jamais & qu'il rempliffait toujours avec confcience. Ce befoin d'utilifer fes fervices, lui impofa même certains perfonnages dont le coftume & le caractère formaient un contrafte fingulier avec le genre d'emploi qui avait établi fa popularité.

C'eft ainfi, qu'en 1833, dans *l'Allée des Veuves*, il apparut fous l'habit d'un vieux médecin, & que dans *Il y a feize Ans*, on le vit fous celui d'un bon curé de campagne. Dans ces deux rôles, dont le dernier furtout demandait une tenue convenable & une forte de dignité onctueufe, le *niais* émérite ne fe montra nullement déplacé. Auffi, lorfqu'en avril 1834, il quitta cette fcène à laquelle il avait appartenu pendant plus de trente années, on put lui rendre ce témoignage qu'il avait dans la mefure complète de fes forces & de fes moyens, confacré jufqu'à la fin fon fervice & fon zèle aux intérêts de fon adminiftration.

Il nous en coûte de dire que celle-ci, loin de reconnaître par une équitable rémunération le dévoûment de fon penfionnaire, avait fucceffivement fait defcendre ses appointements qui, durant de longues années, s'étaient élevés à 3,500 fr., chiffre énorme à ce théâtre, & même pour l'époque, à celui de 1,350 fr.; &, encore, son traitement n'était-il en réalité que de douze cents francs, ainsi qu'en fait foi une déclaration exigée de cet acteur, dans laquelle il reconnaît : « Que « c'est dans son intérêt que MM. les administrateurs « ont consenti à laisser subsister en apparence sur son « engagement cette différence de 150 fr. à laquelle il « déclare n'avoir aucun droit. » (1).

Duménis s'était marié en 1808 & de ce mariage naquirent plusieurs enfants, dont deux filles ont été danseuses à la Gaîté. On juge bien qu'avec des ressources si restreintes & une nombreuse famille, il ne lui avait été guère possible de se ménager des économies pour sa vieillesse ; aussi, est-ce dans un état misérable qu'il est mort à Paris, le 25 avril 1834, à l'âge de soixante & un ans.

(1) Bibliothèque nationale, collection manuscrite de Lefèvre.

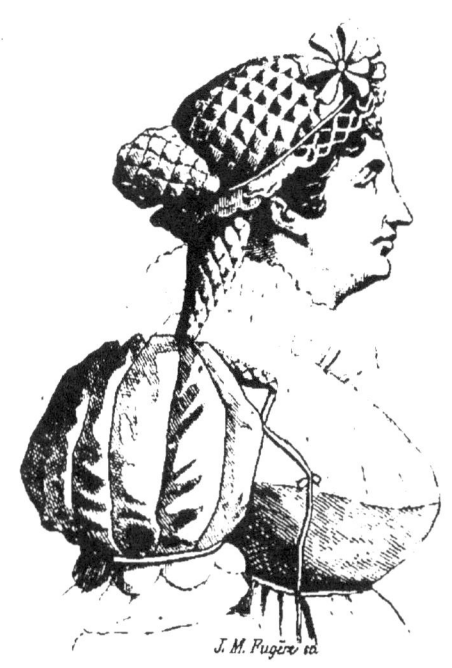

Mlle LEVESQUE
1774-1825

MARIE-JACQUELINE

MADEMOISELLE LÉVÈQUE

1774 — 1825

CETTE actrice qui, pendant plus de vingt années confécutives, a brillé au théâtre de l'Ambigu-Comique, dans l'emploi des jeunes premières & des premiers rôles du mélodrame, à l'époque où ce genre floriffait au boulevard, avait commencé, toute enfant encore, par jouer fur le théâtre des Beaujolais (1).

On fait qu'à l'origine de ce fpectacle, les acteurs en fcène fe bornaient à faire des geftes, tandis que

---

Extrait des regiftres de la paroiffe Saint-Euftache, à Paris : « Le fept février de l'année mil fept cent foixante & quatorze a été baptifée *Marie-Jacqueline*, née d'hyer, fille de Jean Lévêque, bourgeois de Paris, & de Marie-Magdelaine Lapandry, fa femme. »

(1) Situé au Palais-Royal.

d'autres perfonnes parlaient & chantaient pour eux dans la coulisse.

L'intelligence de la petite Lévêque la fit remarquer. Auffi lorfque ce fpectacle dut céder la place à la nouvelle entreprife fondée par Mlle Montanfier, la jeune actrice fut engagée au Théâtre-Français comique & lyrique de la rue de Bondy, ouvert le 20 juin 1790. Elle y remplit plufieurs rôles d'*amoureufes* &, notamment, dans la fameufe pièce de *Nicodème dans la Lune* (1).

Plus tard elle fit un inftant partie de la Société dramatique, établie au théâtre Mareux. Elle avait alors de la voix & chantait fort agréablement l'opéra-comique; mais un refroidiffement la lui fit perdre & la força de renoncer au chant; elle partit alors pour Bordeaux & y joua la comédie & le drame, jufqu'au moment où elle revint à Paris avec l'efpoir d'entrer à la Comédie-Françaife.

Déçue dans fon attente, elle accueillit les propofitions de Ribié qui exploitait le théâtre de la Gaîté, devenu, de par lui, théâtre d'*Émulation*, & elle débuta dans le *Moine* (2), par le rôle de Mathilde, avec un très-grand fuccès.

Nous avons omis de dire plus haut qu'avant de quitter Paris pour les départements, la jeune actrice avait paru fur la fcène des *Variétés-Amufantes*, dirigée

---

(1) Pièce de Beffroy de Reigny, dit le *Coufin Jacques*, dont le fuccès pyramidal eft aujourd'hui affez difficile à expliquer.

(2) Mélodrame, en cinq actes, par Cammaille-Saint-Aubin & Ribié.

par Lazzari, dans le rôle de Charlotte Corday; de la *Mort de Marat*, fuivie de fon apothéofe, méchant drame de Gaffier (1).

Corffe, en prenant, en 1800, la direction de l'Ambigu-Comique, s'empreffa d'engager Mlle Lévêque, qui débuta dans Cœlina (2), & qui, depuis lors jufqu'à fa mort, n'a ceffé d'appartenir à ce théâtre.

Nous ne donnerons pas la nomenclature de toutes les pièces auxquelles, dans le cours d'une longue carrière, cette actrice prêta l'appui d'un talent qui paffait pour être en première ligne au boulevard du Temple (3). En effet, à une bonne tenue, elle uniffait un jeu fympathique & paffionné; elle avait de la dignité, une démarche impofante, une pantomime expreffive & un jeu naturel « qu'on aurait, a dit un critique du « temps, quelquefois cherché en vain à la Comédie-« Françaife. »

Auffi fit-elle répandre bien des larmes aux âmes

---

(1) Ce Gaffier, dit *Saint-Amand*, régiffeur & acteur à ce théâtre, y jouait en *double* les rôles d'Arlequin. Par quelle transformation, *je me l' demande*, comme dit le père Moriffon (*), après de tels antécédents, devint-il préfet fous la Reftauration ? Eft-ce parce qu'après avoir chanté Marat, par peur fans doute, il célébra plus tard, par intérêt, les vertus des Bourbons dans plufieurs compilations hiftoriques?

(2) Mélodrame de Guilbert de Pixérécourt.

(3) Quel que fût fon talent, de mauvais plaifants, qui déjà avaient baptifé Frefnoy du nom de *Talma des boulevards*, fe mirent en tête de comparer Mlle Lévêque à Mlle Duchefnoy. Les deux éminents artiftes de la rue de Richelieu réfo-

(*) Perfonnage de la pièce de *Nos bons Villageois*, par Sardou.

sensibles sur le sort des héroïnes qu'elle eut à représenter dans les œuvres des Pixérécourt, des Caiginez, des Victor Ducange, pour ne citer que les trois principaux dramaturges de cette époque.

Parmi les pièces au succès desquelles elle contribua puissamment, outre *Cælina*, déjà citée, nous mentionnerons encore *Amanda*, *la Femme à deux Maris*, *le Bigame supposé*, *le Château de Paluzzi*, *les Chevaliers du Lion*, *Grisélidis*, *Helmire d'Heidelberg*, *Herminie*, *l'Homme à trois Visages*, *les Mines de Pologne*, *le Pèlerin blanc*, *Thérèse & Calas*.

Dans les dernières années, elle avait pris l'emploi des *mères*.

Mlle Lévêque avait su se faire estimer dans sa vie privée, &, lorsqu'elle succomba, le 4 mai 1825, après une longue maladie, ce ne fut pas seulement l'actrice de talent, mais encore la femme digne d'estime dont on regretta la perte.

---

lurent d'aller ensemble un soir à l'Ambigu-Comique pour se revoir dans la personne de leurs prétendus Sosies.

Pendant toute la représentation Talma regarda de toute sa vue basse et écouta poliment. — Plus impressionnable, la tragédienne s'agita sur sa chaise, interrogea du regard l'émotion des spectateurs & se leva en disant : « Je ne suis « pourtant pas si bourgeoise que « cela ! » Et vous. mon cher ami ? « la réponse de Talma fut : Pour « ce brave homme, il est clair « que mon nom n'est qu'un sobri- « quet. »

(Charles MAURICE, *le Boulevard du Temple*.)

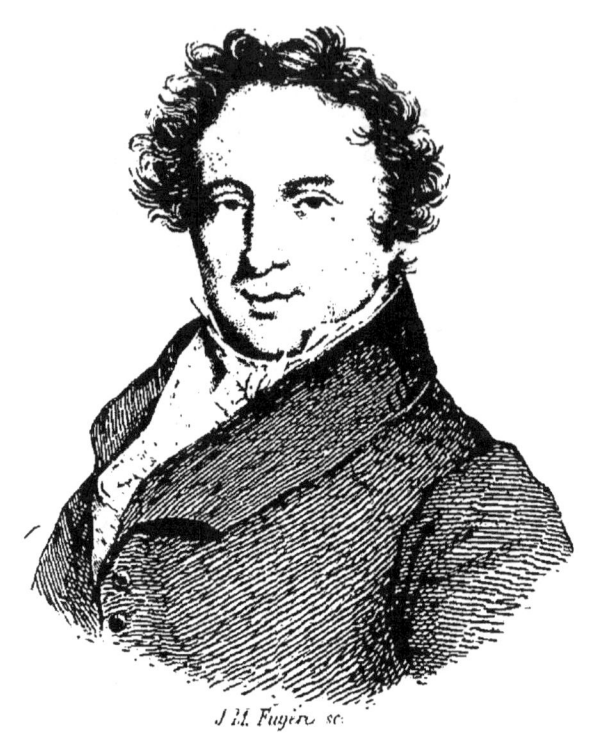

CAZOT
1777–1856

NICOLAS-JOSEPH

CAZOT

1777 — 1856

APRÈS avoir servi dans la marine marchande pendant plusieurs années, comme Bosquier-Gavaudan, dont il devint plus tard le camarade, Cazot renonça tout jeune encore à la mer & à ses dangers, pour embrasser l'état de comédien. Il arrivait de l'Ile-de-France. Débarqué à Bordeaux, il fut engagé au théâtre des Variétés de cette ville, pour y tenir les petits rôles d'*amoureux*. Mais un rôle auquel il était loin de s'attendre & qui pouvait aboutir à un

---

Extrait des registres de la Paroisse Saint-Laurent : « Le dix neufvième de janvier mil sept cent soixante & dix-sept, fut baptisé *Nicolas-Joseph*, né d'avant-hier, fils de Joseph Cazot, fabricant de gazes, & d'Anne-Fleur Michaut, sa légitime épouse, demeurant faubourg Saint-Denis de cette paroisse. »

dénoûment tragique, lui était réfervé : le 17 nivôfe an II (6 janvier 1794), il comparaiffait avec tous fes camarades devant la commiffion militaire, préfidée par le terrible Lacombe, comme faifant partie de la troupe dirigée par Antoine Dorfeuille, & foupçonné d'avoir affifté à la repréfentation de *la Vie eft un Songe*, vieille comédie de Boiffy, imitée de Calderon, donnée fur le Grand-Théâtre, le 21 juin 1793. Cette pièce, entachée d'ariftocratie, pour parler le langage de l'époque, avait été la caufe ou le prétexte de troubles & de cris de : Vive le Roi ! Tous les artiftes, y compris les muficiens, les choriftes & les danfeurs, avaient été incarcérés. Cazot & fes camarades furent renvoyés de l'accufation, & n'eurent à fubir qu'une févère admonition du préfident.

Quelques années plus tard, il fe trouvait à Paris & entrait au théâtre de la Gaîté, pour y jouer les rôles d'*amoureux* dans la comédie & le vaudeville, &, parfois auffi, dans le mélodrame. Il poffédait, d'ailleurs, les qualités néceffaires pour ce genre de rôles. Doué d'un joli phyfique, de traits agréables, poffeffeur d'une voix fuffifante pour chanter le couplet, il joignait à ces avantages de la chaleur, mais il manquait de diftinction ; toutefois, l'abfence de cette qualité n'était pas précifément de nature à lui nuire auprès du public habituel de ce théâtre. Celui des Variétés, où il entra en 1804, dans le même emploi, fe montra plus exigeant, &, pendant plufieurs années, le toléra plutôt qu'il ne le goûta. Cependant, dans les rôles

comiques & notamment dans les personnages de gascons, qu'il prit plus tard, il sut se faire applaudir. En 1811, l'*Opinion du Parterre* (1), publication consacrée aux théâtres, & qui ne péchait pas par excès d'indulgence, disait : « On le trouve comique dans les
« Gascons & autres caractères-charges. Ses yeux un
« peu égarés lui donnent trop souvent l'air de l'ivresse,
« même dans les moments où l'on voit qu'il fait
« très-bien ce qu'il fait. »

Il donnait à certains rôles une physionomie originale : outre ceux de *gascons*, il rendait avec un bon sentiment comique l'importance ridicule & la suffisance grotesque. C'est ainsi qu'il joua avec un succès très-vif, dans le *Bénéficiaire*, un rôle de tragédien boursoufflé, dans lequel le public voulut reconnaître Lafon de la Comédie-Française. Dans l'*Amphigouri* & dans *Madame Gibou*, il se fit également remarquer par son naturel & sa verdeur.

Avec l'âge, cet acteur changea d'emploi & prit ce qu'on peut appeler la *grande utilité*; il s'en acquitta avec intelligence, & le public le vit avec plaisir, jusqu'au jour de sa retraite, qui eut lieu en avril 1842 (2). Il savait se costumer, mérite plus rare qu'on ne pense & dont on doit lui tenir compte.

---

(1) De Fabien Pillet & Grimod de la Reynière.

(2) Il écrivit, à cette occasion, au journaliste Charles Maurice, pour le remercier d'avoir annoncé sa représentation, une lettre que nous copions, & qui dénote chez son auteur une sorte de bonhomie jointe à du savoir vivre :

« Mon bon Monsieur, le premier

Tout en rendant juſtice aux qualités qui diſtinguaient cet acteur, nous ne partageons pas l'opinion exagérée de J. Janin, qui dit en parlant de lui : « que ſon talent « était fait pour briller ſur une ſcène plus élevée que « celle des Variétés. »

Cazot eſt mort à Paris, le 15 décembre 1856, chez ſon gendre (1), à l'âge de ſoixante & dix-neuf ans.

« vous avez donné le ſignal pour
« annoncer ma repréſentation, &
« cela m'a porté bonheur. Je vais
« vivre en tout petit rentier &
« conſerverai toujours le ſouvenir
« agréable de votre obligeance
« envers un vieux comédien qui
« regrette de n'avoir pas plutôt
« cultivé votre connaiſſance.

« Salut & ſanté,
« Cazot,
« 9 avril 1842. »

(1) Félix Eſcalier, coiffeur de S. M. Napoléon III.

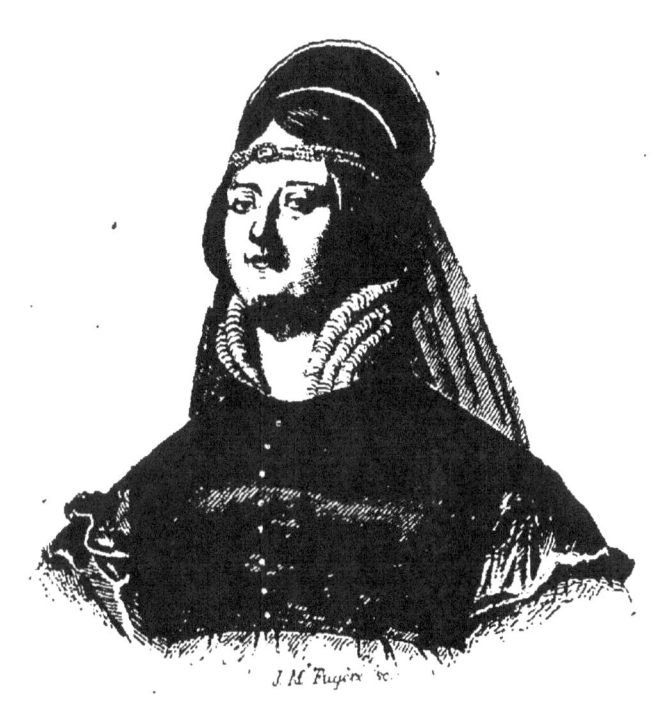

Mme BRAS
1779-1837

MARIE-ADÉLAÏDE PETIT, FEMME GILDEBRAT

MADAME BRAS

1779 — 1837

CETTE excellente actrice qui n'avait pas été destinée à la profession que des circonstances particulières lui firent embrasser, & que Paris n'a pas conservée pendant de longues années, jolie entre les jolies, figure ouverte, franche & spirituelle; pleine de finesse & de gaîté dans le comique, de sentiment & d'énergie dans les rôles nobles, & toujours naturelle, débuta dans la carrière théâtrale par le rôle princi-

---

Extrait des registres de la paroisse Saint-Martin-d'Ainay, à Lyon: « Marie-Adelaïde, née le cinq janvier mil sept cent soixante & dix-neuf, fille d'Alexandre Petit, cafetier, & de Marguerite Barbifelle, son épouse, a été baptisée par moi, vicaire soussigné de cette paroisse, le sept janvier mil sept cent soixante & dix-neuf. »

pal dans *Un Trait de Fanchon*, pièce de Du Merſan, jouée au théâtre du Marais, rue Culture-Sainte-Catherine (1), vers 1801. De ce théâtre, elle alla au théâtre Molière & y créa le rôle principal dans la *Petite Revue*, du même auteur. Elle ſe rendit enſuite à Marſeille, où la franchiſe de ſon jeu, ſa gaîté communicative, ſa voix fraîche, &, ce qui ne gâte rien, ſa jolie figure, lui valurent de nombreux partiſans. Mlle Raucourt, directrice privilégiée des théâtres français en Italie, l'engagea pour Naples où elle tint l'emploi des *ſoubrettes* avec ſuccès. Elle rentra en France au bout de quelques années, mais avec un embonpoint qui la

---

(1) Nous avons eu ſous les yeux une lettre aſſez ſingulière, adreſſée par cette actrice au miniſtre de la police de cette époque, & dont voici quel était l'objet :

« Citoyen miniſtre,

« La citoyenne Adélaïde, artiſte du théâtre du Marais, demeurant très-loin de ſon théâtre, s'adreſſe à vous pour obtenir une permiſſion qui lui ſera très-utile, rapport à ſon peu de fortune, ſi ſes raiſons peuvent vous décider à la lui accorder.

« Elle vous prie donc, en conſéquence, citoyen miniſtre, de lui accorder la permiſſion de ſe mettre en homme ; cela lui économiſerait l'entretien qui eſt fort coûteux. Ce deſſein peut vous paraître ſuſpect dans ces temps où des intrigants font tout pour perdre notre malheureuſe patrie. Mais comme ſes intentions ſont pures, elle vous prie de vous informer vers le citoyen Dugard, ſon directeur, qui vous dira que c'eſt ſeulement par économie qu'elle ſollicite cette permiſſion.

« Salut & fraternité,

« ADÉLAÏDE.

« Rue de l'Arbre-Sec, n° 251,

« chez le papetier. »

Réponſe :

Refus abſolu. Les règlements de police s'oppoſent formellement à ce que les femmes prennent des habits d'homme. Il exiſte même un décret, non-révoqué, qui prononce la peine capitale contre toute infraction à ce règlement.

(*Archives nationales.*)

força d'adopter prématurément les rôles de *duègnes*, & Rouen s'en empara pour remplacer Mme Bellecour, femme d'un grand talent. Elle réussit, ce qui n'était pas alors un mince mérite, devant ce parterre normand si difficile & si capricieux. A son tour, Désaugiers, directeur du Vaudeville, l'enleva en 1818 au milieu de ses succès, pour lui donner au théâtre de la rue de Chartres la succession de Mme Duchaume (1) qui se retirait de la scène. Elle débuta, le 4 mai 1819, dans le rôle de la fermière du *Vieux Chasseur*. Le 7 mai 1825, elle passait au théâtre de l'Opéra-Comique & obtenait du succès dans les rôles de Germaine de *la Fête du Village voisin* & de la comtesse d'Arles, d'*Euphrosine & Coradin*. Cependant, moins d'un an après, le 28 mars, elle faisait sa rentrée au Vaudeville dans *Léonide*, ou *la Vieille de Suresnes*. Pendant le trop court espace de temps qu'elle passa à ce théâtre, elle ne cessa pas d'être bien accueillie; c'est ce qui aurait dû l'engager à ne le plus quitter désormais; mais quelques mécontentements qu'elle éprouva en 1827, la rendirent accessible à des propositions que lui fit faire sous main le comte Potocki, chargé de recruter des sujets pour le théâtre français de Saint-Pétersbourg, & Mme Bras se donna le tort grave de partir clandestinement, au moment où elle allait jouer deux rôles importants dans *le Hussard de Felsheim* & le *Maître de forges*, pièces en répétition & dont

---

(1) Femme de l'acteur Duchaume. Voir notre *Troupe de Nicolet*.

son départ furtif dut retarder la repréfentation (1).

Outre fon talent fi vrai, fi chaleureux, fa gaîté fi entraînante, qui ne pouvaient manquer de lui affurer un accueil favorable en Ruffie, une circonftance particulière ne fut pas étrangère à la bienveillance dont l'honora le czar. Malgré fa rotondité qui frifait le ridicule, la *maman* Bras, c'eft ainfi qu'on l'appelait dans le monde du théâtre, avait confervé fa jolie tête qui, par un hafard fingulier, offrait une reffemblance frappante avec celle de l'impératrice douairière. L'Empereur Nicolas qui affiftait à fes débuts, ayant été le premier à le remarquer, en fit part à l'actrice, en la félicitant fur fon talent. Le czar, comme on fait, aimait à defcendre dans les couliffes où il avait accès de fa loge, & fe plaifait à caufer avec fes acteurs. La converfation enjouée & fpirituelle de Madame Bras, fes boutades, fa familiarité même qui n'allait jamais jufqu'à méconnaître le refpect dû au fouverain (2)

---

(1) Cette fugue fervit au mieux les intérêts de Mme Guillemin, qui tenait le même emploi qu'elle, & qui, actrice affez effacée, fe trouva tout-à-coup mife en évidence & devint, par la fuite, une des meilleures actrices du Vaudeville. Mme Guillemin, née en novembre 1792, exifte encore.

(2) Une feule fois elle s'oublia. Laferrière raconte dans fes *Mémoires* que, venant de jouer le *Gamin de Paris*, l'Empereur, à la fin du 1er acte, s'adreffant à l'acteur, lui dit : « Hé bien, monfieur le gamin, « vous en faites de belles... Vous « tombez à l'eau, vous recevez des « taloches... c'eft charmant. Mais, « dites-moi, eft-ce que grand' « maman Meunier ne frappait pas « de franc jeu? — Oui, fire. « Je crois même que ce foir elle a « fa névralgie; elle paffe fa rage « fur fon petit-fils. »

La maman Meunier c'était la maman Bras, qui, quêteufe affidue

agréaient fort à celui-ci qui l'appelait en riant *fa groffe maman*. Enfin, elle jouit longtemps de la faveur de la cour & de la ville & la conferva jufqu'au jour où une pleuréfie l'enleva à fes nombreux amis, le 11 mars 1837, à l'âge de 58 ans.

Le fentiment de gratitude dont elle était animée pour l'Empereur fut l'origine de fa maladie. Elle voulait toujours attendre le paffage du fouverain, revenant fouvent la nuit de fa maifon de plaifance, & reftait quelquefois des heures entières fur le balcon de fon habitation, fituée près des bords de la Néva, à guetter fon paffage. Vainement le prince lui criait fouvent en l'apercevant : « Bonfoir, maman Bras, ne reftez donc pas fi tard. » Elle n'en tenait compte & recommençait le lendemain. Bientôt à la fuite de vives douleurs rhumatifmales, elle reffentit les atteintes de la maladie qui s'attaqua aux poumons & qui l'emporta en moins de fix femaines.

Nous avons dit au début qu'Adélaïde Petit n'avait pas été deftinée au théâtre par fa famille. Ses parents

---

des regards de l'Empereur, venait de fe gliffer près de moi.

« — Je t'apprendrai, drôle; po-
« liffon, à te plaindre de ta grand'
« mère à fa Majefté. » — Et à la parole elle joignait le gefte.

« — Oh! dit le czar, vous n'êtes
« pas en fcène, Madame Bras; au
« refte j'aurais peur de jouer avec
« vous le rôle de Laferrière.

« — Ah! fire, quelle différence!
« Si c'était vous, je vous embraf-
« ferais.

— « Et vous auriez tort, Ma-
« dame Bras, répliqua brufque-
« ment Nicolas... Puis, tournant le
« dos, il laiffa la grand'mère im-
« mobile, les yeux écarquillés, la
« bouche ouverte. »

ayant fait de mauvaifes affaires, après avoir cédé leur établiffement, quittèrent Lyon & vinrent habiter Paris. A peine, leur fille, déjà formée & remarquablement jolie, atteignait-elle fa quinzième année, qu'ils la marièrent, le 13 août 1794, à un imprimeur, âgé de vingt-neuf ans (1), prefque le double de fon âge. Ce mariage mal afforti ne fut pas heureux &, au bout de peu d'années, les époux en méfintelligence fe féparèrent. Cinq enfants étaient nés de cette union. Une feule fille, la dernière, née le 10 juin 1802, effaya du théâtre, mais fans fuccès. Elle eft morte à Melun en 1873.

---

(1) Claude-Jofeph Gildebrat, né à Befançon, le 31 décembre 1765.

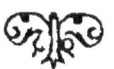

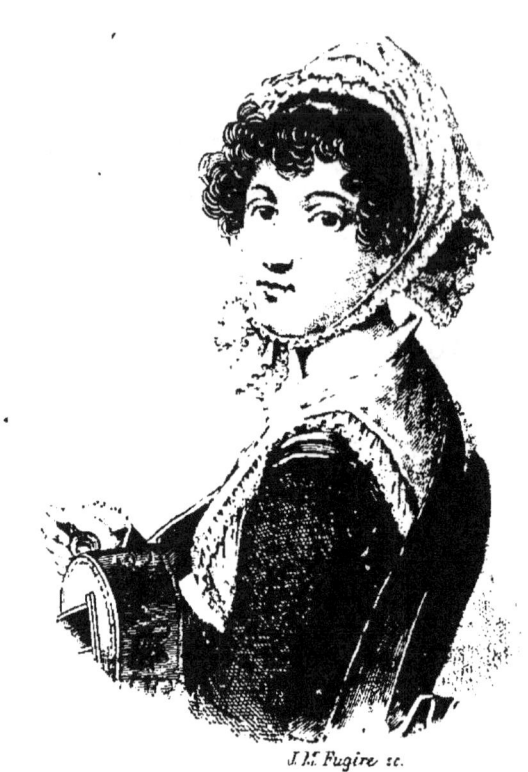

Mme Sophie Belmont
1781-1844

MARIE-MARGUERITE BAURET

SOPHIE BELMONT

1781 — 1844

CE nom rappelle celui d'une actrice qui date presque de la fondation du Vaudeville, où elle occupa pendant un certain nombre d'années la première place.

Née à Givet-Saint-Hilaire, canton de Givet, dans une condition obscure, elle fut amenée de bonne heure à Paris &, sur la recommandation du célèbre

---

Extrait du regiſtre des baptêmes de l'égliſe Saint-Pierre, à Givet-Saint-Hilaire (département des Ardennes) : « Le 8 juillet mil ſept cent quatre-vingt-un, a été baptiſée par nous, prêtre ſouſſigné, curé de la paroiſſe de Givet-Saint-Hilaire, *Marie-Marguerite*, fille naturelle de Marie-Lambertine Bauret, fille majeure, de cette paroiſſe & y demeurant, &c. »

compositeur Méhul, son compatriote, admise à l'*École dramatique*, devenue depuis le Conservatoire.

Ses progrès furent si rapides (1), qu'à onze ans & demi, elle quittait cet établissement & débutait, le 12 janvier 1792, jour de l'ouverture du nouveau théâtre du Vaudeville, par un rôle d'enfant, dans les *Deux Panthéons*. Comme elle se développa promptement, on lui confia de petits rôles *d'ingénues* & *d'amoureuses*, & elle n'avait pas atteint sa quinzième années, qu'elle partageait avec Mlle Desmares (2) l'emploi des *amoureuses*.

---

(1) Rapport du 16 août 1792. « Mlle S. Belmont. — Cette élève, « âgée de onze ans & demi, pos- « sède une très-jolie voix & de « très-heureuses dispositions. Su- « jet intéressant. Elle est engagée « au Vaudeville. »

(2) Thérèse-Nicole DESMARES, fille d'un serrurier en renom dans sa profession & qui est connu par sa magnifique grille du Palais-de-Justice de Paris, naquit le 10 avril 1780, à Vaugirard. C'était une charmante actrice, dont le jeu plein de décence, la grâce en firent l'un des sujets les plus précieux du Vaudeville. Elle avait commencé sa carrière théâtrale à l'Opéra-Comique, où elle ne fit qu'apparaître, avant d'appartenir à la troupe du Vaudeville, presque dès l'origine. Après quinze ans de succès

mérités, elle se retira avec la demi-pension. Au physique, c'était une figure chiffonnée, dont l'expression était fort agréable. Son organe était doux, sa voix flexible. Elle avait de l'aisance à la scène, mais une certaine propension à l'afféterie, d'autant plus répréhensible en elle que jamais elle n'était plus agréable qu'en restant simple & naturelle. D'ailleurs, toujours de bon ton, & donnant à tous les personnages qu'elle était appelée à représenter, un attrait qui charmait les spectateurs.

Mlle Desmares avait été mariée à Denis-François DOMILIER DE THÉSIGNY, homme de lettres, auteur de diverses pièces de théâtre, avec qui elle divorça. La raison qui motiva cette séparation, fut une grossière agression du mari qui

Elle était très-goûtée du public pour ses grâces personnelles, sa distinction & sa jolie voix.

Henri Leroux qui représentait les *amoureux* au même théâtre & qui, en cette qualité, lui faisait presque chaque soir une déclaration, s'éprit vivement de la jeune Belmont; il était joli garçon, élégant dans sa tenue, bien posé dans son théâtre; l'accord fut bientôt fait entre les deux jeunes gens, &, le 11 août 1798, Mlle Sophie Belmont devenait Madame Henri. Ce mariage d'inclination ne fut pas heureux & sans

souffleta sa femme à la promenade aux Champs-Élysées.

Théaulon, le spirituel auteur dramatique, avait épousé sa fille.

Le fameux restaurateur légitimiste, dont l'établissement situé au coin des rues de l'Université & du Bac, servait de lieu de rendez-vous à toute la noblesse du faubourg Saint-Germain, était le frère de Mlle Desmares.

A la même époque florissait également à cet heureux théâtre *Sara-Françoise Donellan*, connue sous le nom de *Sara Lescot*. C'était une grande & belle femme, jouant les premiers rôles à la fondation de ce théâtre. Elle avait le ton de la bonne comédie & créa avec un talent remarquable les rôles d'Honorine, de *la Femme difficile à vivre*, de Mme de Verfeuil, dans *Pauline, ou la Fille naturelle*, & beaucoup d'autres de l'ancien ré-

pertoire. Elle quitta le Vaudeville pour débuter à la Comédie-Française où elle n'eut pas la chance d'être admise.

Elle avait eu de *l'Arlequin* Laporte, un fils qui, s'il ne fut qu'un mauvais comédien, eut, du moins, l'esprit de faire sa fortune à Londres, en jouant en anglais & en dirigeant pendant plusieurs années l'Opéra dans cette ville.

Arrivée à un certain âge, elle rentra au Vaudeville pour y jouer les duègnes. Mais l'emploi était alors tenu par deux personnes qui ne lui laissaient guère l'occasion de s'y produire. Elle ne fit qu'un engagement d'une année & rentra dans la retraite, avec une pension fort convenable que lui faisait son fils. Elle avait aussi une fille qui devint, en 1829, la première femme du compositeur Adolphe Adam.

que la véritable cause de leur mésintelligence ait été connue, au bout de trois années, le 5 mars 1801, le divorce sépara les deux jeunes époux. D'après le sentiment généralement exprimé, les torts appartenaient au mari.

Fanchon-la-Vielleuse vint mettre le sceau à la réputation de Mme Belmont. Son succès y fut retentissant; elle apportait dans ce rôle, avec sa beauté, toute la grâce & la sensibilité dont elle était pourvue. Cette actrice avait de l'éclat, de la finesse, un fort bon ton de comédie, une diction juste & un sourire séduisant, dont elle usait, dit un de ces critiques qui ne sont jamais satisfaits, « au point d'en abuser, probablement « par le désir de montrer les plus belles dents qu'on « puisse voir. »

Emmanuel Dupaty qui avait fait pour elle *les Deux Pères*, ou *la Leçon de Botanique*, où elle se montrait ravissante, lui offrit son cœur, &, plus tard l'épousa (1), afin de légitimer un fils né de leur commerce. Elle méritait, d'ailleurs, cet acte de réparation par sa conduite honnête, comme épouse chaste & mère tendre & dévouée.

En 1807, Mme Belmont quitta le Vaudeville pour l'Opéra-Comique, où elle débuta le 14 septembre, dans *Aline, reine de Golconde*. Sa réputation & ses

---

(1) Du 7 avril 1841, acte de mariage d'Emmanuel-Félicité-Louis-Charles Mercier-Dupaty, membre de l'Académie française, &c., &c., âgé de soixante-cinq ans, & de Marie-Marguerite Bauret, âgée de cinquante-cinq ans.

fuccès de la rue de Chartres l'y fuivirent. Elle fe retira en 1827.

Mme Belmont, qui était devenue Mme Emmanuel Dupaty, eft morte à Paris, le 27 décembre 1844, à l'âge de foixante-trois ans.

FIACRE-FRANÇOIS

DEFRESNE

1782 — 1835

A côté de Tautin & de Fresnoy qui, pendant trente ans, se firent au boulevard une réputation, aujourd'hui aussi bien oubliée que les ouvrages au succès desquels ils concoururent sur les théâtres de la *Gaîté*, de l'*Ambigu-Comique* & de la *Porte-Saint-Martin*, il convient de placer Defresne qui tint avec un certain relief l'emploi des premiers rôles & des *traîtres*.

Extrait des regiſtres de la paroiſſe Notre-Dame, à Saint-Germain-en-Laye : « Le vendredy premier février mil sept cent quatre-vingt-deux, par nous Jérôme Legrand, prieur curé de cette paroisse, a été baptisé *Fiacre-François*, né d'avant-hier, fils de Jacques-Toussaint Defresne, marchand limonadier, & de Marie-Anne-Scolastique Dubuisson, de cette paroisse. Parrain, Fiacre Gaudron, entrepreneur de bâtiments ; marraine, Marie-Élisabeth Guédon, femme Faucon. »

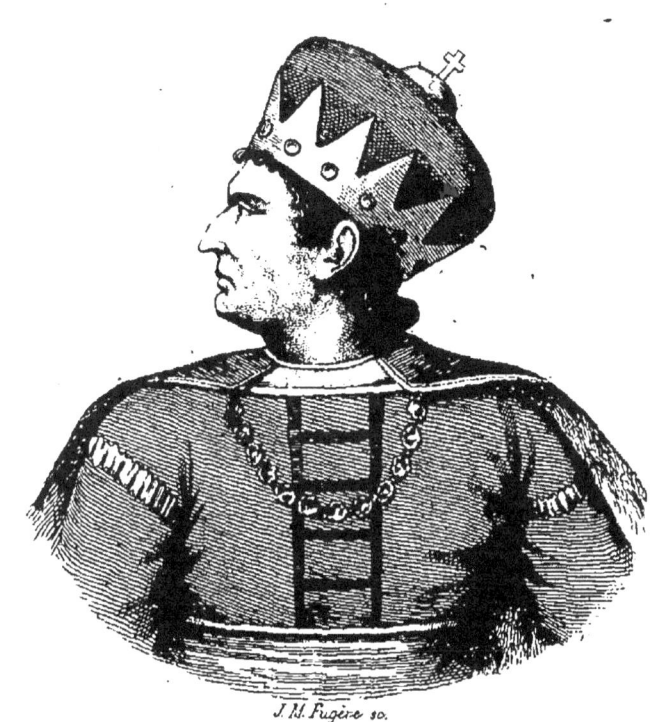

DEFRESNE
1782-1835

Après avoir commencé fa carrière, dès 1800 ou 1801, au théâtre de la Cité où il jouait dans les pantomimes dialoguées, telles que les *Vierges du Soleil, le Siége de la Rochelle, Rodolphe,* ou *le Château des Tourelles,* Defrefne débuta à l'Ambigu-Comique par des rôles *d'amoureux* dans les vaudevilles & ceux de *confidents* dans les mélodrames ; mais là n'était pas le genre qui lui convenait : auffi le rôle de Fritz dans la *Femme à deux Maris* (1), un de ces rôles de traîtres qui, pendant trois actes, perfécutaient l'innocence pour fubir leur châtiment au dénoûment, vint-il lui révéler fa véritable vocation. Il compofa ce perfonnage avec une telle conviction de fcélérateffe ou, comme on dirait aujourd'hui, avec un tel réalifme, qu'il contribua puiffamment au fuccès de cette pièce, d'ailleurs fort intéreffante & l'une des meilleures de fon auteur.

A partir de ce jour, les rôles de *traîtres* & de *tyrans*, pour employer la qualification de *l'Indicateur des Spectacles* qui fixe ainfi l'emploi de Defrefne, lui échurent fans partage. Citerons-nous les mélodrames qui, de 1802 à 1814, affermirent, en l'accroiffant, fa réputation dans l'art d'ourdir des trames ténébreuses, ou d'afficher ouvertement les projets les plus pervers contre les *héros* & les *héroïnes,* doués de meilleurs fentiments? Que de larmes il fit verfer aux fenfibles fpectatrices en féparant de leurs pères, de leurs époux, de

---

(1) Mélodrame de Guilbert de Pixérécourt, joué pour la première fois le 14 feptembre 1802.

leurs enfants, & en les plongeant dans des tours isolées ou dans des cachots humides, des victimes innocentes, représentées d'ordinaire par Mlles Lévêque & Adèle Dupuis. *Amanda, Caroline & Storm, Helmina d'Heidelberg, Elvérine de Wertheim,* la *Folle de Wolfenstein, Berthilde,* & beaucoup d'autres, lui durent de cruelles épreuves avant de recouvrer le bonheur & la liberté. C'est vers dix heures du soir, car les spectacles finissaient alors beaucoup plus tôt qu'aujourd'hui (1), que Defresne terminait sa carrière par une mort non

---

(1) Voici ce qu'on lit à propos de l'heure *avancée* à laquelle finissaient les spectacles, dans une lettre adressée, sous forme de réclamation, au *Courrier des Spectacles*, année 1805.

« Depuis quelque temps la plupart des spectacles ne commencent qu'à près de sept heures (*); on lit sur l'affiche que c'est pour la plus grande commodité du public. Nous doutons fort qu'ils aient raison. D'abord, si les personnes qui dînent à 3 ou 4 heures veulent aller à la comédie, il est très-probable qu'elles s'y rendent à 6 heures : &, en second lieu, ce n'est pas assurément tout le monde qui dîne à cette heure-là & encore moins les jeunes gens qui sont cependant ceux qui fréquentent le plus les théâtres. D'ailleurs, il est beaucoup de personnes pour lesquelles il est extrêmement gênant de sortir à 10 heures de la comédie & de ne pouvoir rentrer chez elles avant 11 heures. Il est aisé de prouver que beaucoup de personnes, tant jeunes que d'autres, sont obligées de rentrer avant *une heure si avancée.*

« Nous croyons donc qu'une pareille mesure mérite d'appeler l'attention de l'autorité. »

Que dirait de nos jours le réclamant de 1805, en voyant les spectacles commencer presque à l'heure où il se couchait, pour ne finir souvent que le lendemain matin ?

(*) Une circulaire, en date du 7 pluviôse an VII (26 janvier 1799) rappelle aux entrepreneurs de spectacles que leurs représentations doivent être terminées à 9 heures & demie.

moins violente que méritée, ou était livré à la juftice des hommes, au bruit des applaudiffements des fpectateurs émus. Difons pourtant qu'il ne fe borna pas à cet emploi fouvent ingrat & qu'il tint avec autorité & diftinction les rôles de *Rois* & de *Princes*. *Abdhalla*, le *prince de la Newa*, le *comte de Provence*, *Saakem*, *Baudoin*, *Edgar*, *Pierre-le-Grand*, & d'autres illuftres perfonnages, plus ou moins hiftoriques, lui durent une interprétation, non-feulement convenable, mais encore fort fatisfaifante.

Defrefne était un bel homme, d'une belle tenue, fous quelque coftume qu'il parût. Malgré la répulfion que fes rôles infpiraient au public, il en était fort aimé & partageait fes fuffrages avec Tautin. Doué d'un organe fonore & d'une prononciation accentuée, fobre de geftes, il faifait regretter de ne pas le voir dans des rôles plus en harmonie avec fes qualités. Il tint cet ingrat emploi avec fupériorité à l'Ambigu-Comique, qu'il quitta, en 1814, pour entrer à la Porte-Saint-Martin qui venait de rouvrir. Il y vint occuper l'emploi des premiers rôles de drames & de mélodrames, fans toutefois renoncer à celui des traîtres. C'eft même dans un rôle de ce genre qu'il obtint un fuccès de vogue, qui lui rappela celui de la *Femme à deux Maris* : nous voulons parler du mélodrame des *Deux Forçats*, où Defrefne, dans le perfonnage de l'échappé du bagne, fit courir & friffonner tout le Paris d'alors. Pendant quinze ans environ, il refta attaché au théâtre de la Porte-Saint-Martin, jouant, après la mort de Philippe (1), les premiers rôles, & puis, peu à peu, à mesure que l'ancien mélodrame se transformait en drame plus moderne, borné à des rôles de *pères* & à d'autres, moins importants encore, jusqu'au jour où il quitta définitivement la scène, vers 1830. Un des derniers rôles dans lequel il parut, fut celui d'un vieux mendiant, au premier acte de *Sept Heures*, drame qui reproduisait, sous des noms altérés, l'assassinat de Marat par Charlotte Corday, & dont Frédéric Lemaître & Mme Allan-Dorval rendaient avec un grand talent les deux principales figures.

Depuis plusieurs années, Defresne, ainsi que plusieurs autres artistes de l'époque joignaient à l'exercice de l'art dramatique une profession industrielle : Ainsi le vieux Parent, du théâtre de la Gaîté, cumulait avec l'emploi des grimes & des carricatures, le métier de pâtissier. Indépendamment de son établissement principal, situé carré Saint-Martin, il avait institué sous l'auvent extérieur du théâtre une boutique en plein air, où il détaillait pendant les entr'actes force réconfortants pour les estomacs dont une impatiente curiosité avait un peu trop abrégé le dîner.

---

(1) Philippe - Emmanuel de la Villenie, acteur qui, pendant les quelques années qu'il fit partie de ce théâtre, y acquit une certaine notoriété, due à beaucoup d'énergie, à un maintien noble & à un bel organe.

Le 8 mai 1815, il reçut un ordre de début à la Comédie-Française, pour l'emploi des premiers rôles tragiques.

Frappé d'apoplexie, il mourut le 15 octobre 1824. On sait que ses funérailles donnèrent lieu à des troubles.

Defresfne tenait une efpèce de reftaurant ou de table d'hôte, rue de Bondy, & « découpait, dit une bio-
« graphie du temps, une volaille avec autant de dex-
« térité qu'il donnait un coup de poignard... » On a dit auffi, qu'à fa table d'hôte, il joignait le commerce des tableaux.

Il eft mort à Paris, le 3 mai 1834, rue de Verneuil.

MARIE-JOSÉPHINE-VICTOIRE JOLLAIN

dite ELOMIRE

1784 — 1817

E nom, aujourd'hui tout-à-fait étranger à la génération actuelle, fut celui d'une actrice qui, à l'époque la plus floriſſante du théâtre des Variétés, s'y fit une réputation bien méritée dans les ſoubrettes, les payſannes & les femmes du peuple. Brazier, dans ſon *Hiſtoire des Petits Théâtres*, la nomme la *payſanne-type*, la *cornette-modèle*. Une gaîté franche, beaucoup de naturel, un rire entraî-

---

Extrait des regiſtres de l'égliſe collégiale de Champeaux, canton de Mormant : « Le 9 may mil ſept cent quatre-vingt-quatre, a été baptiſée par moi, prêtre ſous-diacre, Marie-Joſéphine-Victoire, née du jour d'hyer, fille légitime de feu Nicolas Jollain, ingénieur-géographe de l'Intendance de Paris, & de Françoiſe-Marie Moriſot, de cette paroiſſe. Le parrain, Marie-Roſe-Joſeph Moriſot, entrepreneur de bâtiments ; la marraine, Marie-Joſéphine, épouſe de Garſan, chirurgien. »

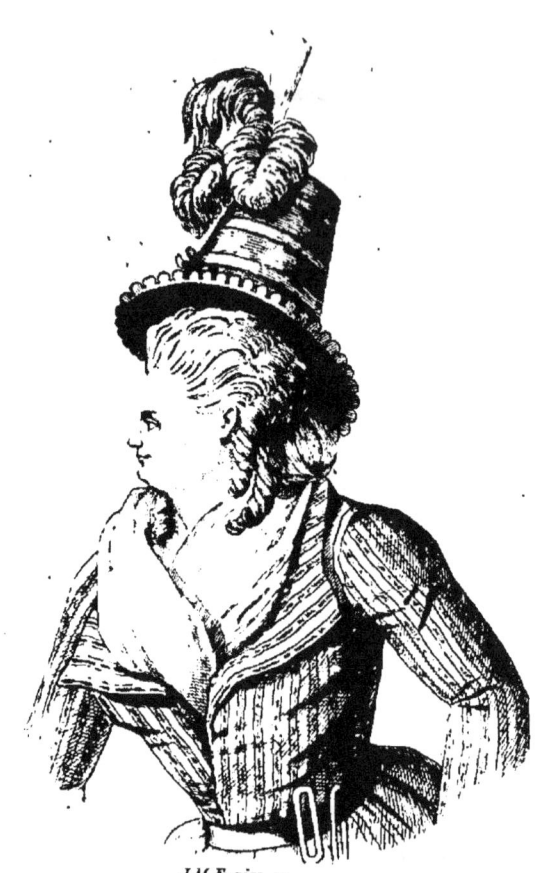

Melle ELOMIRE
1784 - 1817

nant lui affignèrent une place diftinguée dans le genre grivois. Les auteurs la mettaient prefque toujours en fcène avec Tiercelin. Défaugiers qui, d'ailleurs, fut longtemps dans fes bonnes grâces, compofa exprès pour elle le *Diner de Madelon*, où, d'après la tradition, elle était inimitable.

De douloureufes circonftances avaient mis au théâtre cette jeune fille, dont l'exiftence femblait être deftinée à s'écouler calme & tranquille dans le milieu modefte où elle était née. La mort de fon père, caufée par le chagrin des événements de la Révolution qui lui enlevaient fa pofition & ne lui laiffaient que la ruine en perfpective, avait tout-à-coup, à l'aifance dont jouiffait cet honnête ménage, fait fuccéder le deuil & la mifère.

Sa veuve, prefque fans reffources, quitta Champeaux, lieu de fa réfidence, & vint à Paris; fa fillette entra au petit théâtre des Jeunes-Artiftes. En l'an VIII, elle joua un rôle d'enfant dans *Jofeph* ou la *Fin tragique de Madame Angot* (1), puis des rôles de jeunes premières & de foubrettes, dans le *Perroquet de Nevers* (2), *l'Anglais à Berlin* (3), *les Hommes & les Femmes*, & dans les vaudevilles & pièces féeries.

Le 19 juin 1806, elle débuta au théâtre des Variétés, où pendant les neuf années qu'elle y paffa, la

---

(1) Bagatelle morale, de Favart fils & V. Mullot, repréfentée en 1797.

(2) Opéra-comique, par Bernard (Valville, acteur de l'Odéon), 1801.

(3) Comédie-Vaudeville, par Petit, 1802.

faveur du public ne se démentit pas pour elle. En 1817, elle quitta la scène, bien jeune encore, pour épouser un musicien du nom de Péchignier. Ce fut Flore qui la remplaça dans son emploi.

Elomire, retirée de la scène, alla habiter les Batignolles, où elle est morte très-âgée, vers 1868.

Sa fille, Mme Lowendal, appartint à la nouvelle troupe du Palais-Royal qui venait d'ouvrir & y joua pendant quelque temps, sous le nom d'*Elomire* que sa mère avait popularisé à l'ancien théâtre des Variétés.

JOSÉPHINE-ANGÉLIQUE-FANNY ROUZÉ

dite MAD^{LLE} ROUZÉ-BOURGEOIS

1784 — 1870

FORTE femme, peu belle, mais folidement taillée, qui forma, avec Mlles Lévêque, Adèle Dupuis & Sophie Leroy, le quatuor féminin des héroïnes de mélodrame qui furent le plus en vogue aux boulevards, de 1800 à 1830.

Ainfi que plufieurs de fes compagnes, Mlle Rouzé commença très-jeune fa carrière artiftique aux Jeunes-Artiftes de la rue de Bondy. En frimaire an VII (décembre 1798), elle créa le principal rôle dans le mélo-

---

Extrait des regiftres de la paroiffe Saint-Merry : « Le dix-huitième jour d'août mil fept cent quatre-vingt-quatre, eft née «*Joféphine-Angélique-Fanny*, du légitime mariage de Jofeph Rouzé, marchand, & d'Adélaïde-Françoife Bourgeois, fon épouſe, & a été baptifée le même jour, par nous prêtre, fouffigné, etc. »

drame de *Julie*, ou les *Souterrains de Mazzini*. Elle passa de ce théâtre à celui de l'Ambigu-Comique, alors sous la direction de Corsse, & y tint les premiers rôles ; elle fascinait les *Titis* de l'époque par son jeu de *virago*, ainsi que par l'adresse & la vigueur toute masculine avec laquelle elle s'escrimait du sabre dans les combats réglés dont les pièces jouées aux boulevards abondaient alors, ce qui lui valut plus d'une ovation.

Ces exercices guerriers qui, dans ce bon temps du mélodrame, constituaient une partie de l'éducation artistique des jeunes-premières & qui étaient une des conditions de leur succès, avaient attiré sur cette actrice l'attention de la veuve de Nicolet qui, à la suite de longs débats avec Ribié, venait enfin de rentrer en possession de son théâtre. Elle s'attacha enfin Mlle Rouzé-Bourgeois (celle-ci avait alors ajouté à son nom celui de sa mère), que le public vit avec plaisir figurer parmi les artistes de la pièce d'ouverture (1).

Là, elle régna, combattit & vainquit sans partage, pendant une quinzaine d'années. Voici le portrait qu'a tracé de cette actrice un écrivain compétent : « Au « siècle d'or du mélodrame, en cet heureux temps « où le théâtre était chaque soir un champ de bataille, « il y avait au théâtre de la Gaîté une femme à

---

(1) *Le Mariage du mélodrame & de la Gaîté*, prologue, par Martainville, joué le 26 mars 1808.

« l'œil vif, au geste expressif, à la démarche altière,
« qui, tantôt dame châtelaine, défendait l'approche
« de son castel & faisait le coup de mousqueton ou
« de briquet avec un chevalier déloyal ; tantôt sous
« les traits d'un ange tutélaire, sentinelle active, veil-
« lait du haut d'un rocher au salut de ses protégés &
« lançait la mort sur ceux qui avaient attiré son cour-
« roux : cette femme, c'était la Rouzé-Bourgeois. »
La direction ne croyait pas alors payer trop cher
son talent & son *énergie*, en lui comptant annuelle-
ment 6,000 fr. en échange de ses exploits.

Mais peu à peu le goût du public se modifia ; aux
viragos qui défendaient les Forteresses du Danube (1)
ou autres lieux, & conquéraient l'amour de leurs
époux ou de leurs amants, les armes à la main, on vit
insensiblement succéder le règne des héroïnes sentimentales, dont les plaintes & les larmes étaient des
armes plus touchantes encore pour des spectateurs pa-
cifiques & débonnaires. Dès-lors, les qualités spéciales
de Mlle Rouzé-Bourgeois trouvèrent dans les pièces
modernes moins d'occasions de se produire & plutôt
que de subir une diminution d'appointements que
voulait lui imposer Bourguignon, gendre & successeur
de Mme veuve Nicolet, elle préféra se retirer sous sa tente.
Elle alla habiter les hauteurs de Belleville, où elle se
créa une industrie, commune assez généralement à cer-

---

(1) Mélodrame de Guilbert de Pixérécourt, joué, avec un très-grand
succès, à la Porte-Saint-Martin, le 3 janvier 1805.

taines femmes qui y trouvent des reſſources pour leur âge mur; elle ouvrit une table d'hôte & un ſalon de jeu. Mais la ſociété habituelle qui fréquentait ſon établiſſement, formée en grande partie d'hommes ſans conſiſtance & de *dames* aux mœurs équivoques, n'étant rien moins que propre à lui fournir des moyens d'exiſtence, elle ſe vit contrainte de remonter ſur les planches & d'accepter le traitement modeſte qui lui était offert. Le 28 janvier 1828, elle reparut à la Gaîté dans la *Robe feuille-morte*. Cette fois elle abordait les rôles de duègnes & de mères. C'eſt dans cet emploi nouveau & bien étranger à ſes habitudes, qu'elle créait dans la même année le perſonnage d'une vieille acariâtre & ſiniſtre, dans la *Muette de la Forêt*, mélodrame en un acte, de G. de Pixérécourt & de Benjamin Antier, & qu'elle repréſentait quelques rôles, aſſortis à ſon âge, dans *Polder*, dans le *Jéſuite* & dans la *Vendetta*. Elle s'y faiſait encore remarquer par ſa diction intelligente & ſa bonne tenue.

La renommée populaire que cette actrice s'était acquiſe dans un genre de littérature dramatique, aujourd'hui bien démodé, ne doit pas nous faire oublier que, lorſqu'elle quitta, en 1806, l'Ambigu-Comique pour la Porte-Saint-Martin, ce fut dans la *Femme jalouſe*, comédie de Desforges, qu'elle débuta le 3 mai de cette même année, par le rôle de Mme Dorſan, & qu'elle y obtint un très-grand ſuccès : circonſtance, dont elle aimait à ſe vanter & qu'elle ſe plaiſait à rappeler ſouvent.

Pendant les trente années qu'elle a paſſées au théâtre, Mlle Rouzé-Bourgeois a établi un grand nombre de rôles ; il ſerait trop long de les énumérer ici. Nous citerons, cependant, quelques-uns des ouvrages dans leſquels elle a brillé, à cauſe de leur titre ſignificatif & de l'idée qu'ils donneront de la nature des perſonnages confiés à ſon talent.

A l'Ambigu-Comique : *l'Artémiſe françaiſe*. — *Le grand Chaſſeur*, ou *l'Ile des Palmiers*. — *Le Jugement de Salomon*. — *Le Pèlerin blanc*. — *Tékéli*. — *Le Tribunal inviſible*, ou *le Fils criminel*.

A la Gaîté : *La Sorcière*. — *Marguerite d'Anjou*. — *Charles-le-Téméraire*. — *Les Maures d'Eſpagne*. — *L'Ange tutélaire*. — *L'Amazone de Grenade*. — *Clarice*, ou *la Femme précepteur*. — *Baudouin*, ou *la Priſe de Jéruſalem*. — *Clémence d'Entragues*. — *La Fille ſauvage*. — *La Maiſon de fer*, ou *l'Epouſe criminelle*. — *La Morte vivante*. — *Le Précipice*. — *La Tête de bronze*. — *Walter-le-Cruel*.

Mlle Rouzé-Bourgeois s'était, en dernier lieu, retirée à Paſſy, ayant encore bon pied, bon œil. Hé, qui ſait ſi, à l'occaſion, elle ne ſe ferait pas encore eſcrimée du briquet, tant elle portait gaillardement le poids de ſes quatre-vingt-ſix ans ! Elle eſt décédée, le 24 août 1870.

FRANÇOISE-CATHERINE BÉNÉFAND

MALAGA

1786 — 1852

En ce temps de joyeuſe mémoire où le boulevard du Temple floriſſait & était redevenu dans les premières années du ſiècle la promenade à la mode & le rendez-vous des flâneurs & des amis du plaiſir, ce qui faiſait chanter à Déſaugiers :

> La ſeul' promenad' qu'a du prix,
> La ſeule dont je ſuis épris,
> La ſeule où je m'en donne & je ris,
> C'eſt l' boul'vard du Temple à Paris.

Extrait des regiſtres de la paroiſſe des Quinze-Vingt : « Le vingtieſme jour du mois de janvier de l'an mil ſept cent quatre vingt ſix, a été baptiſé par nous preſtre ſouſſigné, vicaire de cette paroiſſe, un enfant du ſexe féminin, né le jour d'avant-hier du légitime mariage de Joſeph Bénéfand & de Catherine Dacy, auquel ont été donnés les noms de *Françoiſe-Catherine.* »-

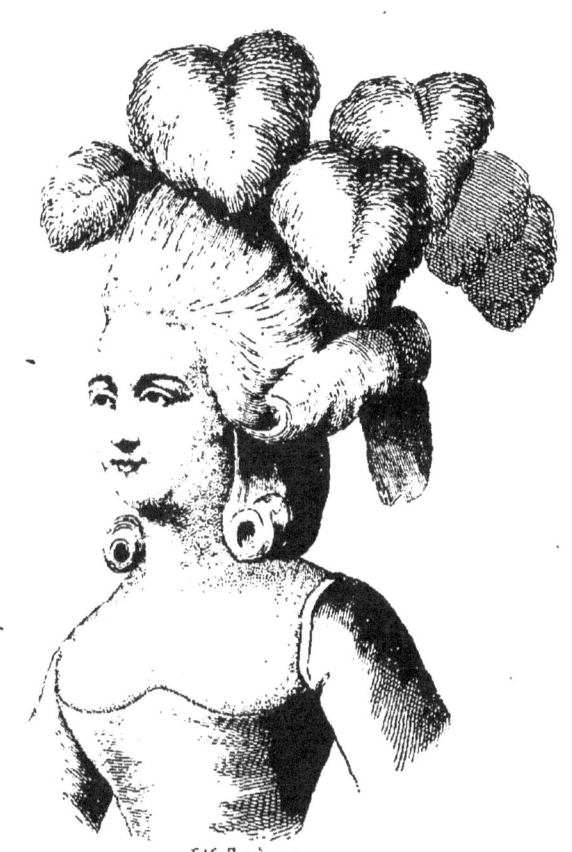

MALAGA
1786-1852

En ce temps-là, difons-nous, on voyait, à peu de diftance des anciens Délaffements-Comiques & fur l'emplacement même où l'on a vu depuis s'élever le Cirque olympique, une vafte baraque, au fronton de laquelle étaient infcrits ces mots : *Spectacle de mademoifelle Malaga*. C'eft là, en effet, que fautait, danfait, voltigeait fur la corde roide, la célèbre Malaga, brune prononcée (1), aux beaux yeux noirs, couronnés de fourcils épais, aux dents d'ivoire, admirablement rangées ; peut-être un peu forte de taille, mais riche de fes feize ans. Elle faifait partie d'une troupe de funambules qui exploitait ce fpectacle forain, où

---

(1) Charles-Maurice, dans fon *Hiftoire du Théâtre*, dit que la Malaga était *blonde* & que c'eft pour cela qu'elle portait un coftume pailleté prefque toujours rouge. Il dit qu'elle danfait en 1796 & que précédemment elle avait joué chez Nicolet. Elle aurait donc commencé de bien bonne heure, puifqu'elle était née en 1786. Mais Charles-Maurice n'eft pas toujours exact dans fes fouvenirs.

Ce qui a pu faire naître une confufion, c'eft que, le 23 février 1785, il y avait à la foire Saint-Germain, parmi les fauteurs du théâtre des *grands Danfeurs du Roi*, une demoifelle Malaga, faifant l'exercice du drapeau, & qui n'était autre que la mère de celle qui nous occupe.

Vers 1796, elle avait formé une troupe de danfeurs, fous le titre de la Jeune Malaga, où commença fa fille.

Voici ce qu'en rapporte, à la date de feptembre 1800, le journal allemand de Paris & Londres, tome 6, page 60 :

« Au théâtre Mareux a demeuré « longtemps la troupe de danfeurs « de la Jeune Malaga, qui faifait « avec une grâce infinie les tours « les plus dangereux fur la corde.

« Depuis qu'elle a fait banque- « route, elle eft partie pour les « départements avec fes parents ; « celle qui l'a remplacée s'appelle « Lête. »

Quelques années plus tard, Malaga, devenue grande fille, revenait à Paris & établiffait au boulevard

la jeune & féduifante acrobate attirait fes nombreux admirateurs, &, comme elle en était inconteftablement la plus célèbre & la plus jolie, fon nom fervait naturellement d'étiquette à la loge. On jouait des parades à l'extérieur, parades dans lefquelles un pître bien connu & fameux à cette époque, dont nous difons un mot plus loin, débitait fes lazzi à la grande jubilation & aux éclats de rire des oififs & des badauds accourus aux accents de fa voix criarde. A la fin de la parade, lorfqu'arrivait l'inftant du *boniment*, il y avait fur les tréteaux exhibition de tous les fujets des deux fexes en coftumes étincelants de paillettes, la belle Malaga en tête. Comme de nos jours, la foule fe ruait dans la loge, &, après une demi-heure d'exercices de force & d'agilité, plus ou moins remarquables, mais dont la

du Temple le fpectacle dont nous parlons ci-deffus.

Il eft du refte bien difficile de fixer des dates précifes aux pérégrinations de ces exiftences nomades.

Le 27 juillet 1814, il exiftait encore, au n° 80 du boulevard du Temple : *Le Petit Théâtre, dit de la fameufe Malaga*, tenu par le fieur Saint-Edme, Augufte.

En 1822, on l'y voyait encore, & fon propriétaire était, à cette époque, un fieur Leroy, demeurant rue Notre-Dame-de-Nazareth, n° 9.

Le directeur s'appelait Martin & il avait pour affocié Pierfon, acteur au théâtre de la Porte-Saint-Martin.

Martin demanda, en juin 1822, à la préfecture de police l'autorifation d'ajouter à fon fpectacle des petites fcènes dialoguées, jouées par des enfants qui n'auraient pas plus de quatorze ans. Dans fa demande, il expliquait que le théâtre de la Malaga exiftait depuis plus de quarante ans & avait été autorifé à jouer des pantomimes & à donner des foirées de phyfique.

Sa requête ne lui fut pas accordée.

Malaga était toujours l'héroïne, l'affiftance était invitée à évacuer la falle, afin de laiffer libre la place aux admirateurs impatients & à *meffieurs les militairrres* de contempler de près, à leur tour, la funambule populaire.

La Malaga, quoique élevée dans un centre généralement peu foucieux des convenances fociales, avait, rapporte-t-on, une forte de dignité & de diftinction naturelles à laquelle on pouvait même reprocher d'être trop férieufe & prefque trifte. Fière de fa renommée, elle fe montrait peu communicative avec fes camarades, à qui elle faifait volontiers fentir fa fupériorité.

A la fuite de la fuppreffion provoquée par le décret de 1807, elle fe trouvait à Beauvais dans la troupe d'un fieur Balmat & faifait grand tort au théâtre de la ville, que le public défertait en faveur des exercices de la fameufe danfeufe de corde : ce qui prouve qu'alors comme aujourd'hui, le plaifir des yeux l'emportait fur ceux de l'intelligence & de l'efprit.

Le directeur du théâtre, aux abois, ne trouva point de meilleur expédient que de s'entendre avec fon confrère funambulefque, & tous deux convinrent de fe partager le produit des repréfentations réciproques. Lequel y perdit ?

La Malaga, au fein de fes fuccès, était reftée la même : toujours férieufe, toujours réfervée, &, ce qui n'était pas moins extraordinaire, toujours fage...

L'année fuivante, elle fe maria & époufa un acteur

de province (1). Cette union fut, dit-on, la souche d'une famille de comédiens contemporains, dont les divers membres se sont plus ou moins fait remarquer sur les scènes parisiennes.

Comme l'ordre était au nombre de ses qualités, la Malaga mettait de côté l'argent qu'elle gagnait, dans son métier, & dont le total avait fini par atteindre un chiffre respectable. Malheureusement, les économies de cette aimable femme se trouvèrent dissipées par un mari joueur, & la pauvre artiste d'agilité, dépouillée de toute ressource, passa le restant de ses jours dans le dénûment. Elle était réduite, pour subsister dans les dernières années de sa misérable existence, à façonner de petites pelotes à épingles avec des lambeaux d'étoffes qu'elle recueillait çà & là & qu'elle offrait à tous ceux qui voulaient faire acte de charité.

La Malaga, épuisée par la misère & le chagrin, est morte dans un âge peu avancé, le 22 septembre 1852, rue aux Ours, où elle habitait ce que l'on peut appeler un taudis. Elle aurait assurément mérité mieux.

---

(1) Le même Charles-Maurice raconte encore qu'à une fête donnée à Versailles sous la Restauration, un homme & une femme faisaient une double ascension sur deux cordes parallèles tendues au-dessus de la pièce d'eau des Suisses. L'homme perdit l'équilibre & se tua. Plus heureuse, ou plus adroite, sa compagne, après avoir également chancelé, saisit la corde & y resta suspendue, à plus de cent pieds, pendant vingt minutes, avant qu'on n'ait pu aviser à un moyen de sauvetage. Cette acrobate courageuse, c'était la fille de la Malaga.

ROUSSEAU

ON ne saurait parler de la Malaga, sans que le nom du *père Rousseau*, car c'est ainsi qu'on le désignait, ne vienne sous la plume : il en est le corollaire indispensable.

Gros, court, d'une physionomie ouverte & spirituelle, inspirant la gaîté, d'un comique au gros sel, mais amusant au possible, le père Rousseau, avant d'être *paradiste* chez la Malaga, avait été attaché au Spectacle d'ombres chinoises, tenu par un nommé Germont au boulevard du Temple (1). Il avait aussi *travaillé* longtemps avec le marchand de vulnéraire suisse, au prix de six francs par jour !

Rousseau était, en 1796, le doyen des pîtres de Paris ; il possédait un répertoire de parades qu'il débitait avec un accompagnement de lazzi fort réjouissants & qui attirait un auditoire nombreux chaque fois qu'il montait sur ses tréteaux. Plus d'une fois, on

(1) La loge de Germont était située auprès du Salon de figures de cire de Curtius, sur l'emplacement occupé plus tard par la maison où Fieschi organisa sa machine infernale.

put voir, confondus dans la foule, Fleury, l'éminent comédien; les deux frères Baptifte, & Monvel, de la Comédie-Françaife : ce dernier, principalement, l'écoutait avec une attention foutenue, & il parlait fouvent de lui comme d'un homme poffédant le vrai *vis comica*.

Rouffeau, trop vieux en 1805 pour pouvoir continuer fon métier, perchait, c'eft le cas de le dire, dans un grenier du faubourg du Temple & fe trouvait réduit pour vivre à vendre des petits gâteaux fous la porte même de la maifon qu'il habitait. Devenu tout-à-fait infirme, il alla finir fes jours dans un hofpice.

S'il faut ajouter foi à la tradition, fes fucceffeurs Bobêche & Galimafré n'ont jamais approché de fa verve.

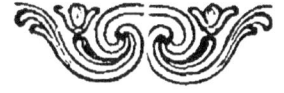

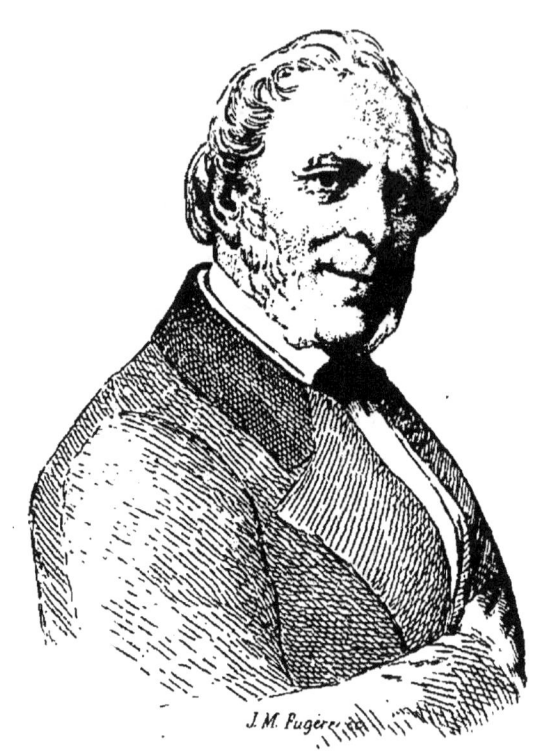

FONTENAY
1786-1841

JEAN-BAPTISTE-LÉONARD DALIGER DE FONTENAY
DE SAINT-CYRAN

FONTENAY

1786 — 1874

La destinée est une chose bien bizarre! Tel qui naquit dans les rangs les plus obscurs de la société, arrive, conduit par son génie, ou poussé par des chances favorables, aux plus hautes positions; & s'il nous fallait citer des noms :

Des exemples fameux ne nous manqueraient pas.

Tel autre, au contraire, qui semblait, par sa naiss-

Extrait des registres de la paroisse Saint-Pierre, à Chaillot : « L'an mil sept cent quatre-vingt-six, vingt-deux avril, a été baptisé un garçon né d'hyer du légitime mariage du sieur Léonard Daliger de Fontenay de Saint-Cyran, brigadier des fermes du Roy, & de dame Geneviève Olivier, son épouse, de cette paroisse, lequel a été nommé *Leonard-Jean-Baptiste*, etc. »

fance & le rang occupé par fa famille, deftiné à ne connaître de la vie que les beaux côtés, fe voit, par un revers de fortune, déshérité des avantages qui l'attendaient.

Les deftins & les flots font changeants. Cette devife qui, pour n'être pas neuve, n'en eft pas plus confolante, aurait pu prendre place dans les armes de celui qui fait l'objet de cette notice.

Jean-Baptifte Léonard Daliger de Fontenay de Saint-Cyran, naquit à Chaillot, près de Paris, le 21 avril 1786, dans une famille diftinguée par le rang & la fortune. Ses premières années s'écoulèrent dans le calme & le bonheur que procure une grande pofition : bonheur qu'il ne comprit pas, heureufement pour lui! La Révolution de 1789, qui devait être fi féconde en grands réfultats, & fi fatale à quelques-uns, vint brufquement mettre un terme à cette félicité que l'âge tendre de Daliger ne lui avait pas permis d'apprécier. 1793 amena la ruine & la profcription de fes parents. A peine âgé de fept ans, à cette époque, l'enfant n'avait reçu jufque-là que cette inftruction fuperficielle donnée à ce que l'on appelait un cadet de bonne maifon.

Son père, jufte appréciateur des hommes & des événements, put rentrer à Paris, où, caché fous un nom fuppofé, il fe voua exclufivement à l'éducation de fon jeune fils.

Cinq années fe pafsèrent ainfi dans l'étude, à laquelle chaque journée était confacrée en entier; il recevait, à la fois, le précepte & l'exemple. Aussi ses progrès furent-ils si rapides, qu'il se trouva en état, à l'âge de douze ans, de se présenter avec avantage à l'Ecole centrale, fondée en 1798 sous le ministère de Chaptal. Grâce au patronage de Lucien Bonaparte, il acheva ses études, &, peut-être, eût-il été réservé à une carrière bien différente de celle qu'il a suivie, si, pour des raisons qui sont du domaine de l'histoire, le frère du premier Consul n'avait été éloigné des affaires publiques.

Son protégé, resté désormais sans appui, s'adonna à la culture des arts. Elève du peintre Regnault, il se livra à la peinture dans le but & dans l'espoir d'être utile à sa famille.

Cependant, il était un goût, celui du théâtre, qui se déclara chez lui dès sa quinzième année; mais la crainte d'affliger son père, qui avait d'autres vues & d'autres espérances, &, d'ailleurs, n'aurait jamais donné son consentement à ce qu'il eût considéré comme une tache à son nom & comme une déchéance, lui fit un devoir de renfermer son penchant au plus profond de son cœur. Mû par le désir d'y apporter une diversion salutaire, Fontenay résolut de voyager en qualité de dessinateur, &, le crayon à la main, il parcourut & visita successivement l'Italie, l'Ecosse & l'Angleterre. Mais la destinée est écrite! Ce fut dans cette contrée, précisément, que son goût pour l'art théâtral se réveilla & puisa de nouvelles forces dans l'admiration que lui inspirèrent les principaux interprêtes (1) de Shakefpeare; auffi revint-il en France avec l'idée bien arrêtée de fe vouer déformais au théâtre.

Après une étude confciencieufe des auteurs claffiques de la fcène françaife, il s'effaya clandeftinement fur les théâtres de fociété qui, à cette époque, étaient nombreux à Paris. Dans fon ardeur de néophyte, il lui arriva plus d'une fois de jouer, dans la même foirée, la même pièce fur trois théâtres différents, parcourant pédeftrement, & vêtu en *Scapin*, la diftance qui féparait ces trois fcènes d'amateurs.

Une troupe d'enfants & de jeunes gens s'étant formée à l'ancien théâtre Mareux, après fa fermeture (2), c'eft là qu'il parut pour la première fois en public fous le nom de Fontenay.

La veille de fon début, il avait joué au pied levé le rôle du major dans *le Comte de Weltron, ou la Difcipline militaire* (3), qu'il avait appris dans la journée.

Un incident burlefque & qui rappelle celui qui fignala le début de Mlle Doligny à l'ancienne Comédie-Françaife, inaugura fa première apparition fur les

---

(1) John Kemble était alors à l'apogée de fes fuccès, ainfi que fa fœur, la célèbre miftriss Siddons.

(2) Pelletier-Volméranges avait remplacé l'ancienne dénomination par celle d'*Ecole dramatique*. Ouverte le 2 mai 1802, cette nouvelle entreprife ceffa fes repréfentations le 1er mars 1803, & fut transférée dans un local de l'ancien Hôtel-des-Fermes.

(3) Drame en 3 actes, par Moline de Saint-Yon, repréfenté fur le théâtre de la Montanfier, le 24 juin 1791.

planches de ce théâtre. Il jouait le valet dans *la Jaloufie de Molière*, pièce de Du Merfan. Entrant fur un coup de fonnette de fon maître, le pauvre Champagne gliffa & tomba à la renverfe, ce qui ne manqua pas d'exciter l'hilarité du public. Mais lui, fe relevant avec vivacité : « Pardon, monfieur, dit-il. J'étais fi « preffé de me rendre à vos ordres, que j'avais oublié « que j'avais frotté le parquet ce matin..., & je viens « de me le rappeler... un peu tard. »

Ce fpirituel à-propos lui concilia la bienveillance de l'affemblée, & ne contribua pas peu à fa réuffite.

Fontenay, qui avait fuivi Pelletier-Volméranges à l'Hôtel-des-Fermes, finit avec lui l'année théâtrale; puis, au mois d'avril 1804, il partit pour la province avec une troupe nomade, qu'il abandonna l'année fuivante pour revenir à Paris faire partie de celle des Jeunes-Elèves de la rue de Thionville; pépinière d'artiftes qui fournit plus tard des fujets diftingués aux divers théâtres de la Capitale & à plufieurs fcènes des départements (1).

Le décret impérial de 1807, en réduifant le nombre des falles de fpectacle ouvertes au public, rendit encore une fois, & bien malgré lui, la liberté à Fontenay.

C'eft alors que Cailhava & Rozières, ce dernier acteur du Vaudeville, parlèrent de ce jeune homme à

---

(1) Nous citerons particulièrement, outre *Fontenay* lui-même, *Firmin*, *Grévin*, M*mes* *Rofe Dupuis*, *Regnier*, *Pauline*, *Aldégonde*, & *Déjaʒet*.

Barré, directeur de ce théâtre, qui l'engagea fur leur recommandation. Fontenay débuta fur la fcène de la rue de Chartres, le 14 feptembre 1807, par le rôle de Malesherbes dans *M. Guillaume*. Ce rôle établi par Vertpré, acteur juftement aimé, fut favorable à Fontenay, qui, bien que trop jeune pour cet emploi, fut pourtant s'y concilier les fuffrages des fpectateurs & des artiftes eux-mêmes, par l'intelligence qu'il montra dans les rôles dont il fut chargé : Duchemin, d'*Honorine*; — Forlis, des *Deux Pères*; — Vendôme, des *Pages du Duc de Vendôme*; — Lefage, des *Écriteaux*; — André, de *Fanchon la vielleufe*; — Scarron, du *Mariage de Scarron*; — Lefranc, de *Pauline*.

Il débuta vingt-fix fois dans ces différents rôles, & fut claffé après Vertpré pour les *caractères*, & après Carpentier & Hippolythe pour les *premiers comiques*.

Une claffe dramatique venait d'être fondée au Confervatoire. Fontenay, paffionné pour l'étude, s'infcrivit des premiers. La févérité du règlement rendait l'admiffion difficile; l'examen préalable avait lieu en préfence d'un aréopage redoutable par fa compofition, puifque les juges appelés à prononcer fur le fort des candidats fe nommaient *Monvel*, *Fleury*, *Talma*, *Dugazon*, *Grandmefnil*, *Dazincourt* & *Baptifte* aîné. Notre jeune homme fortit victorieufement de cette épreuve. Mandé le lendemain de fon examen au Confervatoire, on lui dit qu'il avait à opter entre trois profeffeurs, attendu que chacun d'eux le défirait dans fa claffe. — « J'opte pour les trois, dit-il. — Mais ce n'eft pas là

« opter, reprit le fecrétaire, & vous dites une bê-
« tife. » Sans s'arrêter à la politeffe bureaucratique
du fcribe : — « Reportez ma réponfe à ces meffieurs,
« répliqua Fontenay, & s'ils me trouvent auffi bête que
« vous, je fubirai la conféquence de ma réponfe. »

Il fut admis dans les trois claffes, dont les profeffeurs étaient Monvel, Dugazon & Dazincourt.

Il venait d'obtenir le premier prix de comédie, en
1808, au moment où *le Pauvre Diable*, repréfenté
avec fuccès, amenait la foule au théâtre du Vaudeville.
Les auteurs retirèrent le rôle principal à l'acteur qui
en était chargé & le remirent à Fontenay, dont il
commença la réputation (1). « La verve, la gaîté & la
« chaleur qu'il déploya dans ce rôle, le mirent en
« évidence » (2).

Il ne jouait encore de rôles qu'en *double*, excepté
quelques-uns que fes chefs d'emploi lui avaient aban-
donnés ; mais il ne refufait, quelque infime qu'il fût,
aucun de ceux que les auteurs lui confiaient.

La retraite prématurée de Vertpré, en 1816 (3), le
promut chef d'emploi. Depuis lors Fontenay a créé
un grand nombre de rôles. Parmi les plus remar-

---

(1) « Le rôle de Martin fut joué
« d'origine par Hippolythe, qui s'y
« montra un peu lourd. Sur la de-
« mande des auteurs (Du Merfan
« & Rougemont), il le céda à fon
« jeune camarade qui avait ré-
« cemment débuté au Vaude-
« ville, & qui joua le rôle avec
« fuccès plus de deux cents fois. »

Le Pauvre Diable fut repréfenté
pour la première fois, le 10 octobre
1808.

(2) *Journal de l'Empire*, feuille-
ton de Geoffroy.

(3) Voir dans notre *Troupe de
Nicolet*, la notice fur Vertpré.

quables, nous citerons Frontin, dans *Frontin Mari-Garçon*, une des premières, une des plus jolies pièces de Scribe (1). — Hubert, du *Maitre de Forges*. — Frédéric, du *Huffard de Felsheim*. — Bertrand, de *la Laitière de Montfermeil*. — M. de Norlis, de *la Mère au Bal*. — Le colonel Grudner, de *Léonide*. — Richelieu, de *Madame Du Barry*. — Madré, de *Pierre-le-Rouge*. — Le marquis de Lormias, des *Mémoires du Diable*.

Nous ne parlerons pas des parodies, des pièces de circonftances. Qu'il fuffife de favoir que le nombre des rôles nouveaux joués par cet excellent comédien dépaffe quatre cent cinquante.

Perfonne, plus que Fontenay, n'a apporté de confcience, de zèle & de ponctualité dans l'accompliffement de fes devoirs envers fon adminiftration, le public & les auteurs.

Doué d'une grande foupleffe de talent, & d'une rare intelligence, il n'arriva pourtant pas à la popularité, malgré fon mérite réel qui, au théâtre, ne fuffit pas toujours, fi la chance ne vous prend pas par la main. Fontenay était un de ces artiftes précieux dont les qualités leur font plus nuifibles qu'utiles : De deux rôles en préfence, celui qui exigeait le plus de foin, le plus de compofition, devenait fon lot, & il fauvait trop bien les mauvais rôles pour en avoir fouvent de bons.

---

(1) Retirée du répertoire par fon auteur qui la transforma en opéra comique, fous le titre du *Valet de Chambre*.

Il eut, en 1832, une repréfentation à bénéfice, à laquelle lui donnaient droit vingt-cinq ans de fervices confécutifs, ayant toujours, fidèle au théâtre qui avait accueilli fes premiers pas, refufé les avantages offerts par d'autres directions.

Le choléra, qui féviffait alors, rendit prefque nuls les réfultats de cette repréfentation.

Il avait acquis, en 1837, le droit à la penfion affectée, en vertu de claufes particulières, aux acteurs du Vaudeville. Il prit fa retraite en 1841, tout en reftant profeffeur; & fes leçons, pleines d'un enfeignement pratique, continuèrent l'artifte éminent & apprécié. Il s'était retiré au milieu des fiens, dans une jolie habitation, fituée dans l'ancien parc de Neuilly, qu'il eut la douleur de voir crouler fous les obus des Pruffiens.

Chaffé par les événements de cet afile qu'il avait cru deftiné à abriter fa verte vieilleffe, il alla habiter Neuilly, où il eft mort, le 23 avril 1874, dans fa quatre-vingt-neuvième année.

Nous n'avons pas dit, mais il était facile de le fuppofer, que la nouvelle direction prife par le jeune Fontenay excita l'indignation & le courroux de fon père, qui lui interdit l'accès du foyer de la famille, & qui ne le revit qu'à fon lit de mort. Ajoutons que l'auftère vieillard, alors revenu à des fentiments plus paternels, ne quitta la vie qu'en pardonnant à fon fils.

LOUISE-MARIE-SOPHIE

MADEMOISELLE LEROY

1787-1838

PARMI les artistes en réputation qui, de 1805 à 1820, se firent applaudir au théâtre de l'Ambigu-Comique, si Mlle Leroy n'est pas une des plus célèbres, elle peut au moins être regardée comme l'une des plus originales. Elle tient une place à part dans les mélodrames de l'époque; car, aux grâces de la jeune fille & de la femme, elle joignait une certaine énergie virile qui la désignait

---

Extrait du registre des baptêmes de l'église Saint-Aspais, à Melun : « Ce jourd'huy huit mars mil sept cent quatre-vingt-sept, a été baptisée par nous, prestre, vicaire soussigné, une fille née d'hyer du légitime mariage de Jean-Louis Leroy, huissier au Châtelet de cette ville, & de Marie-Élisabeth Couturier, de cette paroisse, en l'absence du père de laquelle a été nommée *Marie-Louise-Sophie*, par Louis Bureau, fils mineur de Louis Bureau, marchand de farines, & de Marie-Justine Leroy, & par Marie-Sophie Vâchée, fille mineure, parrain & marraine. »

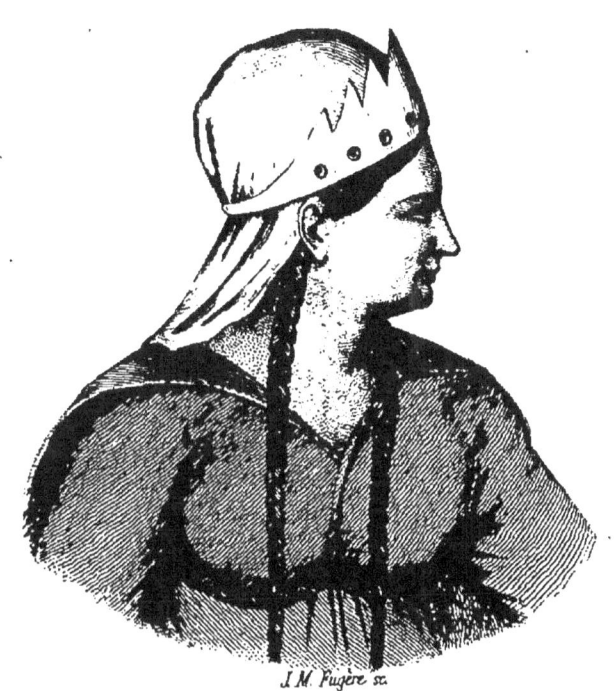

Melle LEROY
1787-1838

à l'emploi des *Bradamante*. Elle maniait habilement l'épée & le fabre, & tenait, dans les fcènes décifives du drame, tête aux guerriers & aux héros de l'action. « Elle fait les délices des amateurs de combats, » dit un *Almanach des Spectacles de 1818*, qui fait également l'éloge de fes beaux yeux. De fon côté, Dumaniant qui, à la même époque, lui avait confié un rôle de *travefti* dans la *Sœur rival*, écrivait : « Belle en femme, « elle eft auffi charmante en cavalier ; elle y produit « cette illufion de convenance fuffifante au théâtre, « & elle joue très-bien la comédie. »

Dans *l'Hermite du Marais*, Paccard était moins affirmatif, &, tout en reconnaiffant à Mlle Leroy de « beaux traits, une belle taille, de la nobleffe dans le « maintien, il fignalait un organe peu agréable & « fans modulation, le retour fréquent des mêmes « geftes, la pantomime des rôles trop négligée... »

Sophie Leroy commença fa carrière théâtrale par des rôles de *jeunes premières* ou *d'amoureufes* un peu fecondaires. Mlle Lévêque tenait en chef & fans partage l'emploi des rôles les plus importants avec un talent auquel les journaux du temps rendent juftice. La nouvelle actrice n'effaya pas de lutter contre une réputation fi folidement établie. A côté de l'héroïne intéreffante, elle prit l'emploi moins fympathique de perfécutrice de l'innocence, ou de princeffe livrée à l'ambition & à la jaloufie, foutenant au befoin par les armes fes droits méconnus ou fon pouvoir defpotique. Ainfi, la voyons-nous dans *Helmina d'Heidel-*

berg (1807), *Irza* (1809), *Hilberg l'amazone* (1810), la *Guerrière*, ou *la Femme chevalier* (1812) & dans la *Folle de Wolffein* (1813), partageant souvent avec son camarade Defresne les malédictions du public & le châtiment que lui réservaient les auteurs au dénoûment. — Des rôles plus sympathiques & qui n'exigeaient qu'une bonne tenue & de la noblesse dans l'expression, trouvaient en elle une interprète séduisante. C'est ainsi que dans *Elzamir Bénascar & Bénascar Elzamir* (1814) (1), sous le gracieux costume du prince des Génies, elle enchantait les spectateurs par sa beauté.

Elle créa avec succès le rôle de Madame de *Valnoir*, dans le mélodrame de ce nom, le premier ouvrage dramatique de Paul de Kock, alors à peine âgé de vingt ans, qui lui confia également un rôle important dans la *Bataille de Veillanne*.

Elle revenait aux rôles sinistres avec Frédégaire, dans *Éléonore de Lusignan* (1816), & de princesse guerrière, avec *Marguerite de Strafford* (id.). L'année suivante, dans *Saphira* & dans la *Fille maudite*, elle obtenait un succès exceptionnel, &, selon l'expression du bonhomme Paccard, déjà cité : « Elle s'élevait au-« dessus de ses moyens ordinaires. »

Nous avons dit plus haut l'éloge que faisait de son jeu Dumaniant, dans sa comédie de la *Sœur rival*.

Dans les *Mexicains*, mélodrame de Mélesville, le

(1) Mélodrame-féerie, par A. Bernos & *** (Montferrier).

coſtume vaporeux de Télaïre, en fourniſſant à ſa beauté un ſéduiſant développement, ajoutait à ſon ſuccès. Ce fut une de ſes dernières créations ; plus prudente que la plupart de ſes compagnes de théâtre, elle n'attendit pas que l'âge lui impoſât l'obligation de renoncer à la ſcène & à ſes enivrements flatteurs ; dans tout l'éclat de ſa beauté &, jeune encore, elle terminait, le 31 juillet 1819, ſa carrière théâtrale, en jouant dans la même ſoirée *Amanda* & la *Fille maudite*.

En renonçant à la ſcène, Sophie Leroy épouſa Touchard (1), riche entrepreneur bien connu des voitures publiques qui portaient ſon nom ; ce qui fit dire à une de ſes ex-camarades : « Eſt-elle heureuſe de pou-
« voir ſe promener en même temps dans quinze voi-
« tures ! »

Ce mariage, qui n'était que la régulariſation d'une liaiſon antérieure, légitima deux filles, dont l'aînée devint la femme d'un agent de change, un des plus occupés de Paris.

Sophie Leroy eſt décédée à Paris, le 15 juin 1833.

---

(1) Philippe-François Touchard, mort en 1836, à l'âge de ſoixante & dix-huit ans.

MARIE-THÉRÈSE DELFOSSE

BLOSSEVILLE

1787 — 1846

ACTRICE du Vaudeville, dès son origine en 1792, elle a joué au début de sa carrière les *ingénuités* & les *jeunes premières*. Elle était d'une figure fort agréable, gaie, vive & très-aimée du public. C'est pour elle expressément que furent composés les jolis couplets que chantait le

---

Extrait du registre des baptêmes de l'église Saint-Pierre, à Dreux : « L'an mil sept cent soixante-sept, le huit mars, *Marie-Thérèse*, née d'hier du légitime mariage de Louis-Alexandre Delfosse, ancien marchand & bourgeois de Paris, & de Anne Thérèse de Lanfernat, son épouse, de cette paroisse, a été baptisée par nous Nicolas Damame, vicaire de cette paroisse. Le parrain Jean-Côme Affelin, la marraine, Jeanne-Louise-Françoise-Marie Renon. »

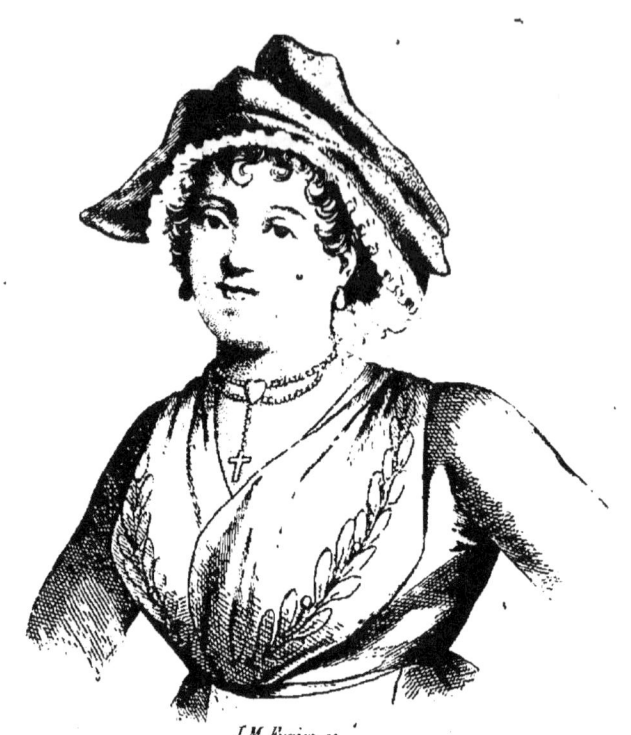

Mᵐᵉ BLOSSEVILLE
1787-1846

jeune amoureux de *la Danſe interrompue* (1). Dans ces couplets il faiſait l'énumération des attraits de ſa maîtreſſe, de ſes yeux, ſes bras, ſes pieds, ſa grâce, &c. Tout y était paſſé en revue, & comme c'était Mlle Bloſſeville qui jouait le rôle de Julie, le public galant couvrait d'applaudiſſements chacune des perfections dont il avait le charmant modèle ſous les yeux, au grand plaiſir du chef d'orcheſtre Wigh, qui était au mieux avec elle. La carrière de cette actrice a été bien remplie juſqu'au moment de ſa retraite, qu'elle prit, en 1813, après vingt-trois ans d'exercice.

Mlle Bloſſeville avait eu le bon ſens de tenir compte du temps, changeant d'emploi à meſure que les années influaient ſur ſa perſonne. C'eſt ainſi qu'en 1800, gagnée par un embonpoint précoce, elle adopta l'emploi des *ſoubrettes*, qu'elle joua avec eſprit

---

(1) *La Danſe interrompue*, vaudeville en un acte, par MM. Barré & Ourry, repréſentée en 1795.

Voici les couplets dont nous parlons :

Celui qui dit que deux beaux yeux
Ne le rendent pas amoureux,
Et qu'il n'en eſt pas plus heureux...
 Folie (*bis*) !
 Il n'a pas vu les yeux
 De ma Julie.

Celui qui dit que deux beaux bras,
Ronds, blancs, fermes & délicats,
Aux regards offrent peu d'appas,
 Folie (*bis*) !

Il n'a pas vu les bras
De ma Julie.

Celui qui dit qu'un petit pied,
Sur ſon frère en tout copié,
N'eſt pas digne d'être épié,
 Folie (*bis*) !
 Il n'a pas vu le pied
 De ma Julie.

Après un doux enchantement,
Celui qui l'a vue un moment,
Comme moi, triſte en la quittant,
 S'écrie (*bis*) !
 Quel plaiſir ! quel tourment !
 J'ai vu Julie.

& talent. C'est elle qui créa Florine dans *Fanchon*. Plus tard, elle céda cet emploi à Minette, & se résigna à quelques rôles de duègnes & de convenance. La faveur du public ne l'a jamais abandonnée. Le seul reproche, ou plutôt, le seul regret qu'on aurait pu exprimer, c'était d'avoir la voix un peu aigre.

Mlle Blosseville était une excellente camarade qui, servait bien son interlocuteur, &, comme on dit, rendait bien la balle, ce qui est plus rare qu'on ne croit.

Elle est morte à l'âge de cinquante & neuf ans, le 25 mars 1846, à Clichy, où elle s'était retirée.

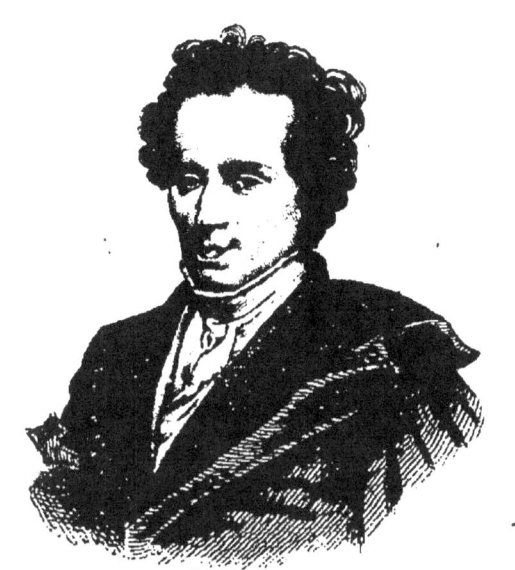

KLEIN
1787-1840

FRANÇOIS-NICOLAS

KLEIN

1787 — 1849

ENFANT de Paris, où il naquit le 23 novembre 1787, son père, petit détaillant du quartier Saint-Avoye, le mit en apprentissage chez un horloger, vers l'âge de quinze ans. Le jeune Klein avait dans son atelier un camarade, son aîné de trois ans, qui avait du goût pour le théâtre, & qui jouait en comédie bourgeoise le plus souvent qu'il pouvait. Klein, d'après ses conseils, s'enrôla dans

---

Extrait du regiſtre des baptêmes de la paroiſſe Saint-Louis-Saint-Paul :
« Le vendredi vingt-trois novembre, mil sept cent quatre-vingt-sept, a été baptiſé *François-Nicolas*, né de ce jour, fils de Nicolas Klein, bourgeois de Paris & de Marie Dudot, son épouse, demeurant vieille rue du Temple, de cette paroiſſe. Le parrain François Moulin, de la paroiſſe Saint-Laurent; la marraine, Jeanne-Marie Serveaux, épouse de Goſſet, tabletier. »

une troupe d'amateurs qui donnait fes repréfentations dans une petite falle fituée à Montrouge. Il s'y diftingua dans des rôles comiques. Il joua enfuite au théâtre de la rue Saint-Victor, dont était directeur un fieur Thierry, chapelier. Une fraction des acteurs-amateurs de cette fociété avait loué, au mois de février 1805, la falle d'un autre théâtre de fociété, fitué rue des Martyrs, n° 13, & connu dans le quartier fous la dénomination ambitieufe du *Théâtre des Alpes*, pour y donner, le 4 pluviôfe an XIII (19 février 1805), une repréfentation compofée de *l'Original*, des *Fureurs de l'Amour* & de *Meffaline* (1). Cette dernière pièce était une tragédie burlefque, fort obfcène, dans laquelle Klein & fon frère jouaient des rôles acceffoires. Signalés par un rapport du commiffaire de police de la divifion du Mont-Blanc (2), les auteurs de cette efcapade furent arrêtés & condamnés à quelques jours de prifon, en réparation de ce fcandale public.

Ce début dans la carrière dramatique de Klein, tout peu encourageant qu'il fût, ne le détourna pourtant pas du théâtre; hâtons-nous de dire, pour l'excufer, qu'il n'avait que dix-fept ans & demi, & que l'exemple de fes camarades plus âgés l'avait entraîné. C'était alors un grand garçon, maigre & efflanqué, tel que nous l'avons tous connu depuis, à la phyfionomie naïvement comique. A l'une de ces repré-

---

(1) Il s'agit ici de la pièce de ce nom, attribuée à Grandval.
(2) Beffara, connu depuis par fes favantes recherches fur Molière.

fentations auxquelles il concourait dans les théâtres de fociété, il eut la chance d'avoir pour fpectateur Baptifte cadet qui fut affez frappé du naturel de fon jeu pour condefcendre à lui adreffer des compliments, dont Klein fe montra très-fier.

Auffi, perfiftant plus que jamais dans fon deffein, il parvint à fe faire recevoir dans la troupe des *Jeux-Gymniques*, nouvelle entreprife théâtrale occupant, depuis le 1ᵉʳ janvier 1810, l'ancienne falle de la Porte-Saint-Martin. Il y rempliffait fans défagrément quelques petits rôles comiques dans les vaudevilles fervant de prologue aux pantomimes & aux pièces d'action, dont fe compofait le répertoire principal. Dans le *Mont Saint-Bernard*, il repréfentait un jeune pâtre couvert de neige, & grelottait d'une façon fi grotefque & fi naturelle, qu'il donnait le friffon aux fpectateurs.

Les directeurs des Variétés, l'ayant remarqué, l'admirent à débuter fur cette fcène, le 27 juillet 1811, dans *les Rentes viagères* (1), par le rôle de *Dodu*, nom qui contraftait avec l'encolure de l'artifte, & par celui de Jocriffe valet, dans *Jocriffe Maitre & Valet*. Ce début n'eut pas de fuite.

Klein entra alors au Confervatoire, où il fuivit le cours de Fleury avec affez de fuccès pour obtenir, à la diftribution des prix de 1812, un fecond acceffit de comédie.

---

(1) Vaudeville, de Martinville, repréfenté le 7 août 1810.

Ayant été engagé l'année fuivante au théâtre de l'Ambigu-Comique, il y faifait fon premier début dans *Tékéli*, par le rôle de Brafdefer. Fort bien accueilli du public, il prit l'emploi des *niais*, perfonnage alors auffi indifpenfable que le *traître*, dans les mélodrames de l'époque; il remplaça, fans le faire oublier néanmoins, le vieux Raffile, acteur très-aimé au boulevard, où il s'était fait une réputation en ce genre. Tour à tour, payfan ou garde-chaffe, garçon de ferme ou valet naïf, aubergifte ou poftillon, mais toujours dévoué à la vertu & au malheur, Klein favait fe faire applaudir, & *Calas*, *Thérèfe*, *le Songe*, *le Château de Paluzzi*, *le Belvéder*, *le Siége du Clocher* & trente autres pièces du répertoire trouvèrent en lui un interprète convaincu. Il fit remettre à la fcène la fameufe pièce de *Madame Angot au Sérail de Conftantinople*, où, même après Corffe, le créateur du rôle, dont le jeu avait à l'origine fait la fortune de l'Ambigu, il produifit un effet prodigieux, mais qui faillit lui coûter cher. Obligé de courber fa grande taille fous le coftume de la joyeufe poiffarde enrichie, il fe fatigua au point de tomber dangereufement malade; on répandit même le bruit de fa mort. Le repos & l'air de la campagne lui rendirent la fanté, & fon retour à l'Ambigu fut joyeufement fêté par les habitués & par fes camarades : ovation à laquelle il fe montra fort fenfible & dont il aimait à rappeler le fouvenir. En fomme, fa pofition à ce théâtre était des plus fatiffaifantes. Il s'était marié fort jeune, étant encore aux

Jeux-Gymniques, & il continuait dans la journée fon état d'horloger, tandis que, de fon côté, fa femme aidait par fon travail de brodeufe aux reffources du ménage. Plus tard, l'augmentation de fes appointements lui permit de fe donner tout entier au théâtre, & il put recueillir chez lui fon vieux père, trop âgé pour travailler. Dirons-nous quel était le chiffre de fes appointements? Il ferait aujourd'hui fourire de pitié tel artifte, dont le talent eft fouvent loin d'être d'accord avec les prétentions : ils étaient de 5,000 francs, c'était alors le maximum &, avec cette fomme rémunératrice, ces braves gens vivaient honorablement.

Cependant, peu à peu, l'ancien genre du mélodrame fe modifiait; nous n'ofons dire qu'il fe perfectionnait. Les *niais* traditionnels des pièces de Guilbert de Pixérécourt & de Caigniez étaient remplacés par des perfonnages d'un comique plus recherché & plus prétentieux. Klein eût-il le preffentiment de cette révolution dans la poétique du boulevard? C'eft ce que nous ne faurions dire. Ce qu'il y a de certain, c'eft que, bien qu'il n'eût que trente-fix ans, fon vifage & l'enfemble de fa perfonne les accufait pleinement & le faifait paraître un peu mûr pour jouer les jeunes payfans novices; auffi écouta-t-il prudemment les propofitions qui lui furent faites par la direction du Gymnafe-Dramatique, pour y venir prendre l'emploi des comiques marqués & des ganaches. Ce genre de rôles paraiffait convenir au talent dont Klein avait plus d'une fois donné des preuves à l'Ambigu-Comique, dans les vaudevilles du répertoire, & fe trouvait plus en rapport avec fon phyfique actuel. Après un féjour de vingt ans au boulevard du Temple, Klein contracta donc avec le Gymnafe un engagement qui ne devait finir qu'à fa retraite définitive de la fcène : exemple de conftance & de fidélité, qu'il n'eft pas inopportun de rappeler avec éloge, aujourd'hui, où, pour fuivre un comédien dans fa carrière dramatique, il faut faire, à fa fuite, le tour de prefque tous les théâtres de Paris.

Klein débuta fur la fcène du boulevard Bonne-Nouvelle, dans *le Plan de Campagne*, vaudeville en 1 acte, de ***, le 14 avril 1823.

Ses débuts ne firent pas fenfation, & pendant plufieurs années, fes fervices, dans les rôles fecondaires, furent plus utiles que brillants. Vieux domeftiques grognons ou naïfs, bourgeois vaniteux, intendants fripons, officiers miniftériels grivois, confeillers & diplomates gourmés de ces principautés fictives, fituées au-delà du Rhin, dans la géographie fantaififte des auteurs dramatiques de l'époque, Klein remplit un nombre confidérable de rôles avec une confcience & un foin dignes d'éloges. Ses coftumes, & fes perruques étaient en parfaite analogie avec le caractère de fes perfonnages, & l'ancien *niais* de l'Ambigu fe retrouvait parfois fous la tête poudrée du vieux marquis ou du notaire égrillard.

Une qualité peu remarquée du public, mais que les artiftes en fcène avec lui favaient apprécier, & fe plaisaient à reconnaître hautement, c'était l'attention qu'il avait de laisser à ses interlocuteurs la liberté de leurs effets comiques & d'y aider, au contraire, de son mieux, soit par ses jeux de physionomie, soit par son silence.

Parmi ses meilleurs rôles, citons ceux qu'il créa dans *le Sénateur, la Reine de seize ans, l'Avoué & le Normand, Michel Perrin, le Gamin de Paris*, & le gigantesque Flamberge des *Enfants de Troupe*.

En 1847, Klein quitta le théâtre & se retira dans une petite propriété qu'il avait acquise à Marly-le-Roi, près de Saint-Germain-en-Laye. Devenu veuf, le 31 janvier 1838, il se remaria en secondes noces, le 30 juillet 1840, avec Mlle Céline Legrand, nièce d'Émile Vanderburch, l'auteur dramatique. Une apoplexie foudroyante l'enleva presque subitement, le 21 août 1849, à l'âge de soixante-deux ans.

Hip. Tisserant, qui avait été son camarade & son ami, prononça sur sa tombe, dans le petit cimetière de Marly-le-Roi, quelques paroles qui rendirent hommage au mérite de l'artiste & aux qualités de l'homme privé.

HENRIETTE

CUISOT

1788-1824

HENRIETTE Cuisot, née à Paris, le 3 décembre 1788, était, pour ainsi dire, & selon l'expression populaire, un enfant de la balle, puisque son père, musicien de profession, fut chef d'orchestre au petit théâtre des *Jeunes-Élèves* de la rue de Thionville. La petite Henriette prit place, dès l'origine, dans cette troupe enfantine ; & elle ne quitta ce théâtricule qu'en 1804 pour le théâtre de la Montansier où elle fut engagée.

C'était alors une jolie fille de seize à dix-sept ans,

Extrait des registres de la paroisse Notre-Dame-des-Champs : « Du quatrième jour de décembre mil sept cent quatre-vingt-huit a été baptisée par nous, vicaire de cette paroisse, *Henriette*, fille légitime de Nicolas-François Cuisot, musicien, & de Magdeleine-Henriette Deschamps, son épouse, &c. »

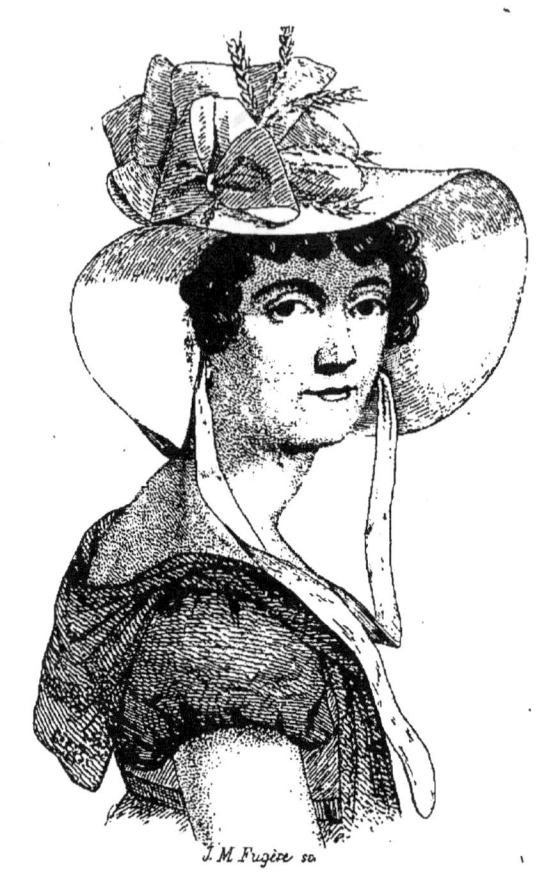

Melle HENRIETTE CUISOT
1788-1824

brune, à l'œil vif & noir, aux regards de feu, bien tournée, à la démarche hardie. Douée d'une voix agréable, elle chantait le vaudeville avec abandon & enlevait un couplet avec une adreffe inconcevable (1). C'était, en définitive, une actrice qui plaifait, aimée du public & d'un grand perfonnage de l'Empire, *on ne fait pas pourquoi;* à moins qu'on n'en cherche le motif dans les rôles de *traveftis* dont cette artifte aimait à fe charger, & dans le coftume mafculin que d'ailleurs elle portait avec une certaine définvolture cavalière. Tous les foirs qu'elle jouait, accompagné de fes inféparables, le grand perfonnage affiftait au fpectacle dans une baignoire. Les méchantes langues difaient que c'était pour s'habituer à la voir en face.

Cette protection, au refte, profita au théâtre des Variétés dans une circonftance où il s'agiffait de rien moins que de fa fuppreffion. On fait que Napoléon, par le décret de 1807, réduifit le nombre des théâtres, en fupprimant d'un trait de plume la plus grande partie de ceux qui exiftaient. Le théâtre des Variétés devait partager leur fort; mais grâce à l'influence de Cuifot fur fon prince, celui-ci voulut bien prendre en main la caufe de ce théâtre auprès du fouverain :
« Voulez-vous donc, Sire, me faire perdre mon argent,
« moi qui ai loué une loge à l'année ? » Cette plaifanterie dérida le front du maître & fauva de fa ruine une entreprife alors en pleine profpérité.

---

(1) *Hiftoire des Petits Théâtres*, par Brazier.

Jamais l'actrice n'avait dans aucun de ses rôles remporté un succès plus décidé, même à l'époque où, tout enfant, elle jouait les rôles de Génie bienfaisant & protégeait les amants persécutés, dans les féeries du petit spectacle de la rue de Thionville.

Henriette Cuisot disparut tout-à-coup, un beau jour de la scène, en 1824, sans que l'on ait appris ce qu'elle était devenue. Bien qu'elle ne fût pas d'un âge qui expliquât cette disparition, elle avait déjà depuis longtemps cessé de compter au nombre des artistes les plus remarquées du public; son talent n'était plus soutenu par les charmes de la jeunesse, sa retraite ne causa point de vide dans l'excellente troupe des Variétés.

Son départ fut attribué à l'influence exercée sur elle par une sœur aînée, vouée dans un couvent à la vie religieuse. On alla jusqu'à dire, que convertie elle-même, elle avait suivi l'exemple de sa sœur.

Que cette version soit plus ou moins exacte, ou que sa disparition ait eu toute autre cause ignorée, il n'en est pas moins certain que jamais depuis on n'entendit parler de la belle Cuisot.

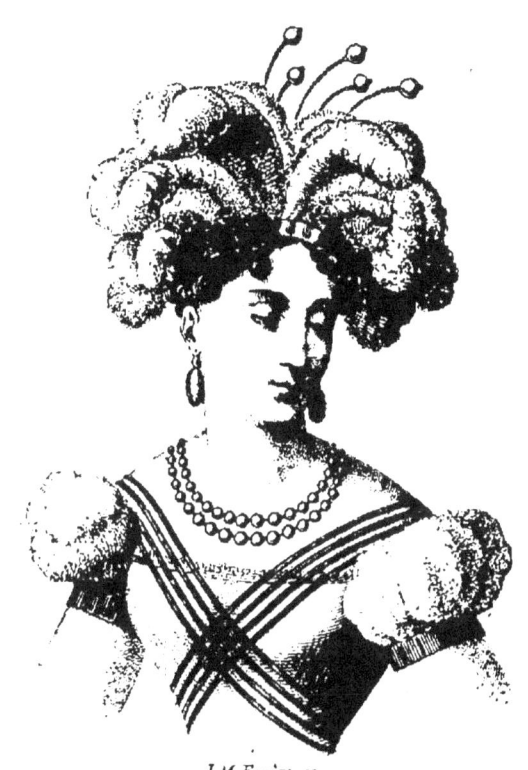

J.M. Fugère sc

ADELE DUPUIS
1789-1847

Imp. Fugère Lyon

ANTOINETTE-NICOLE

dite MADEMOISELLE ADÈLE DUPUIS

1789 — 1847

ADÈLE Dupuis, charmante perfonne, auffi jolie que diftinguée, à la tenue honnête & décente, commença fa carrière aux *Élèves de la rue Saint-Antoine* (ancien théâtre Mareux) (1). Poffédant une voix agréable, elle y chantait l'opéra-comique, & fe montrait, notamment, fort attrayante dans le rôle de la fée Urgèle. Ce petit théâtre ayant fermé, Adèle Dupuis fut engagée l'année fuivante à l'Ambigu-Comique, où Mlle Lévêque tenait en chef

---

Extrait des regiftres de la paroiffe Saint-Médard, à Paris : « Le fix décembre mil fept cent quatre-vingt-neuf, a été préfentée & baptifée *Antoinette-Nicole*, née du même jour, fille légitime des conjoints Chriftophe Dupuis, bourgeois de Paris, & de Marie-Louife Peigné, fa femme. Et ont figné, &c. »

(1) Voir pour plus amples détails fur ce théâtre, la *Notice fur Mademoifelle Georges Weymer.*

l'emploi des premiers rôles. Elle se consacra exclusivement aux héroïnes tendres & sentimentales du mélodrame, auxquelles l'appelaient naturellement son organe touchant & sa sensibilité excessive. Elle ne faisait pas le coup de sabre comme Mlles Rouzé-Bourgeois & Leroy ; c'était, après avoir triomphé avec des armes plus naturelles, qu'elle épousait au dénoûment l'amant de son choix.

Lorsque Mlle Lévêque prit l'emploi des jeunes-mères, elle laissa à Adèle Dupuis celui des jeunes filles séduites ou à séduire, que celle-ci occupa à son tour exclusivement, au départ de Mlle Planté qui, elle aussi, avait brillé sur cette scène dans les mêmes rôles. Elle s'en montra, du reste, digne sous tous les rapports & devint bientôt l'héroïne obligée de toutes les pièces du crû : *Amélabis*, — *Elvérine*, — *Amour, Honneur & Devoir*, — *l'Enfant de l'Amour*, — *la Mendiante*, — *l'Homicide*, ou *les Amis du Mogol*, — *Irza*, — *Palmérin*, — *Pharamond*, — *Valladamir*, &c. Sa réputation s'établit promptement & se soutint à un égal degré de faveur pendant plusieurs années ; elle s'accrut même, s'il est possible, à son passage de l'Ambigu-Comique à la Gaîté, où elle rencontra des succès grands & nombreux.

Engagée à ce théâtre, en même temps que son camarade Grévin (1), elle débuta avec lui, le 12 avril

---

(1) *Antoine Taugé*, dit *Grévin* né à Toul, le 9 novembre 1785, resta pendant longtemps un des plus fermes appuis de ce théâtre. Également bien placé dans le mélodrame & dans le vaudeville, il

1817, dans le *Mouchoir* (1), où elle fit aifément oublier la créatrice du rôle, Émilie Hugens. Elle attacha fon nom à beaucoup de pièces, dont plufieurs ne durent leur réuffite qu'à elle feule. Parmi celles qui obtinrent un grand fuccès, il faut citer particulièrement la *Fille de l'Exilé*, *Valentine*, *Polder*, le *Château de Loch-Leven*, la *Tête de Mort*, *l'Aigle des Pyrénées*, *Bouton de Rofe*, *Paoli*. Pendant plus de douze années qu'elle refta à ce théâtre, elle fut l'actrice de prédilection de Guilbert de Pixérécourt. Les plaifants l'avaient furnommée *la Fille du Sentiment*, &, au dire des critiques de fon temps, il n'eft pas un bourgeois du Marais auquel elle n'ait arraché des larmes. « Cette actrice, difaient-ils, « eft tellement pénétrée de l'efprit de fes rôles, que « des pleurs abondants inondent fes paupières. » Pour donner une idée des rôles nombreux qu'on lui fit jouer, un ftatifticien qui n'avait, fans doute, rien de

favait faire excufer quelques défauts par beaucoup de verve, de chaleur & d'intelligence. Ce ne fut pas fans regret que le public vit cet acteur forcé de renoncer à la fcène.

Atteint d'une maladie cruelle, une paralyfie fur la langue, il décéda, le 5 avril 1828, à la maifon de fanté de Charenton-Saint-Maurice, après plufieurs années de fouffrances.

Une repréfentation à fon bénéfice eut lieu, le 13 novembre 1822.

Elle fe compofait de *M. Sans-Gêne*, de *Michel & Chriftine*, de la *Leçon de Danfe & d'Équitation* & du *Chien de Montargis*. Auteurs, directeurs & acteurs renoncèrent à toute rétribution.

C'eft à tort qu'en mentionnant cet acteur dans une note de la notice fur *Raffile* (troupe de Nicolet, p. 183), nous lui avions donné le prénom de *Nicolas* & placions fa naiffance à Paris.

(1) Comédie, en un acte, de Dubois & *** (Montferrier).

mieux à faire, a calculé que « dans le cours de sa « carrière théâtrale, Adèle Dupuis avait été 750,000 « fois séduite, enlevée ou noyée, sans, heureusement, « avoir cessé de se bien porter. »

Pour parler sérieusement, on ne pouvait refuser à cette actrice un talent digne d'une scène & d'un genre plus élevés que celui auquel elle s'était consacrée ; & l'on peut affirmer que les mélodramaturges du temps lui eurent de grandes obligations ; car, elle apportait dans l'exécution de ses rôles un zèle de tous les jours & se montrait après cent cinquante représentations ce qu'elle avait été à la première, soigneuse & toujours à la scène.

Sa sensibilité communicative lui permit de conserver longtemps les rôles de jeunes-premières & d'y faire illusion à un âge qui, sans être précisément avancé, dépassait néanmoins celui des héroïnes qu'elle représentait : ce qui lui valut le surnom de la *Mars* des boulevards.

Adèle Dupuis termina sa carrière théâtrale, le 1er avril 1830, après avoir été l'idole du public pendant les douze ou quinze dernières années. A l'époque où cette actrice prit sa retraite, l'ancien mélodrame de nos pères commençait à se transformer sous l'empire littéraire des idées nouvelles & le drame, proprement dit, s'essayait à le remplacer. Le style lui-même se modifiait & le vieux genre dont Adèle Dupuis avait été une des interprètes les plus applaudies, perdait chaque jour du terrain. Plus heureuse & mieux avisée que beaucoup d'autres artiftes, fes contemporains, elle fe retira à temps, laiffant entière dans le fouvenir de fes appréciateurs & dans l'opinion de la génération nouvelle, fa grande réputation d'autrefois.

Elle eft morte à Paris, le 16 mai 1847, après une longue & douloureufe maladie.

FRANÇOISE-FLORE CORVÉE

dite FLORE

1790 — 1853

LE théâtre de la Montanfier précurseur, comme on sait, du théâtre des Variétés, où sa mère était employée comme habilleuse & son père comme machiniste, fut, pour ainsi dire, la patrie de Flore. Elle y fit ses premiers pas, elle y bégaya ses premières paroles : elle naquit presque entre deux portants, puisque sa mère prise des douleurs de l'enfantement pendant la représentation d'une pièce de Dorvo, *Je cherche mon père*, n'eut que le temps d'être transportée chez elle où, quelques ins-

---

Extrait des registres de l'église Saint-Eustache : « Du vendredi vingt avril mil sept cent quatre vingt dix, fut baptisée *Françoise-Flore*, née d'hyer, fille de Charles-Louis Corvée, bourgeois de Paris, & de Marie-Anne Béchard sa femme, demeurant rue Pagevin. Le parrain Gaspard Béchard, la marraine, Françoise Chalet, femme Béchard, née à Lyon. »

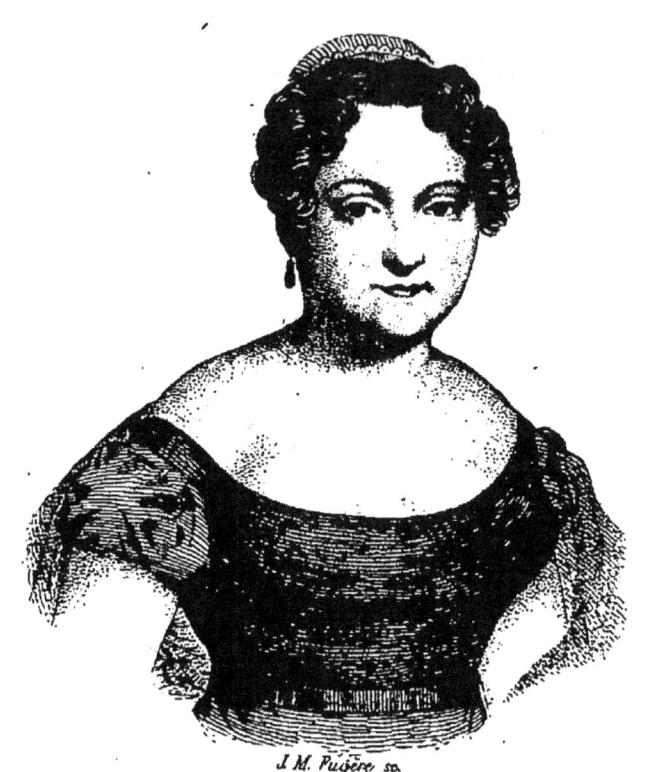

Mᵉˡˡᵉ FLORE
1790-1853

tants après, elle donnait le jour à une petite fille blonde & rose.

Cette enfant, passant sa vie dans les coulisses d'un théâtre où jouaient Volange, Brunet, Tiercelin, Bosquet, Joly & l'excellente Mme Baroyer, se trouvait là à l'école du comique le plus ébouriffant & de la verve la plus bouffonne. Naturellement, elle prit le goût du théâtre. Le premier rôle qu'elle joua fut celui du *Petit Frère* dans le *Défespoir de Jocrisse* qui, à l'origine de la pièce avait été joué par celle qui devait plus tard devenir la plus grande artiste du siècle : c'est nommer Mlle Mars.

A l'âge de quinze ans, blonde & fraîche comme son nom, la jeune Flore s'essaya dans quelques petits rôles d'*amoureuses* que la *fière* Cuisot daignait lui abandonner après les avoir joués dix ou douze fois. Elle était alors atteinte d'un défaut de prononciation contre lequel elle usa du procédé connu, employé jadis avec succès par Démosthènes, en se mettant au régime des petits cailloux.

Le premier rôle qu'on lui donna à jouer d'origine, fut celui d'une bouquetière dans le *Panorama de Momus*, de Désaugiers, dans lequel elle saisit si bien de prime-abord le genre poissard, dont Mme Drouville était alors la représentante applaudie, que celle-ci devina bien vite une rivale sérieuse en sa jeune compétitrice.

L'avenir de Flore était dès-lors assuré. Sa beauté, quoiqu'un peu vulgaire, sa santé florissante & sa phyfionomie joviale, prêtaient aux filles du peuple, aux commères de la halle qu'elle repréfentait, une allure réalifte, que la rondeur de fon jeu & fa bonne humeur communicative ne démentaient pas. Auffi eût-elle de vrais fuccès dans la Servante d'*Angéline*, dans Mariotte du *Soldat laboureur*, Victoire des *Cuifinières*, & dans cette fameufe *Marchande de Goujons*, repréfentée le 31 janvier 1821, à laquelle fon jeu plus qu'excentrique & qui, dans cette pièce, frifait quelque peu le cynifme, procura la vogue.

Au moment où elle était à l'apogée de fa renommée, & dans tout fon éclat, elle difparut fubitement de fon théâtre, par fuite d'un événement étranger à l'art dramatique. Plufieurs verfions circulèrent à cette occafion : les unes la repréfentaient comme ayant été touchée de la grâce ; les autres, plus finiftres, publiaient qu'un défefpoir amoureux l'avait pouffée au fuicide. La vérité ne fe découvrit que plus tard, & tout romanefque que cela paraiffe, nous allons reproduire ici ce que nous avons appris dans le temps à ce fujet.

Flore, parmi fes nombreux adorateurs, avait infpiré de violents défirs à une efpèce de *Lovelace*, qui ne pouvant réuffir à fe faire écouter de fa belle, réfolut d'avoir recours aux grands moyens. Un foir, ceci fe paffait à une époque où les boulevards & les rues adjacentes au théâtre des Variétés étaient, auffitôt la nuit venue, littéralement déferts ; un foir, difons-nous, à l'iffue de la repréfentation, le quidam la fit enlever, jeter dans une voiture fermée & conduire à grandes guides dans une retraite toute préparée à l'avance pour la recevoir & l'y retenir en chartre privée auſſi longtemps qu'il lui conviendrait.

Flore, à ce que rapporte la chronique, mais, bien entendu, on n'eſt pas forcé d'y croire, tint rigueur à ſon raviſſeur, malgré ſes menaces de ſe brûler la cervelle : ce que, d'ailleurs, il remettait toujours au lendemain. Bref, un certain ſoir qu'il renouvelait cette ſcène de mélodrame, *Flore ou la mort!* celle-ci le menaça à ſon tour de ſe jeter par la fenêtre. Uſant de ſtratagème, elle avait préalablement pris ſoin de diſpoſer une eſpèce de mannequin, couvert de ſes vêtements, & qu'elle avait caché derrière les rideaux de la croiſée. Lorſque la ſcène du piſtolet recommença, elle ouvrit rapidement la fenêtre & lança le mannequin au dehors. Notre Lovelace effrayé ſe précipita au ſecours de celle qu'il croyait retrouver briſée ſur le pavé. On ſait ce qu'il trouva à la place de ſa victime, qui, profitant du trouble produit par cette cataſtrophe ſimulée, s'était hâtée de fuir & de prendre comme on dit, la clef des champs.

Se non è vero, è ben trovato.

Comme bien l'on penſe, la popularité que les ſuccès de cette actrice lui avait acquiſe, lui ſuſcita des envieuſes ; & des intrigues de couliſſes, profitant de l'avantage que leur donnait cette aventure, réuſſirent à empêcher que les portes des Variétés ne se rouvrissent devant elle.

Voilà donc, par un de ces brusques revirements de fortune, trop fréquents dans la vie, la pauvre Flore contrainte, pour subsister, de s'engager dans une troupe de province, dont Volange fils était le chef, & réalisant quelques-uns des chapitres de l'éternel roman comique de Scarron; triste épreuve pour une artiste qui, jusqu'alors, n'avait, de son état, connu que les brillants côtés! Elle finit cependant par rentrer au bercail; mais, malgré son succès dans plusieurs pièces, son engagement ne fut pas renouvelé à l'expiration. C'est alors qu'elle passa à l'ennemi; c'est-à-dire au Vaudeville, où elle débuta, le 26 avril 1826, dans l'*Auvergnate*, pièce composée à son intention par Dü Mersan & Gabriel. Elle fit peu de sensation à ce théâtre dont elle trouvait, disait-elle, le public & ses nouveaux camarades trop *collets-montés*. Elle avait peur de l'un & se sentait gênée avec les autres; habituée, dès son bas âge, aux quolibets & au débraillé du foyer de la Montansier, le ton beaucoup plus réservé des conversations du Vaudeville lui imposait. A peine osait-elle entr'ouvrir la bouche, tant elle s'y voyait en dehors de ses habitudes & trouvait peu de ressources en elle-même pour s'en créer de nouvelles. Elle sentait, néanmoins, que sa place n'était pas à ce théâtre, & elle résilia son contrat d'un commun accord avec la direction, pour entrer à l'Odéon, transformé en théâtre de province, puisque l'on y jouait concurremment tous les genres. Cette exploitation ayant mal tourné, ainsi du reste qu'on pouvait s'y attendre, peu de tepms après la fermeture de l'Odéon, Flore rentra aux Variétés, dont la direction avait passé en d'autres mains. Sa rentrée eut lieu, le 6 juin 1830, dans une pièce nouvelle, les *Brioches à la mode*. Le 14 du même mois, elle obtint une représentation à son bénéfice. Elle fut reconquérir une partie de son ancienne popularité dans plusieurs pièces dont nous ne citerons que la *Femme du Peuple*, l'*Amphigouri*, où dans la scène de *Caligula*, elle se révéla aussi *grande* tragédienne qu'Odry, son partner, se montra tragédien *consommé*; & enfin les *Saltimbanques*. Le rôle d'Atala, la *Mangeuse de Cailloux*, fut dans cette période de sa carrière théâtrale ses colonnes d'Hercule. Elle ne put aller au-delà & son jeu se ressentit souvent, dans les pièces qu'elle joua depuis, de la désinvolture de la *Femme sauvage*, l'amie du grand Bilboquet. Il est juste pourtant de reconnaître que, dans quelques créations, elle témoigna encore d'une certaine franchise de verve & d'allure, ou si l'on aime mieux, d'un réalisme bourgeois qui la firent applaudir avec justice dans la *Canaille*, le *Mari d'une Cuisinière*, & quelques autres pièces dont aujourd'hui, sans doute, leurs auteurs sont seuls à se souvenir.

Ce fut la dernière étape de Flore qui, revenue à son berceau, termina sa carrière théâtrale aux Variétés; mais, moins prudente que la fourmi, elle n'avait fait que chanter, & comme la cigale, quand la bise...

l'âge, voulons-nous dire, fut venu, la jeuneſſe, & ce qui en eſt l'apanage, avait diſparu dans le gouffre du temps, & la pauvre Flore mourut de miſère &... d'eau-de-vie, heureuſe encore, dans ſon infortune, d'avoir trouvé un abri auprès de ſon fils, pauvre diable d'ouvrier doreur, chez qui elle eſt morte, dans un galetas de la rue Beautreillis, le 18 mai 1853.

De cette exiſtence accidentée, nous n'avons voulu indiquer que les événements intéreſſant le théâtre & l'actrice. On a publié, en 1845, ſous le titre de *Mémoires de Mlle Flore*, trois volumes qui forment un recueil d'anecdotes & d'aventures plus ou moins exactes, où la fantaiſie joue le rôle principal, mais ne donnant de l'actrice & de ſon talent qu'une idée incomplète & confuſe. C'eſt une ſpéculation de librairie qui n'aurait d'excuſe qu'autant que ſon produit eût été avantageux à celle qui en eſt l'objet, & fût venu en aide, après ſa retraite du théâtre, à ſa triſte poſition.

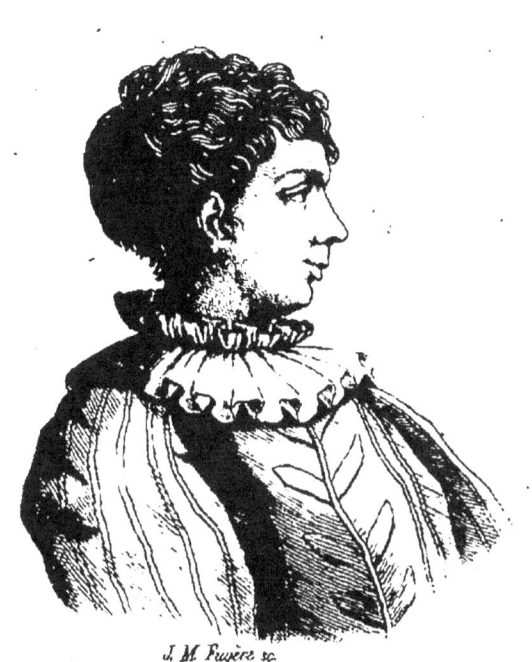

BASNAGE
1790-1821

JEAN-NICOLAS

BASNAGE

1790 — 1821

TOUT petit, il faifait déjà partie de la troupe des jeunes élèves du théâtre Mareux. De là il alla au théâtre d'enfants, établi dans l'enclos de l'ancien couvent des Capucines; on le vit enfuite au théâtre d'élèves de la rue de Thionville; & enfin, à celui des Jeunes-Artiftes, où il refta jufqu'à la fuppreffion de 1807. Il fut alors engagé au théâtre de Verfailles, & ne revint à Paris qu'en 1810 pour entrer à la Gaîté, où, quelques années plus tard, après tant de pérégrinations, il termina par une cataftrophe & fa carrière théâtrale & fa vie.

Extrait des regiftres de la paroiffe Saint-Étienne, à Beauvais : « Le trois feptembre mil fept cent quatre-vingt-dix, a été baptifé par moi, preftre & vicaire fouffigné, de cette paroiffe, *Jean-Nicolas*, né d'avant-hier du mariage légitime de Michel Bafnage, colporteur, & de Marie-Nicole Bonvin, fon époufe, domiciliés en cette ville. »

Né avec une intelligence remarquable, le petit Basnage, à l'âge de dix ans, se signalait par une aptitude extraordinaire pour le théâtre. A cette époque les scènes enfantines étaient fort à la mode, &, partant, très-nombreuses; aussi, toutes les familles nécessiteuses, qui possédaient de petits phénomènes pouvant rapporter vingt-cinq francs par mois à un portier, un cordonnier ou un perruquier, & les débarrasser de la surveillance paternelle, les lançaient sur la scène. C'est ainsi que Basnage, fils d'un pauvre colporteur de province, chargé de famille & presque toujours en voyage, fut remis à un exploiteur du métier qui, pour prix de la pension de l'enfant, se contentait de ses minces appointements. Le petit Basnage, dès son enfance, représentait avec gentillesse les *Gilles* & les *niais* (1). Avec l'âge, la pratique & de bonnes leçons (chacun de ces théâtres avait un professeur-metteur en

---

(1) Il y avait en même temps que lui, à ce théâtre, un nommé *Notaire*, dont le vrai nom était *Deffon*, un de ces enfants précoces, de ces petits prodiges, dont l'intelligence avorte avec l'âge. Celui-ci était très-aimé du public qui fréquentait le théâtre des Jeunes-Artistes. Turbulent, effronté, on crut qu'il deviendrait comédien. Mais la nature lui avait refusé une physionomie sympathique; il était affreusement laid. Aussi ne lui donnait-on à représenter que des *vieux* ou des *caricatures*, malgré ses douze ou quatorze ans. En grandissant sa laideur s'accentua de plus en plus, & son intelligence marcha en sens inverse. En quittant les Jeunes-Artistes, il passa au théâtre Mareux; de là à la porte Saint-Martin, où il ne put se maintenir; ensuite, au Vaudeville, qu'il ne fit que traverser. Il partit alors pour la province; mais partout sa laideur repoussante lui faisait tort, car son talent n'avait plus assez de relief pour la faire supporter.

scène), ses qualités se développèrent, & il devint un comique franc, naturel, plein de chaleur & de vivacité. Voilà ce qu'il était au théâtre de la Gaîté, dont les habitués le goûtaient beaucoup.

Malheureusement pour lui, Basnage avait peu d'ordre. Sa dernière maîtresse avait plusieurs fois déjà payé ses dettes; elle finit par se lasser & refusa de continuer. Il en conçut un grand désespoir, & disparut un jour, après avoir confié à quelqu'un qu'il était décidé à se défaire de la vie dans le bois de Vincennes. Ce propos ayant été rapporté à Marty, alors régisseur de la Gaîté, celui-ci s'empressa de courir au bois & eut le bonheur d'y trouver Basnage, étendu au pied d'un arbre, au moment où, le pistolet à la main, il allait se donner la mort. Il le moralisa, parvint à le calmer, & le ramena chez sa maîtresse. Mais l'heure de la tendresse était passée; le jeu & les infidélités avaient tué chez elle le sentiment de l'amour, & la malheureuse femme irritée lui reprocha imprudemment ses bienfaits & sa inconduite, en présence de témoins, & eut le tort d'ajouter : « Vous n'avez joué « qu'une comédie... Vous, vous tuer? Vous n'avez « pas assez de cœur pour cela!... C'est cependant ce « que vous pourriez faire de mieux. »

Le lendemain, 3 mars 1821, Basnage se rendait à Versailles, s'arrêtait au bord de la pièce d'eau des Suisses, se brûlait la cervelle & tombait dans l'eau où il se noyait.

Après un service religieux, auquel assistèrent la

plupart de fes camarades, il fut inhumé dans le cimetière de cette ville.

Sur fon monument, furmonté d'une croix, on lit:

ICI REPOSE

J.-N. BASNAGE

AGÉ DE TRENTE ET UN ANS

NÉ A BEAUVAIS

EN 1790

MORT, LE 3 MARS 1821

« Sous cette pierre un ami dort en paix.
« De l'amitié fi tu goûtes les charmes,
« A nos regrets, paffant, mêle tes larmes...
« Qui le connut, ne l'oubliera jamais!... »

Infcription quelque peu hyperbolique, dont il faut laiffer la refponfabilité au poète.

Une foufcription, au profit de fa mère, fut ouverte dans les théâtres. Elle produifit une fomme de 2,478 francs, dont le théâtre de la Gaîté avait fourni la meilleure part.

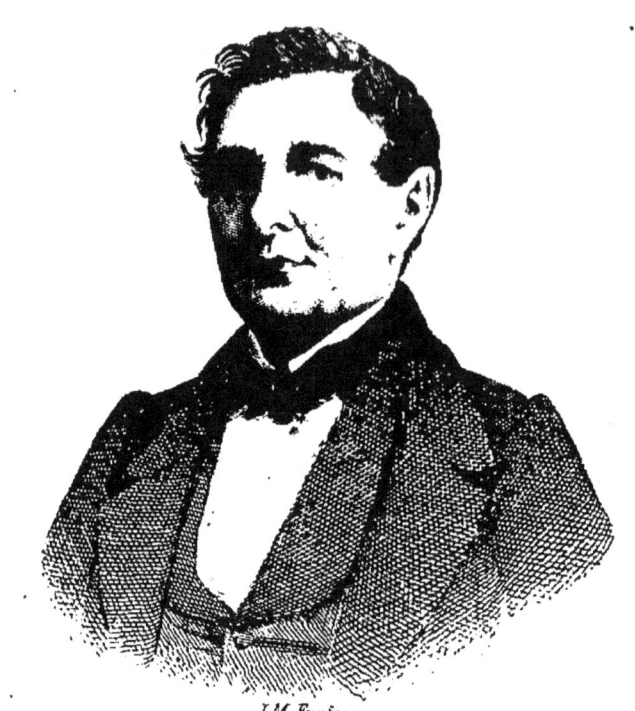

ARNAL
1794-1872

ETIENNE

ARNAL

1794 — 1872

« JE suis tout simplement le fils d'un épicier.
　Mon père, si j'en crois les gens du voisinage,
　Faisait avec ma mère un fort mauvais ménage.
L'un, de l'autre un beau jour voulut prendre congé;
Dans le lot maternel je me vis adjugé. »

Dans ce passage de l'*Epître à Bouffé*, production en prose rimée de maître Arnal, on ne doit voir dans ces mots *Je me vis* qu'une métaphore poétique, puisque ce fut peu de mois seulement après leur mariage, que son père & sa mère se séparèrent. Le premier

---

*Extrait du regiſtre des actes de naiſſance de la commune de Meulan, pour l'an II*ᵉ : « Aujourd'hui, quatorze pluviôse, an deuxième (2 février 1794) de la République française, est né *Etienne*, fils de Joseph Arnal, épicier à Paris, quartier Saint-Etienne-du-Mont, & de Catherine Lesclauze, fille de François Lesclauze, chirurgien à Meulan. »

continua d'habiter Paris ; la jeune épouse retourna à Meulan auprès de sa famille, & c'est là qu'elle mit au monde l'enfant qui, devenu grand garçon, devait plus tard amuser deux ou trois générations de contemporains.

Après avoir reçu à l'école de sa petite ville les premières notions de lecture & d'écriture,

« Un frère ignorantin, vu l'esprit qu'il avait,
En assez peu de temps m'apprit ce qu'il savait ; »

continue, toujours en prose rimée, l'artiste versificateur, il fallut songer à lui donner un état. Son père le prit avec lui & voulut l'initier aux mystères de l'épicerie ; mais peser de la chandelle ou servir de la mélasse, n'était pas l'affaire du jeune homme. Le père Arnal, qui n'était ni l'ordre, ni l'économie en personne, n'ayant pas prospéré dans son commerce, le quitta & devint peintre en bâtiments. Il ne réussit pas mieux dans cette nouvelle industrie, & bientôt le pauvre diable n'eut plus d'autre moyen d'existence que de recourir à l'assistance publique (1). Dans l'intervalle, son fils s'était engagé dans les *Pupilles de la Garde*, en 1812. A la suite de nos désastres, il quitta l'uniforme & entra comme ouvrier brunisseur chez un fabricant de boutons, de la rue Saint-Honoré. Ce nouveau métier n'était pas fort lucratif &, pourtant,

---

(1) Une lettre autographe, en notre possession, confirme ce fait.

dès que le jeune Arnal avait pu à grand peine économiser quelques fous, il les employait à se payer le dimanche une modeste place à l'amphithéâtre des quatrièmes au Théâtre-Français.

Insensiblement, le goût du théâtre s'était éveillé en lui & avait bientôt acquis un développement tel que, non content d'assister de loin à loin à des représentations théâtrales, il éprouva le plus vif désir d'y prendre une part active, & chose étrange !

« Il affectionnait surtout la tragédie... »

S'il faut l'en croire, le démon tragique s'agitait en lui de telle sorte, qu'il ne rêvait plus que chlamyde grecque, toge romaine, poison, poignard, & le plus beau jour de sa vie fut celui où il lui fut donné de remplir sur le théâtre de Doyen le rôle de *Mithridate*. Arnal s'est chargé, dans l'Epître déjà citée, de nous apprendre lui-même l'accueil peu encourageant dont cette tentative fut payée :

« Mon public fut saisi de ce rire homérique
Qui charmait tous les Dieux sur leur montagne antique. »

La pièce avait pris fin, le rideau était baissé, que l'on riait encore. Ce succès de fou rire sur lequel l'apprenti tragédien n'avait pas compté, l'éclaira sur sa véritable vocation &, se consacrant à l'axiome consacré : *Vox populi, vox Dei*, notre tragique fourvoyé dit adieu à jamais à la tragédie & troquant le casque du Roi de Pont contre la perruque rouffe de Jocriffe, il alla fe préfenter à Brunet qui, après l'avoir entendu, lui dit :

« . . . . d'un ton des plus moqueurs,
Vous pourrez, dès demain, débuter... dans les chœurs (1). »

Voilà donc Arnal incorporé dans les chœurs des Variétés, trifte métier, s'il en fut ! mais, par une tolérance inufitée, jouant de temps à autre de petits rôles d'*amoureux*, comme dans les *Bonnes d'Enfants*, où fa face grêlée, fes traits accentués faifaient de lui un féducteur médiocrement féduifant. On ne s'étonnera donc pas de le favoir peu goûté du public d'alors. Après avoir végété, c'eft le mot, à ce théâtre pendant plufieurs années, dans une pofition fecondaire & qui répondait mal à fes afpirations & aux facultés qu'il fentait en lui, il prêta l'oreille aux propofitions qui lui vinrent de la part du Vaudeville, en quête d'un jeune comique. On lui propofait un engagement de deux ans, avec appointements de 1,800 fr. pour la première année & de 2,000 fr. pour la fuivante. Ces propofitions femblèrent à Arnal un pont d'or jeté fur le Pactole, lui, pauvre hère, qui, au boulevard Montmartre gagnait tout au plus 900 fr. !

(1) Il avait confervé un goût très-vif pour la tragédie *claffique*, & une de fes meilleures diftractions était, dans les derniers temps, de réciter des fragments de Corneille & de Racine, dont fa mémoire, reftée excellente, était meublée.

Toute immenfe qu'était fa joie intime du changement heureux & inattendu, furvenu dans fa pofition, (tant il eft vrai que le bonheur eft relatif), il fut la diffimuler & mit à fon acceptation une condition *fine quâ non :* celle d'une paire de bottes neuves dont l'urgence fe faifait fentir ; l'adminiftration du Vaudeville, grande & généreufe, lui en accorda deux. Devant cette munificence peu commune, Arnal s'avoua vaincu, & il appofa fon feing au bas du contrat qui le liait au théâtre de la rue de Chartres. Il y débutait, le 27 avril 1827, dans une pièce nouvelle du directeur-auteur (1), *l'Amour & la Peur*, repréfentée au bénéfice de Minette. L'ouvrage n'était pas bon, on le fiffla & l'accueil fait au nouveau venu s'en reffentit. Avec un meilleur rôle, nul doute qu'il n'eût été plus favorablement accueilli ; mais celui d'Inigo, jeté dans le moule des anciens niais de mélodrames, n'était pas de nature à lui ouvrir la voie qu'il devait parcourir par la fuite avec tant d'éclat. Auffi, foit que cet infuccès l'ait de prime-abord découragé, foit que le théâtre des Variétés tînt à le réintégrer dans fa phalange comique, Arnal tenta de rompre avec le Vaudeville en alléguant que fa bonne foi avait été furprife, lors de l'engagement qu'on lui avait fait contracter : ufant enfin pour fe dégager de tous les arguments plus ou moins fpécieux qu'on veut mettre au fervice d'une mauvaife caufe. Un procès intervint même, que l'acteur perdit, il eft vrai, & qui le força

---

(1) Défaugiers.

à rester au Vaudeville. C'est bien ici le cas ou jamais de donner raison au proverbe *à qui perd gagne*. Une bluette de Varin & Desvergers, *le Malade par circonstance*, en produisant Arnal sous un jour plus favorable, le mit en évidence. A partir de ce jour, les rôles lui arrivèrent à l'envi, écrits spécialement pour lui par les auteurs les plus en renom de l'époque & inaugurèrent la longue série de ses succès. Grâce à son originalité & à son naturel, il ne tarda pas à se placer au premier rang des acteurs comiques, & trouvant dans Lepeintre jeune un compère admirable, il fixa pendant une quinzaine d'années la vogue au théâtre de la rue de Chartres. Parmi le grand nombre de pièces dans lesquelles Arnal figura en première ligne, on distingue particulièrement : *Une Passion*, *Harnali*, spirituelle parodie d'*Hernani*, *Un Bal du grand monde*, *Un de plus*, *le Cabaret de Lustucru*, *les Malheurs d'un joli Garçon*, *le Mari de la Dame de chœurs*, *les Cabinets particuliers* (1), *C'est encore du Bonheur*, *un Monsieur &*

---

(1) Cette pièce, dont la majeure partie se passait dans la salle, donna lieu un soir à un incident comique.

Parmi les spectateurs placés à la première galerie, se trouvait une société de braves bourgeois campagnards, paraissant s'ébaudir aux calembredaines débitées par Arnal, de la place qu'il occupait au balcon. Seule, une bonne femme d'un certain âge, ne semblait pas partager le plaisir de son entourage. Plusieurs fois même elle avait manifesté son ennui, & son impatience se traduisait par des signes non équivoques, lorsque ne pouvant plus y tenir : « Pardine, dit-elle à « haute voix, il faut être bien « bête pour dire de pareilles bê- « tises ! vous auriez mieux fait de « rester chez vous, mon brave « homme. » Les spectateurs qui, pour la plupart, s'étaient retournés à cette apostrophe adressée à l'ac-

une Dame, Riche d'Amour, Pécherel l'Empailleur, l'Humoriste, ce proverbe de Théodore Leclercq, dont il avait fait une pièce si désopilante en y intercalant un monologue de sa façon sur les tribulations d'un billet de faveur : monologue que tout Paris courut

teur, la prenant pour un nouvel épisode de la pièce, se mirent à rire, puis à applaudir bruyamment la campagnarde qui, se voyant le point de mire de la salle entière, ne sut bientôt plus quelle contenance garder. Arnal qui, dans le premier instant, avait été légèrement interloqué, retrouva bientôt son aplomb & s'adressant directement à l'interruptrice : « Ma foi, Madame, « lui dit-il, si vous débutez ce soir « pour la première fois, vous pou- « vez vous flatter d'avoir eu un joli « succès. »

Cette même pièce donna lieu dans une autre circonstance à un nouvel épisode qui ne fut pas moins amusant que celui que nous venons de raconter. Un journaliste de la petite presse, bien connu à cette époque par ses excentricités, plus encore que par son esprit, & il en avait beaucoup, dit un soir à Arnal, à l'issue d'un dîner copieux où le champagne n'avait pas été ménagé, & peu avant l'ouverture du spectacle : « Nous allons faire une bonne « farce, pour peu que vous vou- « liez me seconder. Placé à l'or-

« chestre, comme le premier venu, « je vais, mon cher, lorsque vous « ferez en scène avec le gros Le- « peintre, vous apostropher à haute « voix ; vous me répondrez... des « bêtises ; je vous riposterai dans « le même genre & ainsi de suite. « Cela fera un intermède sur le- « quel le public ne compte pas & « qui ne manquera pas de l'amu- « ser. Nous allons rire ! Cela vous « va-t-il ? — Cela me va, dit Ar- « nal. »

La pièce est commencée ; Charles F..., notre compère improvisé, s'est assis à l'orchestre, après avoir, au préalable, ingurgité quelques nouveaux verres de champagne pour stimuler sa verve, & à peine Arnal est-il entré en scène avec Lepeintre jeune, que voilà qu'il l'interpelle. Mais au lieu de lui renvoyer la balle, ainsi que cela avait été convenu, Arnal s'arrête & regarde le prétendu spectateur payant avec cet air effaré qu'il savait si bien prendre à l'occasion. Son interlocuteur, qu'indispose ce mutisme sur lequel il ne comptait pas, & dont les fumées du champagne troublaient

entendre ; *Un premier Amour*, le *For l'Evêque* (1), & beaucoup d'autres ouvrages encore, dont l'énumération nous conduirait trop loin : nous avons nommé les principaux.

A la suite du sinistre qui détruisit, dans la nuit

quelque peu les idées, ne fait bientôt plus ce qu'il dit & pour le forcer à lui répondre, redouble ses apostrophes à l'acteur qui continue à garder le silence ; & pataugeant de plus en plus, se livre à une telle exhubérance de gestes & de langage, qu'il provoque les murmures & les cris *à la porte*, proférés par le public avec un ensemble merveilleux. Le commissaire de police intervient, engage d'abord paternellement Ch. F..., qu'il connaît bien, à ne plus troubler la représentation... Celui-ci, qui n'a plus sa tête, n'écoute pas le représentant de l'ordre public, montre le poing à Arnal, puis au parterre qui, après avoir commencé par rire, avait fini par se fâcher sérieusement ; & comme toute pièce exige un dénouement, deux gendarmes, *Deus ex machinâ*, sur l'ordre du commissaire, enlevèrent le perturbateur & le conduisirent au poste, où on le laissa réfléchir sur les inconvénients d'introduire des scènes épisodiques dans des ouvrages consacrés par le succès.

Le lendemain, revenu à la raison, Charles F..., fut le premier à rire du méchant tour que lui avait joué Arnal.

(1) Le soir de la première représentation de cette pièce, dans laquelle il obtint un succès étourdissant, ce fut lui qui se présenta pour nommer les auteurs. Le rideau baissé, le public le fit relever, appelant à grands cris l'acteur, désireux de lui payer le tribut d'applaudissements auquel il avait personnellement droit. Arnal se rendit au vœu des spectateurs ; mais à peine le rideau venait-il de retomber pour la deuxième fois, qu'un certain nombre d'enthousiastes voulurent de nouveau voir Arnal & l'applaudir. Celui-ci, après s'être fait un peu prier, reparut & s'avançant humblement vers la rampe & avec un certain air de modestie triomphante : « Ma pa-
« role d'honneur, Messieurs, dit-il
« en s'inclinant, jamais je ne vous
« aurais cru autant de goût. »

On juge des éclats de rire que souleva cette pasquinade. Mais qu'il fallait être sûr de son public pour la risquer !

du 17 au 18 juillet 1838, la falle du Vaudeville, Arnal fit d'abord partie des acteurs qui fuivirent ce malheureux théâtre dans fon inftallation provifoire au boulevard Bonne-Nouvelle, dans un étroit local occupé précédemment par un café-concert. C'eft là qu'il créa *Paffé minuit*, pièce originale dont le fuccès fut éclatant, & le *Plaftron*, qui compte auffi parmi fes meilleurs rôles.

Malheureufement, Arnal ne réuniffait pas en lui

L'accord d'un beau talent & d'un *bon* caractère.

Il était d'une humeur difficile, peu liant avec fes camarades, à l'égard defquels il fe montrait trop autoritaire & qui redoutaient fon contact. Tyrannifant les répétitions, s'irritant des moindres obftacles, fe révoltant à la penfée d'une rivalité, fes rapports avec les diverfes directions qui fe fuccédèrent à ce théâtre de 1840 à 1847, furent des plus pénibles : notamment avec Ancelot qui était devenu *fa bête noire*. Les chofes furent pouffées à un tel caractère d'aigreur, qu'Arnal rompit brufquement, en 1847, avec le théâtre qui lui devait tant de fuccès, il eft vrai, mais auquel lui-même était bien un peu redevable de fa fortune.

Les Variétés & le Gymnafe fe le difputèrent avec acharnement ; il y eut même procès &, en définitive, c'eft au Gymnafe que l'acteur fut adjugé. Mais, difons-le franchement, il n'était pas là fur fon terrain ;

il s'y fentait mal à l'aife, & après un féjour affez court, il quitta ce théâtre & revint au Vaudeville qu'il ne tarda pas à abandonner de nouveau pour les Variétés, où il créa, en 1851, *Une Queue rouge, Un Monfieur qui prend la mouche,* le *Pont caffé;* en 1854, *M. de la Paliffe,* un *Mari qui ronfle;* en 1855, *Le Diable, Le Maffacre d'un Innocent, Les Erreurs du bel Age* (avec Numa), *Monfieur Beauminet, Le Royaume du calembourg.* Puis, tout-à-coup, toujours mécontent de fa pofition, il paffa au théâtre du Palais-Royal où, dans l'efpace de trois ans, il établit fix à fept pièces, dont deux feulement, l'*Affaire de la rue de l'Ourcine* & la *Senfitive,* firent valoir fon talent. L'année 1867 le revit au Gymnafe; l'âge avait alors tempéré l'effervefcence de fon jeu & ne lui avait laiffé que la maturité de l'expérience. On n'a pas oublié la manière remarquable dont il établit le rôle de Barentin dans les *Idées de Mme Aubray,* & le cachet de vérité & de comique qu'il imprima au petit rôle du pharmacien de village dans *Nos bons Villageois,* de Sardou. Cependant, le temps avait marché & l'avait touché de fon aile; les rôles qu'Arnal, parvenu à cette période de fon exiftence, eut déformais à jouer, étaient, felon l'argot des couliffes, des rôles à côté, mais dans lefquels, néanmoins, on reconnaiffait toujours l'excellent comédien, comme dans ceux que nous venons de rappeler.

Nous n'avons parlé & ne le mentionnons que pour mémoire, de fon paffage, en 1865, fur la fcène des

Bouffes-Parifiens (1), qu'il ne fit, pour ainfi dire, que traverfer.

Après être refté deux ou trois ans au Gymnafe, il s'éclipfa tout-à-coup, & de lui il n'était plus queftion, lorfqu'un beau jour on le vit reparaître au Vaudeville, dans le *Petit Voyage*, amufante efquiffe de mœurs de Labiche, où il rempliffait le rôle épifodique d'un garçon d'auberge. En dépit de fon âge avancé & de l'affaibliffement de fes moyens, il montra encore des lueurs de talent. Il joua enfuite dans une autre pièce, le *Choïx d'un Gendre* ; mais ce fut là fon dernier effort. Il difparut & le filence fe fit autour de fon nom jufqu'au jour où l'on reçut la nouvelle de fon décès, arrivé à Genève (2), le 10 décembre 1872, après une maladie d'un mois qui prit vers la fin un caractère grave & l'emporta à l'âge de foixante-dix-huit ans & neuf mois, loin de fon pays, dans l'ifolement le plus abfolu & fans qu'une main amie preffât la fienne au moment fuprême. Mais ce malheureux homme, au caractère atrabilaire, devenu de plus en plus mifanthrope à mefure qu'il fentait les années s'accumuler fur fa tête, cet homme pouvait-il avoir des amis (3)?

(1) Il y joua *Paffé minuit*, mis en opérette, & *Roland à Rongeveau*, parodie de Roland à Roncevaux.

(2) Il habitait cette ville depuis le 16 feptembre 1871.

(3) Son décès n'a pas eu lieu dans un hôpital, ainfi qu'on l'a prétendu à tort, mais dans la maifon Domenjoz où il avait pris penfion & occupait une chambre ayant vue fur le quai, le port & le lac. Afin de fe fouftraire aux embarras qui en auraient été la conféquence forcée, on fit tranfporter

Il n'est pas mort de la pierre ainsi qu'on l'a dit à tort, mais d'un ramollissement cérébral & de sénilité. Il s'affaiblissait de jour en jour & tombait dans une sorte d'enfance. L'obscurité lui faisait peur & il lui fallait tous les soirs une grande illumination de lampes le corps à la morgue de l'hôpital cantonal, & le surlendemain, 12 décembre, on l'enterra dans le cimetière catholique du Lazaret. C'est le département de la justice & de la police qui subvint aux frais de l'inhumation qui s'élevèrent au chiffre dérisoire de... 31 fr. 50.

Une correspondance engagée avec quelques artistes de Paris, pour les inviter à s'intéresser à la mémoire d'un ancien camarade, est restée sans résultat.

Quel affligeant contraste offre cet abandon avec les triomphes retentissants de sa vie d'artiste !

Cette tombe devant laquelle personne n'était venu prier, sur laquelle, pas un souvenir, pas une simple fleur, n'avait été déposée, un homme de cœur (*) ayant appris qu'Arnal reposait à peu de distance de sa demeure, courut la chercher au cimetière : « Arrivé
« là, écrit-il, je me fis montrer sa
« tombe & je vis avec un serrement
« de cœur, un simple talus de
« terre, sans un brin d'herbe,
« avec un petit bâton fiché au mi-
« lieu & portant le numéro 1172,
« si je me rappelle bien. Sur cette
« pauvre sépulture, j'aurais cer-
« tainement fait poser une pierre
« qui recommandât au moins aux
« passants le nom de l'homme
« plein de talent qui m'avait si sou-
« vent réjoui & que je ne connais-
« sais pas autrement. Je fis marché
« avec le sculpteur du voisinage
« & je fus informé par le concierge
« que pour exécuter mon projet,
« il me fallait aller à l'Hôtel-de-
« Ville remplir certaines formali-
« tés... Dans les démarches que
« j'eus à faire, je pus constater
« qu'Arnal était mort à l'hôpital
« par suite d'un mauvais procédé
« de son hôtesse (**) & non par
« pauvreté... J'abandonnai donc
« mes vastes desseins & je n'en fais
« pas davantage, si ce n'est que
« les livres, papiers, que le défunt
« possédait, ont été vendus aux en-
« chères & achetés par l'amateur le
« plus distingué de Genève, M. A. »

(*) M. Henri Bordier, bibliothécaire honoraire du département des manuscrits de la Bibliothèque nationale.

(**) En cela, M. H. Bordier a été mis en erreur.

& de bougies qui brûlaient toute la nuit, même pendant son sommeil.

Il n'a été malade que vingt & un jours, ne se plaignant jamais, & s'est éteint petit à petit.

Arnal, dans le cours de sa longue carrière, avait gagné beaucoup d'argent; mais il le dépensait avec la même facilité, & à l'approche de la vieillesse, il ne lui restait, de son opulence passée, que quelques bribes qu'il mit en viager, suffisantes, toutefois, pour lui assurer des moyens d'existence. Il n'avait conservé que la propriété d'un châlet qu'il avait fait construire près de Brientz, dans le canton de Berne, & où il avait eu l'intention d'aller finir ses jours. Mais il changea de résolution & se décida à le vendre pour placer le capital à fonds perdus. Par malheur, il ne devait toucher les premiers arrérages que le 1er janvier 1873, & une des clauses de la police d'assurance stipulait, qu'en cas de prédécès, rien ne serait payé à la succession. Le pauvre artiste étant mort trois semaines avant l'échéance, il n'est donc point étonnant que l'on n'ait pu constater, après lui, qu'un actif de 400 fr. à peine.

On a souvent reproché à ce comédien d'être toujours le même. Ce reproche, si tant est qu'il ait été fondé, nous serions tenté de le considérer moins comme un blâme que comme un éloge. Simple & naturel dans ses allures, car ce fut là un de ses grands mérites, il arrivait aux effets les plus comiques sans grimaces, sans efforts : « il n'y avait dans son débit, » ainsi qu'on l'a dit avec justice dans une étude impartiale de son talent, « il n'y avait rien de cette routine traditionnelle « au théâtre qui fait ressembler les acteurs vulgaires « à des marionnettes monotones... Il parlait, agissait, « comme l'on agit & l'on parle dans le cours de la vie ; « il savait le secret de passer sur les choses équivoques « un vernis de convenance qui les rendait acceptables « à tous. Il était toujours plaisant, jamais grossier. »

Quant à cette spontanéité comique qu'on admirait en lui & qui ravissait d'aise son auditoire, elle était chez Arnal plus apparente que réelle. Maintes fois, nous lui avons entendu dire que jamais il n'avait risqué un mot, une plaisanterie un peu vive qu'il ne l'eût longtemps méditée & préparée. Son rire, son audace aristophanesque, ses improvisations fines & hardies, ses exclamations, tout enfin, jusqu'à un simple *ah!* étaient presque toujours le résultat de l'étude & de la réflexion. Le naturel exquis du comédien, en dissimulant son travail, en assurait le succès (1).

---

(1) Nous lisons dans le *Figaro* une anecdote qui vient à l'appui de notre dire.

« ...Un jour qu'Arnal se trouvait chez Duvert, une des personnes présentes lui demanda s'il savait à quel point sa diction agissait sur le public ?

— « Je le sais, répondit l'artiste, parce que j'ai voulu m'en rendre compte, & voici comment je m'y suis pris : un jour un camarade qui était en scène avec moi, avait à me dire : Vous irez d'abord rue de Richelieu, n° 11 ; puis, Chaussée-d'Antin, n° 27 ; c'est très-important, retenez-bien ! au n° 27. Et il sortait.

« Alors je répétai selon mon rôle : je dois aller d'abord rue de Richelieu n° 11 ; puis, Chaussée-d'Antin, n°...

« A cet endroit, je cherchais, je me frappais le front de l'air

Maintenant, fi nous envifageons l'homme privé, cette gaîté fi originale, fi fpirituelle, cette verve entraînante qui avait le don d'exciter l'hilarité du public, n'était plus qu'un mafque qu'il dépofait en rentrant dans la couliffe, & il redevenait ce qu'il était en réalité : c'eft à dire peu bienveillant pour fes camarades, & comme l'a dit quelque part Eugène Briffaut, « il « faifait parade d'une extrême vanité qui donnait à « fes relations habituelles une certaine âpreté qui te-« nait de la hauteur (1). »

On concevra facilement, d'après ce tableau, qu'il fût peu aimé des hommes avec lefquels il fe trouvait en contact. Il paraît qu'il n'en était pas de même des femmes, qui femblaient profeffer pour lui une efpèce de culte; & aux beaux jours de fa jeuneffe & de fes fuccès, pas une foirée peut-être ne s'écoulait fans que le Cerbère, prépofé à l'entrée des artiftes, ne vînt lui apporter au foyer trois ou quatre bouquets, plus ou

« d'un homme qui a oublié le « numéro, & je me répétais : « Chauffée-d'Antin, n°...
« 27, me cria un fpectateur.
« — Merci ! répondis-je. J'avoue « que ce foir-là je fus content de « moi. »

(1) Il arrivait parfois que fes qualités d'excellent comédien difparaiffaient devant une contrariété, née d'une circonftance fortuite, ou d'une manie, car il en avait de fingulières. Ainfi, un foir, au moment où il devait entrer en fcène, dans la pièce du *Sergent Mathieu*, repréfentée en 1841, ne trouvant pas le bâton dont il avait coutume de fe fervir, cette contrariété influa fur fon humeur, au point qu'il fe refufait à entrer en fcène & que fon jeu s'en reffentit de manière à compromettre le fort de l'ouvrage. Auffi, depuis cette foirée, quand on le voyait plus mauffade qu'à l'ordinaire, fes camarades difaient : « Arnal a perdu fon bâton. »

moins emblématiques, accompagnés de billets myſtérieux. Doux preſtige du talent! car, certes, le héros de tant d'aventures galantes était loin d'être un Apollon.

Malgré les années, il n'avait pas ceſſé de profeſſer pour la plus belle moitié du genre humain un culte fervent, mais, ajoute-t-on, purement honorifique.

Arnal avait été marié au début de ſa carrière théâtrale (1), mais la méſintelligence n'avait pas tardé à s'introduire dans ſon intérieur. Une fille naquit de cette union & mourut jeune.

Eſt-ce pour ſe conſoler de cette perte qui lui fut, en effet, très-ſenſible, qu'il ramena de Birmingham, du conſentement de ſa famille, une jeune Anglaiſe, qu'il prit d'abord à ſon ſervice comme gouvernante, & qu'il adopta enſuite pour remplacer l'enfant qu'il avait perdue?

Cette jeune Anglaiſe, au bout de pluſieurs années, mourut chez lui, à Paris, le 20 octobre 1868.

Arnal, qui avait reçu de la nature une grande doſe d'intelligence & beaucoup d'eſprit naturel, a publié, indépendamment de l'*Epître à Bouffé*, à laquelle nous avons emprunté pluſieurs citations, un recueil de vers intitulé : *Boutades*, dans lequel ſe trouvent quelques épigrammes dirigées contre Ancelot & qui ont diſparu de la ſeconde édition. En compenſation, celle-ci contient une diatribe en vers, accompagnée de notes,

---

(1) Il avait épouſé, le 21 juillet 1821, *Adèle-Victoire Dufloſt*, âgée de 20 ans, fille d'Antoine-Léonard Dufloſt, perruquier du théâtre du Vaudeville. Elle eſt morte à Paris, le 5 avril 1848.

la plupart affez mordantes, à l'adreffe de Jules Janin qui avait eu le tort de lui appliquer dans un de fes feuilletons l'épithète de *Vieux* (1).

L'amour-propre offenfé ne pardonne jamais.

Si notre artifte ne fut pas poète dans la rigoureufe acception du mot, il en avait, au moins, toute l'irritabilité.

Ce qui furprendra davantage c'eft de favoir Arnal théologien.

En 1829, à propos d'un procès en féparation, intenté par un fieur Godard contre fon époufe qui l'avait quitté pour aller jouer la comédie chez les frères Sevefte, fous le pfeudonyme de Mme Herfort (2), un monfieur Boudet, alors procureur du roi, avait cru, dans fon réquifitoire, devoir infliger aux comédiens le nom d'*hiftrions* & proférer contre leur proffeffion des épithètes flétriffantes. La corporation entière s'émut de cet anathème lancé contre elle; des articles de controverfe fort favants & appuyés de nombreufes citations extraites des Pères de l'Eglife & des conciles, par Dor-

---

(1) Au premier jour de l'an qui fuivit &, fa rancune perfiftant, il dépofa à la porte de J. Janin, fa carte, fur laquelle, à la fuite de fon nom, il avait ajouté : *Un vieux de la Vieille à fon ancien*.

(2) Après avoir commencé à la banlieue, cette actrice, autour de laquelle il fe fit à cette époque, plus de bruit qu'elle n'en valait la peine, appartint pendant quelques années au théâtre des Variétés, où fon aplomb, pour ne pas dire fon effronterie, lui tenait lieu de talent.

meuil (1), alors acteur & régisseur du Gymnase, parurent dans un nouveau journal (2). Arnal se mêla à cette polémique fort violente & publia dans les numéros du 26 avril, du 7 & du 28 mai, des articles traitant cette question brûlante, dans lesquels il déployait un luxe de science historique, voire même théologique qu'on ne devait guère attendre de la part du jeune comique du Vaudeville.

Il inféra également dans le numéro du 12 avril de ce même journal, une chanson qu'il n'a pas reproduite dans ses *Boutades* & qui, par cela même, est devenue assez rare.

Cette chanson, sur l'air : *hé, gai, gai, mon officier*, est intitulé : *Vive le Théâtre*. En voici quelques couplets :

> Hé gai, gai, je ferai toujours
> . Du théâtre
> Idolâtre ;
> Hé gai, gai, ce sont mes amours,
> J'y consacre mes jours.
>
> Jouant par préférence
> Les sots & les niais,

(1) Jean-Jacques Contat-Desfontaines, né à Paris. Il avait fait d'excellentes études. Il fut nommé juge au tribunal de commerce & rendit plus d'une fois sur les matières théâtrales des sentences consulaires fort appréciées.

Lorsqu'en 1831, s'ouvrit le théâtre du Palais-Royal, Dormeuil fut mis à la tête de cette entreprise. On sait avec quelle habileté il la dirigea & la vogue qu'il lui donna.

(2) Le *Journal des Comédiens*, le premier numéro date du 1er avril 1829.

  Mes modèles, je pense,
  Ne manqueront jamais.
Hé gai, &c.

  Souvent je me marie ;
  Ma femme est un démon.
  Quand la pièce est finie,
  Je redeviens garçon.
Hé gai, &c.

  S'agit-il de souscrire
  Pour des infortunés ?
  Vite, l'on voit s'inscrire
  Tous ces acteurs damnés.
Hé gai, &c.

  Dans sa fureur extrême,
  Qu'un sot intolérant
  Nous lance l'anathème,
  J'y réponds en chantant.

Hé gai, gai, je ferai toujours
   Du théâtre
   Idolâtre ;
Hé gai, gai, ce sont mes amours,
  J'y consacre mes jours.

JEAN-BAPTISTE-EMMANUEL MARIÉ

dit LEGRAND

1796 — 1836

AINSI qu'Arnal & Bouffé, il quitta l'établi pour.entrer choriste aux Variétés, où longtemps il végéta dans une position subalterne. Pendant plusieurs années, resté simple *bouche-trou*, il parvint à grand'peine à attraper au passage quelques bribes de rôles, dans lesquels se développa son intelligence, & qui, ayant attiré sur lui l'attention, le hasard aidant, le firent enfin sortir de la foule. Un certain jour qu'une indisposition subite de Potier mettait la direction dans un grand embarras, Legrand

---

Extrait des actes civils du Xe arrondissement : « Du dix fructidor an IV (27 août 1796), acte de naissance de *Jean-Baptiste-Emmanuel*, né d'hyer à une heure du matin, rue de Buffy, n° 383, fils d'Athanase Marié, serrurier, & de Marie-Victoire Herbert, non mariés. »

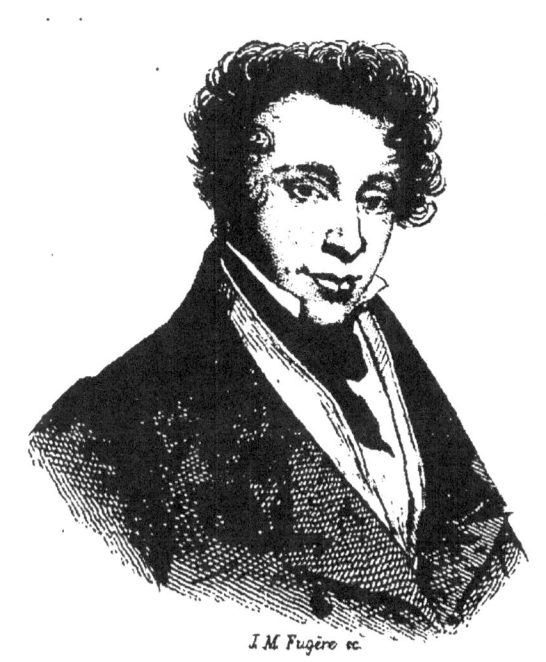

LEGRAND
1796-1836

s'offrit timidement pour remplacer l'acteur en vogue. Après avoir réuſſi dans *Pommadin* (1), l'indiſpoſition continuant, il oſa ſe riſquer dans *Werther* (2), où Potier avait eu un ſi grand ſuccès. Son remplaçant improviſé n'eut pas à regretter ce qu'on pouvait regarder comme un acte de témérité.

Un de ſes mérites fut de ne pas ſe calquer ſur Potier, quoique ce grand comédien, ainſi que Brunet & Vernet, lui ſervît de modèle ; ſon jeu tenait plutôt de la manière de Perlet, c'eſt-à-dire qu'il était froid & cauſtique.

Il quitta les Variétés pour le Gymnaſe-Dramatique, aſſez récemment fondé, où il débuta le 1er mai 1824, dans une pièce nouvelle, compoſée pour lui & due à l'aſſociation de Scribe, Carmouche & Saintine, au ſuccès de laquelle il contribua. Le 6 juillet, il continua ſes débuts par le *Sourd*, dans lequel il fit beaucoup rire, tout en jouant le rôle tout autrement

---

(1) Ou l'*Intrigue de Carrefour*, vaudeville en un acte, de Martainville repréſenté pour la première fois ſur le théâtre de la Montanſier, le 9 floréal, an X (28 mai 1802).

(2) Dans cette même pièce, le rôle de Charlotte était joué par une actrice dont la corpulence formait un contraſte des plus comiques avec la taille efflanquée de Potier-Werther. C'était Mme Vautrin. Partie du théâtre des Jeunes-Artiſtes pour entrer aux Variétés, cette actrice avait pris, quoique jeune encore, un embonpoint groteſque qui lui valut un grand ſuccès dans la pièce en queſtion, mais qui la relégua forcément dans des rôles effacés & l'obligea, avant que l'âge ne lui en fît une loi, à quitter la ſcène. Elle avait quelque talent dans le genre grivois & une figure ſpirituelle qu'illuminaient deux beaux yeux fort doux. Elle était née à Paris & y eſt morte le 2 mars 1840, à l'âge de 67 ans.

qu'Arnal, qui y était excellent. N'ayant plus, à ce nouveau théâtre, de rivalité à craindre, Legrand se livra davantage & ne tarda pas à se faire une notoriété très-remarquée dans plusieurs créations originales, notamment la *Quarantaine, Jeune & Vieille*, les *Manteaux, Avant, Pendant & Après*, & plusieurs autres pièces du répertoire de Scribe.

La notoriété qu'il avait acquise dans son emploi ramena sur Legrand l'attention de la direction du théâtre des Variétés, qui venait de perdre Potier. On lui fit faire des propositions avantageuses ; mais un engagement le liait au Gymnase. Cet acteur feignit d'abord d'être malade & d'avoir besoin de repos. Il échoua auprès de M. Poirson, qui ne consentit pas à son départ. Il eut ensuite recours à un affaiblissement de sa mémoire qui, prétendait-il, ne lui permettait plus de créer un rôle important &, pour plus de vraisemblance, il resta court en scène plus d'une fois ; M. Poirson tomba cette fois dans le panneau & lui rendit sa liberté ; mais il ne tarda pas à apprendre qu'il avait été dupé & que depuis un mois Legrand était engagé aux Variétés.

Sylvestre qui, à la même époque, occupait à ce dernier théâtre, & non sans talent, l'emploi qu'y venait prendre Legrand, contracta avec le Gymnase, où il l'alla remplacer, & il s'acquitta de sa tâche de manière à ne pas faire regretter son camarade, soit dans ses anciens rôles, soit dans les nouveaux dont il fut chargé.

Rentré, en 1832, au théâtre du Boulevard-Montmartre, Legrand fut chargé de quelques rôles nouveaux, entre autres dans la *Prima donna*, à côté de Jenny-Colon. Le séjour qu'il y fit fut de peu de durée. Une affreuse maladie, dont les ravages se portèrent sur son visage, lui enleva entièrement le nez. Forcé de renoncer à son état, le malheureux Legrand se trouva trop heureux, dans son infortune, d'être recueilli par un ancien camarade du Gymnase (1), plus favorisé que lui des dons de la fortune, & qui, dans son habitation de Bouffémont, l'entoura de soins affectueux & désintéressés qui, du moins, adoucirent la tristesse de ses derniers moments.

Il est mort le 3 septembre 1836.

(1) M. Juge, dit *Préval*, qu'une passion malheureuse pour la comédie avait poussé au théâtre, où il passa inaperçu.

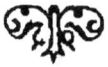

JACQUES-ANTOINE-FRANÇOIS HUTIN

FRANCISQUE AINÉ

1796 — 1842

FRANÇOIS Hutin, connu au théâtre fous le nom de *Francifque ainé*, était le fils d'un ouvrier cartonnier de la rue Saint-Maur, au faubourg du Temple. Bien jeune encore, & obligé de partir pour l'armée, il fut d'abord incorporé dans un régiment dont le dépôt était à Paris. Il alla enfuite, avec le grade de fous-officier, rejoindre la Grande-Armée en Allemagne, & prit part aux dernières luttes de l'Empire aux abois. Deux fois bleffé

Extrait du regiftre des naiffances du VIe arrondiffement: « Du fix frimaire an cinq (vingt-fix novembre 1796), acte de naiffance de *Jacques-Antoine-François*, né le jour d'hier, fils de François Hutin, ouvrier cartonnier, & de Charlotte Chaffignet, non mariés, demeurant rue de Beaujolais, n° 12, divifion du Temple. »

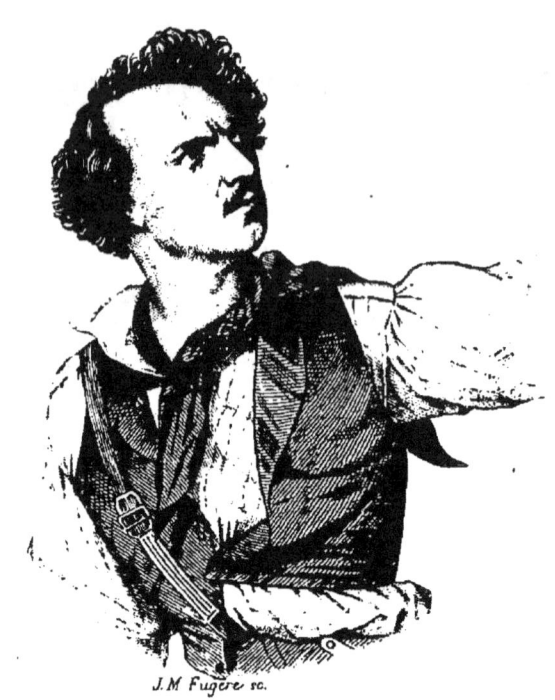

FRANCISQUE AINÉ
1796-1842

Im Fugère Lun

assez grièvement sur le champ de bataille, il rentra en France après avoir été réformé.

On était en 1816. Le jeune soldat n'avait pas d'état & la vie militaire, avec ses hasards & sa liberté d'occasion, ne l'avait pas préparé à en choisir un. Inoccupé la plus grande partie de la journée, il passait son temps à flâner le long des boulevards, s'arrêtant devant les barraques de saltimbanques dont ils étaient émaillés, &, le soir venu, quémandant une contre-marque à la sortie des entr'actes, il allait, grâce à la complaisance d'un spectateur blasé, applaudir Tautin ou Fresnoy. C'est ainsi que lui vint, peu-à-peu, le goût du théâtre. Bientôt il ne se contenta plus d'applaudir les acteurs; il n'eut qu'un désir, une idée fixe, celle de le devenir lui-même. S'étant faufilé dans un bouis-bouis situé à la Courtille, au fond d'un café bien connu, à cette époque, des naturels de l'endroit, il se chargea un soir, à l'improviste, de remplacer, dans l'*Enrôlement supposé*, un artiste qui manquait. Il avait emmené avec lui son frère Francisque jeune, âgé de huit ans, & l'avait placé à une table, en lui recommandant de bien l'applaudir & lui promettant de la bière & des échaudés s'il s'acquittait bien de sa tâche de claqueur improvisé, mission à laquelle le petit frère n'eut garde de faillir. Un peu avant la fin du spectacle, Francisque aîné voulut payer la bienvenue à ses nouveaux camarades; mais, *sans être au service de l'Autriche*, le militaire n'est pas riche; il eut beau tourner & retourner ses goussets, les toiles se touchaient, & il en aurait été pour fes avances de politeffe, fi les anneaux en or appendus aux oreilles de fon jeune frère endormi, ne lui avaient paru une reffource tombée du ciel. Il les détacha doucement, courut les vendre pendant qu'on jouait la dernière pièce &, dans fa joie, revint promptement commander un feftin de Balthazar.

Le lendemain, fans demander à fon père un confentement qu'il ne lui aurait pas refufé, il partait avec une troupe ambulante, en commençant par troquer fon nom de François, trop vulgaire à fon idée, contre celui de *Francifque*. De retour à Paris, après une affez longue abfence, il débuta, au théâtre du Mont-Parnaffe, où, tout médiocre acteur qu'on le jugeât, il fut engagé pour jouer les rôles & les emplois des acteurs les plus célèbres de la capitale &, fuivant les exigences du répertoire, faire frémir ou pleurer tour-à-tour, & fouvent dans la même foirée, les habitants des quartiers de la banlieue les plus oppofés entre eux.

Après avoir, pour nous fervir de l'expreffion pittorefque d'alors, ramé pendant quelque temps fur les galères Sévefte, Francifque aîné obtint de débuter, le 10 mars 1821, fur la fcène du Gymnafe-Dramatique, dans *Caroline*, vaudeville de Scribe & Méniffier, par le rôle de Léon ; mais s'il avait l'âge convenable aux rôles d'amoureux, le jeune artifte était loin d'en poffeder la tenue élégante & diftinguée.

Heureufement pour lui, un nouveau théâtre allait

s'ouvrir au boulevard du Temple, fous le titre, un peu ambitieux & affez mal juftifié, de *Panorama-Drama-tique*. Francifque y fut engagé dès l'ouverture, qui eut lieu le 14 avril 1821. Le public du boulevard du Temple, moins exigeant que celui du boulevard Bonne-Nouvelle, accepta le débutant qui, aux rôles d'amoureux dans le vaudeville, joignit ceux de *premier rôle* dans les mélodrames. On lui reconnut de l'intelligence, une certaine chaleur qui, bien que non réglée encore par l'habitude de la fcène, ne manquait pas d'effet, & l'on paffa facilement fur les manières tant foit peu cavalières de l'amoureux qui enlevait un cœur, au dénouement, avec le fans-façon d'un huffard en bonne fortune. Francifque était, d'ailleurs, un affez beau garçon, folidement bâti, à la phyfionomie expreffive, à la chevelure bien fournie, & dont l'organe vigoureux, quoique légèrement voilé, menait à bonne fin & fans broncher, les rôles les plus *corfés* du mélodrame.

Ces qualités de force & l'énergie de fon jeu appelèrent l'attention des directeurs de la Gaîté ; en bons voifins, ils attirèrent chez eux Francifque & fon camarade Camiade, qui partageait avec lui l'emploi des jeunes-premiers de mélodrame & de vaudeville (1),

(1) Théodore Camiade, qui, ainfi que Francifque, avait fait partie du théâtre du Panorama-Dramatique, à fon origine, continua, ainfi que lui, à jouer à la Gaîté jufques vers 1830, le même emploi. Grand & vigoureufement bâti, il était bien vu de la partie féminine de ce théâtre. Il jouait convenablement, fans avoir cependant le relief de

pour remplacer Grévin. Pendant quelques années, Francifque n'eut pas une feule occafion de fe diftinguer ; ce n'eft qu'en 1825, que le rôle de Guftave (1), dans le mélodrame de ce nom, le fit remarquer. Le *Rôdeur* (2), drame emprunté aux *Deux Apprentis*, roman de Merville, où il créa un rôle d'ouvrier entraîné au crime par la débauche & la pareffe, avec un certain talent de vérité & d'obfervation, conftata chez cet acteur un progrès fenfible. Dans *Poulailler*, chargé du rôle principal, celui d'un bandit fameux du dernier fiècle, il parodiait affez plaifamment le jeu de Frédérick Lemaître dans *Cartouche*, que l'on repréfentait au théâtre voifin. Le rôle de Defrues révéla chez Francifque un talent de compofition qui attira fur lui l'attention du public & des auteurs. Il mérita bientôt le furnom de *Frédérick de la Gaîté*, par la verve réalifte avec laquelle il créait un perfonnage cynique de viveur, dans le *Fils de Louifon*, mélodrame de Benjamin Antier & d'Alexis Decomberouffe, repréfenté le 19 décembre 1828.

A fon retour d'un voyage clandeftin à Londres, nous le retrouvons à l'Ambigu-Comique, où il venait

fon camarade. Après avoir difparu de la fcène pendant quelques années, on le revit au théâtre du Vaudeville, jouant des rôles acceffoires & infignifiants. Devenu régiffeur de ce théâtre, il fe borna à ces modeftes mais utiles fonctions.

(1) *Guftave* ou le *Napolitain*, par Benjamin Antier, Anicet Bourgeois & Laroche, repréfenté le 4 octobre 1825.

(2) Le *Rôdeur*, par Léopold (Chandezon) & Antoni B*** (Béraud), repréfenté le 2 août 1827.

occuper la place que Frédérick & Beauvallet avaient successivement quittée. Pendant trois années, il remplit tous les premiers rôles des mélodrames joués à ce théâtre. Dans ce répertoire, composé en grande partie de pièces plus ou moins historiques, selon la mode du jour, Francisque crée *Napoléon*, *Robespierre*, *Benjamin Constant*, *Murat*, *Louis XIV*, *Paul Ier*, *Ibrahim*, le *Savetier de Toulouse* & le *Juif errant*, sans préjudice d'autres personnages romanesques ou héroïques, dans *Han d'Islande*, le *Dominicain*, la *Réputation d'une femme*, le *Doigt de Dieu* & l'*Honneur dans le crime*. Enfin, il fait applaudir, dans les *Six degrés du crime*, cette énergie violente qui jadis avait assuré le succès du *Fils de Louison*.

Le 14 août 1834, il s'engagea avec les Variétés, où il débuta dans le *Curé de Champaubert*, vaudeville en deux actes, de Maillan & Achille d'Artois. Il n'y était pas à sa place & se hâta de revenir au boulevard du Temple, qu'il ne devait plus quitter (1). Parmi les rôles principaux qu'il créa de 1838 à 1842, nous devons signaler ceux du *Sonneur de Saint-Paul*, du colonel, dans les *Prussiens en Lorraine*, d'André, dans l'*Eclat de rire*, & de Chenu, dans la *Dot de Suzette*, rôles de caractères opposés d'allures & d'accent, qui fournirent la preuve d'un talent devenu, par l'expérience, plus

---

(1) Ses appointements étaient de 4,000 fr. (somme qui paraîtrait aujourd'hui dérisoire), 6 fr. de feux par chaque pièce en 3 actes, 9 fr. quand ce nombre était dépassé. C'était fort joli pour l'époque ; mais les créanciers de Francisque aîné étaient si nombreux !

souple & plus varié. Son jeu paſſionné & ſouvent d'une énergie brutale, s'était modifié, & ſans rien perdre de ſes élans fougueux, était devenu plus ſôbre & mieux nuancé. Son dernier rôle, celui de Chenu, notamment, qu'il avait compoſé avec une grande habileté & une ſcience de détail remarquable, lui fit honneur. Ce fut ſa dernière création, le 19 mars 1842.

Quelques mois après, la maladie l'éloignait de la ſcène, & il terminait ſes jours, le 28 juin 1842, à Ménilmontant, dans la maiſon qu'avaient occupée les Saints-Simoniens dix ans auparavant.

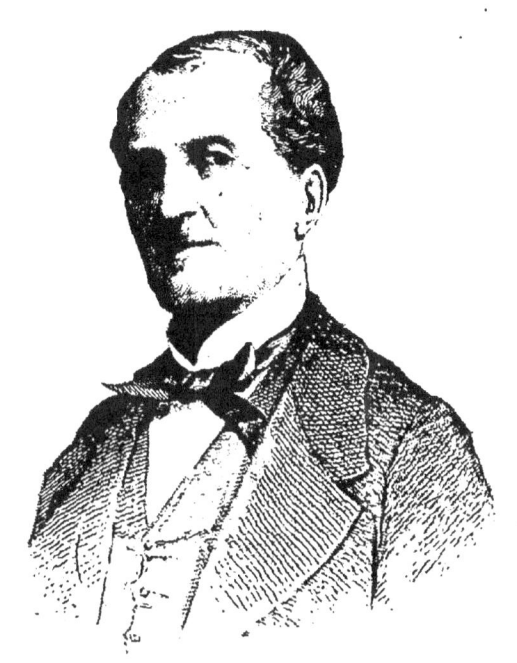
J. M. Fugère sc.

LAFONT
1797-1873

PIERRE-CHÉRI

LAFONT

1797 — 1873

IL était le fils aîné d'un huissier de Bordeaux, qui le destinait à la profession de chirurgien de marine. A l'âge de vingt ans, le jeune Lafont avait déjà fait trois voyages de long cours en qualité d'aide-chirurgien (1). Une carrière honorable

---

Extrait des actes de la municipalité de Bordeaux, pour l'an V : « Le vingt-sept floréal, an V de la République (16 mai 1797), il a été présenté devant nous, officier public soussigné, faisant les fonctions de maire, un enfant du sexe masculin, né dans la ville de Bordeaux, le quinze mai, du mariage de François Lafont, huissier, & de Marguerite Parthaix, auquel il a donné les noms de *Pierre-Chéri.* »

(1) Marine royale. Port de Bordeaux.

« Le commissaire de l'inscription maritime de Bordeaux certifie que Monsieur Lafont (Pierre), né à Bordeaux le 16 mai 1797, a navigué, savoir : — Chirurgien, sur le navire *l'Héroïne,*

semblait donc s'ouvrir devant lui, lorsque, soudain, quittant l'uniforme & la lancette, il partit pour Paris avec l'intention d'étudier le chant & de se mettre au théâtre.

Quel fut le véritable motif de ce brusque changement? Faut-il, suivant une expression consacrée, chercher là-dessous la femme? Pourquoi pas? Dans la fleur de sa jeunesse, doué d'une figure charmante & distinguée, d'une tournure élégante & d'une voix agréable, ses succès auprès du beau sexe donnèrent-ils à penser au disciple d'Esculape que sa vocation l'appelait à un rôle plus brillant sur une autre scène? Toujours est-il, qu'arrivé à Paris, il prit des leçons de chant au Conservatoire. Il se préparait à débuter à l'Opéra-Comique, lorsque Désaugiers, alors directeur du Vaudeville, l'ayant vu jouer dans une représentation chez Doyen, l'engagea pour remplacer Gonthier, que venait de lui enlever le nouveau théâtre du Gymnase-Dramatique. Lafont débuta à la rue de Chartres, le 12 mai 1821, dans le rôle de Frédéric de la *Somnambule*. Ses premiers pas sur la scène furent heureux, malgré son inexpérience & en dépit d'un zézayement assez prononcé, qu'il parvint à atténuer par la suite, mais qu'il n'arriva jamais à faire disparaître complètement. Disons cependant que, s'il constituait un défaut au point de vue de la diction, ce léger vice de prononciation n'était pas précisément

« capitaine Sustrac, du 2 février
« 1818 au 11 octobre 1819
« (voyage de Bourbon). Vingt
« mois & dix jours de navigation. — Bordeaux, 7 mars
« 1820. »

défagréable. Un tort plus grave, parce qu'il dépendait entièrement de lui de ne pas fe le donner, c'était fa déteftable habitude de laiffer errer avec trop de complaifance fes regards dans les loges de la falle, où il femblait chercher fes nombreufes admiratrices. Il s'en corrigea à la longue, avec l'âge & l'expérience ; & comme, en définitive, les qualités chez lui l'emportaient même alors fur les défauts, il devint bientôt l'*amoureux* obligé de toutes les pièces nouvelles, & ne tarda pas à effacer le glacial Ifambert (1), fon chef d'emploi. Parmi les pièces nombreufes où Lafont créa des rôles, de 1822 à 1827, nous citerons : *Léonide, Kettly, les Deux Coufins, la Mère au bal, le Mari par intérim, la Fiancée de Berlin, la Laitière de Montfermeil,* &c. Les

---

(1) Cet acteur a été attaché pendant quinze années au théâtre du Vaudeville. Avant de lui appartenir, il avait débuté, en mai 1809, à Feydeau, fans fuccès.

C'était un homme de taille moyenne, les membres un peu forts, d'une figure agréable & poffédant une voix charmante, qu'il conduifait avec un goût parfait. Il tenait l'emploi des *amoureux* férieux & il les jouait trop au pied de la lettre ; la paffion échevelée ne lui allait pas, non plus que l'étourderie ; auffi fon jeu était-il entaché de froideur ? Toujours bien tenu, d'ailleurs, & d'une diftinction remarquable, malgré fa perfonne peu ariftocratique. Il n'éprouva jamais les rigueurs du public & obtint quelquefois des applaudiffements mérités.

Après fa retraite du théâtre, Ifambert alla habiter une petite ville du Blaifois, où fon excellent ton, fa modeftie, fon affabilité le firent accueillir ! Il y eft mort vers 1848, à l'âge de cinquante-trois ans.

A l'exemple de certains comédiens qui rougiffent de l'avoir été, & craignant que le préjugé ne nuifît à fon admiffion dans un monde de province, Ifambert quitta fon nom de théâtre pour reprendre celui de fa famille.

aimables mauvais sujets trouvaient en lui un interprète irrésistible : aussi les biographes de l'époque lui reprochaient-ils sa fatuité & ses prétentions conquérantes.

On ne doit pas s'étonner que, par suite des entraînements de jeunesse & d'une vie de plaisirs, Lafont se soit trouvé plus d'une fois dans des embarras d'argent, & exposé aux poursuites de créanciers qui ne lançaient pas toujours après leur débiteur imprévoyant des huissiers d'humeur aussi accommodante que leur confrère *Jovial*, de la comédie.

En 1828, Lafont, ayant pris fait & cause pour le directeur Bérard, lors des dissensions qui s'élevèrent entre celui-ci & les actionnaires du Vaudeville, le suivit au théâtre des *Nouveautés*, où, le 10 novembre, il créait avec grand succès le rôle de Jean, dans la pièce de ce nom, tirée du roman de Paul de Kock. Ce personnage de viveur, bon enfant, espèce de Sargines corrigé par l'amour, Lafont le joua avec une verve entraînante & une franchise comique des mieux réussies. Rappelé au Vaudeville, qui le regrettait & avec raison, il y fit sa rentrée le 31 mars 1830, dans *Arwed*, drame nouveau, mêlé de couplets (par Etienne Arago, Varin & Desvergers), qui révéla dans son jeu des qualités dramatiques, & une sensibilité qu'on ne lui connaissait pas. Deux ou trois mois plus tard, par un contraste heureux, il faisait applaudir, dans le sergent Bellerose, de *Madame Grégoire* (21 mai), un joyeux entrain & une verve de gaîté qui contribuèrent, pour une bonne part, au succès qu'obtint la pièce. Tout en conservant l'emploi des *amoureux*, Lafont prit alors possession des premiers rôles, & créa successivement le *Dandy;* le mari trompé, d'*Un de plus;* Rosambert, de *Faublas;* Valmont, des *Liaisons dangereuses; un Secret de Famille;* le comte Jean, de *Madame Dubarry; Père & Parrain;* Marteau, d'*André*, & enfin, *Pierre-le-Rouge;* rôles bien opposés de caractère & de physionomie, & qui prouvèrent la flexibilité de son talent. Dans *Catherine, ou la Croix d'or* (2 mai 1835), l'élégant comédien ne craignit pas d'abdiquer ses avantages & de devenir le vieux sergent Austerlitz, avec ses moustaches grises, un uniforme râpé, des façons soldatesques, tandis que dans *les Pages de Bassompierre*, revenant à ses habitudes d'élégance, il reproduisait sur la scène une aventure, dit la chronique, dont il avait été le héros ailleurs qu'au théâtre.

A une grande distinction naturelle, Lafont joignait une excellente tenue, de la grâce, de la finesse, de la chaleur & de la franchise, & un talent de transformation qui se prêtait à plus d'un caractère; il portait avec une grande aisance l'habit habillé : toutes choses qui l'auraient rendu un sujet précieux pour la Comédie-Française, un successeur légitime d'Armand & de Firmin, si, mieux conseillé au début de sa carrière, il se fût livré à des études sérieuses de débit & de prononciation; peut-être même, à l'époque où nous sommes, aurait-il été encore temps pour lui d'acquérir l'ampleur & la correction nécessaires pour briller sur notre première scène. Il est à regretter que le hasard ou les circonstances en aient décidé autrement.

A la suite de l'incendie du Vaudeville, dans la nuit du 17 au 18 juillet 1838, Lafont alla donner en province & à Londres une série de brillantes & fructueuses représentations. De retour à Paris, il fut sur le point d'entrer au théâtre de la Renaissance ; mais Jouslin de La Salle, qui venait d'être nommé directeur des Variétés, l'engagea à des conditions avantageuses. Lafont parut pour la première fois sur cette nouvelle scène, en octobre 1839, dans *l'Amour*, comédie en trois actes, de Rosier, par le rôle du perruquier Louisille. En 1840, il créait avec succès le personnage, moins historique que romanesque du *Chevalier de Saint-Georges*. Pendant quinze ans au moins qu'il demeura à ce théâtre, il y remplit des rôles nombreux, parmi lesquels nous rappellerons *la Nuit aux Soufflets*, *les Deux Brigadiers*, *le Chevalier du Guet*, *Une Dernière Conquête*, &, surtout, *le Lion empaillé* (1848), variant ainsi ses créations & laissant dans tous ses rôles l'empreinte d'un talent constamment en progrès.

Le 16 mai 1855, il rentra au Vaudeville où l'attendaient de nouveaux succès dans *le Chemin le plus long*, *les Infidèles*, *la Famille Lambert*, *le Fils de M. Godard*, sans préjudice de la reprise de quelques-uns des meilleurs rôles de son ancien répertoire.

Le 3 avril 1858, il faisait au théâtre de la Gaîté une brillante apparition dans le drame *de Germaine*, de d'Ennery. Il y jouait un rôle de père, le vieux duc de La Tour-d'Ambleteuse qu'il interpréta avec une délicateſſe de ſentiment &, ſurtout, avec une ſenſibilité profonde, qui frappa d'autant plus qu'on ne la lui ſoupçonnait pas à un degré auſſi éminent.

L'année ſuivante, il appartenait au Gymnaſe. Dans un répertoire diſtingué qui touche de ſi près à la comédie de mœurs & de caractère, Lafont révéla tout un côté de ſon talent, juſqu'alors ſeulement entrevu, & peu mis en relief; que toutefois, ſa création dans *Germaine* avait déjà permis à quelques appréciateurs d'élite de ſignaler.

Si l'âge venait lui interdire dorénavant les rôles légers & ſpirituels, en quelque ſorte conquérants, qui avaient établi & conſolidé ſa réputation, il trouva dans les caractères de l'homme du monde, déjà mûr & revenu des illuſions de la jeuneſſe, ou dominé par les paſſions d'un autre âge, une autre mine précieuſe à exploiter. C'eſt ce que comprirent, pour le ſuccès de leurs œuvres, MM. Alexandre Dumas fils, Octave Feuillet & Sardou, quand ils confièrent à Lafont des rôles importants dans *le Père prodigue*, *les Ganaches*, *les vieux Garçons*, *Nos bons Villageois* &, en première ligne, dans *Montjoie*. Ces créations remarquables, en accuſant chez l'artiſte une expérience conſommée & des qualités réelles de haute comédie, firent ſérieuſement ſonger à lui à la Comédie-Françaiſe, où ſa place, jadis indiquée, paraiſſait être déformais ſi bien marquée pour combler dans bon nombre de rôles le vide qu'allait y laiſſer le départ de Samſon.

Le 27 juin 1863, Lafont fut engagé pour le 1ᵉʳ janvier suivant, sur le pied de 15,000 fr. par an, pour l'emploi des premiers rôles & les rôles marqués. Son début devait avoir lieu par le marquis de la Seiglière. La réflexion, dans cet intervalle, éclaira-t-elle Lafont sur ce qu'il y avait peut-être d'imprudent à lui de venir, à l'âge de soixante & six ans, débuter sur une scène à laquelle il n'était pas façonné? C'est probable ; mais, enfin, quel qu'ait été le motif qui le détermina, il demanda la résiliation de son engagement qui lui fut accordée. La Comédie poussa même la bienveillance & la longanimité jusqu'à lui faire la remise du dédit fort considérable de 30,000 fr., qui avait été stipulé, moyennant l'abandon par Lafont d'une somme de 600 fr. à verser dans la caisse de l'Association des artistes dramatiques ; clause, qui, par parenthèse, ne reçut pas d'exécution.

Mentionnons pour mémoire son passage au Vaudeville, lors des représentations de *Rabagas*.

Ajoutons à la liste de ses dernières créations rappelées quelques lignes plus haut, qui couronnaient avec éclat une carrière déjà brillante, le rôle qu'il remplit à l'Odéon, dans *la Marquise*, & celui du vieux gentilhomme, dans *les Beaux Messieurs de Bois-Doré*, qu'il reprit avec succès, après Bocage, sans cependant, l'y faire oublier, & dans lequel ses qualités de distinction naturelle le servirent merveilleusement. Sa dernière création du *Centenaire*, au théâtre de l'Ambigu-Comique, vint clore dignement cette longue carrière artistique. L'âge du repos était arrivé & le moment venu de descendre définitivement de la scène, où il laissait après lui un souvenir aussi brillant qu'honorable.

Lafont avait épousé, le 12 juillet 1848, Mlle Pauline Leroux (1), danseuse de talent de l'Opéra.

Il est mort à Paris, le 19 avril 1873.

Ses dernières années avaient été attristées par la fin volontaire d'un fils, capitaine de cavalerie, issu de son mariage à l'anglaise avec Jenny Colon, qui se suicida, le 10 novembre 1868, à Maubeuge, où il était en garnison.

Le frère cadet de Lafont, à l'exemple de son aîné, avait embrassé la carrière théâtrale, mais comme chanteur (2).

---

(1) Adèle-Louise-Pauline, née à Paris, le 19 août 1809, fille de Louis Leroux, ancien directeur des vivres à l'armée d'Allemagne, & de Marguerite-Suzanne Leroux, son épouse.

(2) Né à Bordeaux, le 21 mai 1800. Son prénom était *Léger* & prêtait d'autant plus à la plaisanterie qu'il était devenu énorme. Aussi adopta-t-il par la suite le prénom de *Marcelin*. Il resta pendant plusieurs années pensionnaire de l'Opéra où, quoique ne manquant pas de talent, il était médiocrement goûté. Il est mort, en 1839, à la suite d'une longue maladie.

FRANÇOISE-FANNY VAUSGIEN

JENNY VERTPRÉ

1797 — 1865

FRANÇOISE-FANNY VAUSGIEN, connue sous le nom de Jenny Vertpré, était la fille d'un des meilleurs acteurs de l'ancien Vaudeville dont le nom est resté longtemps attaché à l'emploi qu'il jouait (1).

Destinée au théâtre par droit de naissance, elle fut plus tard s'y créer une place brillante par droit de conquête. Elle entra fort jeune au Vaudeville pour

---

Extrait du registre des naissances de la municipalité de Bordeaux, pour l'an V : « Le vingt fructidor, an V de la République française (6 septembre 1797), il nous a été présenté un enfant du sexe féminin, né d'Emilie Vausgien & de père non dénommé, auquel ont été donnés les noms de *Françoise-Fanny*. »

(1) Voir pour la notice de Vertpré notre *Troupe de Nicolet*.

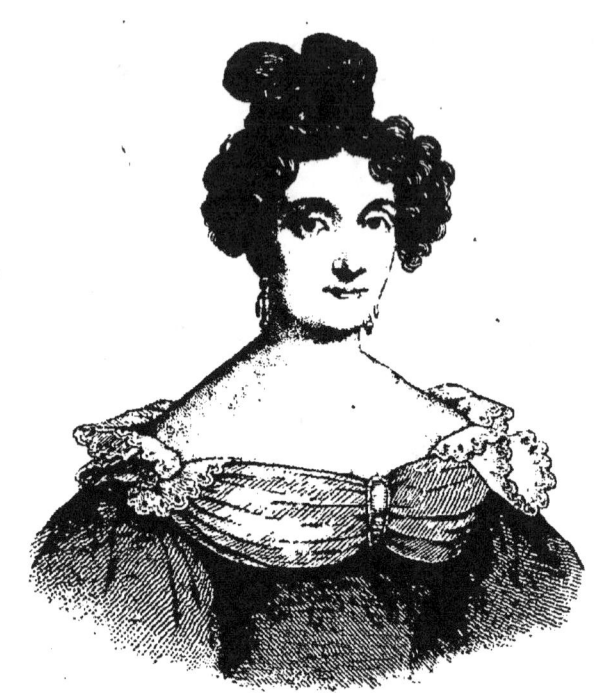

JENNY VERTPRE
1797–1865

y remplir les rôles d'enfants & paraître dans les chœurs. Elle y eut pour compagne du même âge, Virginie Déjazet, promise ainsi qu'elle à un brillant avenir, & dont, par la suite, elle se retrouva la rivale au Gymnase.

Comédienne de race, douée d'une grande intelligence & de beaucoup de finesse, piquante & spirituelle, la petite Jenny ne tarda pas à révéler son talent futur. Dès l'âge de quinze ans, on la fit jouer dans la *Petite Gouvernante*, dont elle se tira très-gentiment; ce qui engagea à lui confier quelques autres rôles d'*ingénues*, qu'à dire vrai, elle remplissait avec plus d'esprit & de vivacité que d'innocence.

Elle ne se maintint pas au Vaudeville qui réunissait alors trop de femmes jolies & de talent, pour qu'il fût permis à une aussi jeune fille qu'elle d'espérer de s'y faire une position. Elle partit pour l'Espagne, à la suite d'un état-major, & sous la protection spéciale du général ***. Au retour, en avril 1815, elle entra à la Porte-Saint-Martin, où toutes les âmes sensibles vinrent s'attendrir sur les infortunes de la servante Annette, dans la *Pie voleuse*. Deux ou trois ans plus tard, toute la jeunesse de Paris accourait au même théâtre pour admirer la gentillesse & les grâces de l'actrice dans le personnage de l'*Amour* des *Petites Danaïdes*, & son espièglerie dans la princesse Abricotine de *Riquet à la Houpe*, joué par Potier.

Le 18 avril 1821, elle quitta ce théâtre pour entrer, disait-on, à l'Opéra-Comique; mais cet engagement, si jamais il en a été question, ne reçut pas d'exécution, puisque, le 10 novembre suivant, Jenny Vertpré débutait aux Variétés par le rôle d'Eugénie, dans les *Deux Sœurs*, pièce nouvelle de Rougemont. Au bout de quatre ans, le théâtre de Madame l'enlevait aux Variétés, & le 12 décembre 1825, avait lieu la première représentation des *Premières Amours*, pièce charmante de Scribe, qui fut également un grand succès pour l'actrice. Elle joua, dans la même soirée, la *Chercheuse d'Esprit*, importée des Variétés, avec le talent qu'on lui connaissait, bien qu'on eût à lui reprocher d'avoir mis trop d'esprit & pas assez de simplicité dans l'interprétation de ce personnage. Pendant les neuf ou dix années qu'elle passa à ce théâtre, elle établit entre autres rôles, *La Demoiselle à marier* (Camille), *La Lune de Miel* (Poleska), *Le Mariage de Raison* (Mme Pinchon), *La Chatte métamorphosée en Femme* (Minette), *La Marraine* (Mme de Néris), *Théobald* (Céline), *Zoé* (Zoé), *Jeune & Vieille* (Rose & Mme Guichard), *Le Budget d'un jeune Ménage* (Stéphanie), *Les vieux Péchés* (Minette), qui furent tous pour Jenny Vertpré une série de triomphes.

Cependant elle retourna, en 1835, au Variétés, où elle se montra ce qu'on l'y avait vue dix ans auparavant : c'est-à-dire toujours gentille, toujours piquante & toujours excellente comédienne. Elle prouva de nouveau toute la finesse & la souplesse de son talent, en créant dans *Monsieur & Madame Pinchon* & dans le *Chevalier d'Eon*, deux rôles bien opposés :

celui d'une impératrice & celui d'une fille d'auberge.

Sa santé, altérée depuis longtemps, lui commandait le repos. Elle prit un congé définitif du public & alla habiter Passy, afin de se livrer aux soins que son état réclamait ; mais qui, malheureusement restèrent infructueux. Atteinte d'une maladie grave, d'un squire, à moitié paralysée, il n'était pas rare de la rencontrer dans quelque allée isolée du bois, péniblement traînée dans une voiture à bras, & si ce n'eût été la vivacité de son regard qui avait conservé les flammes de la jeunesse, il aurait été difficile de reconnaître dans cette chétive créature, plus accablée encore par les infirmités que par l'âge, cette vive & sémillante Jenny Vertpré, la comédienne qui jetait le mot avec tant d'art & un tact si parfait.

Elle est morte à Passy, rue des Carrières, le 3 novembre 1865, dans des sentiments de piété fervente qui lui donnèrent la force de supporter avec résignation les souffrances de ses dernières années. Elle avait seulement soixante-sept ans & dix mois.

Jenny Vertpré était restée fort petite, mais bien faite de toute sa personne, quoiqu'elle fût la fille d'une mère contrefaite. Celle-ci avait été la maîtresse de Vertpré ; c'est pourquoi Jenny substitua à son nom celui de cet homme de talent, dont l'influence devait la protéger au début de sa carrière. Cette jolie miniature avait épousé, le 1er mai 1832, Pierre-François Carmouche, spirituel auteur dramatique. Cette union fut de peu de durée ; ils se séparèrent à l'amiable, fans efclandre & fans qu'il y ait eu de caufe connue. Son mari ne manqua pas jufqu'à la mort de fa femme, d'aller chaque femaine paffer quelques heures auprès d'elle.

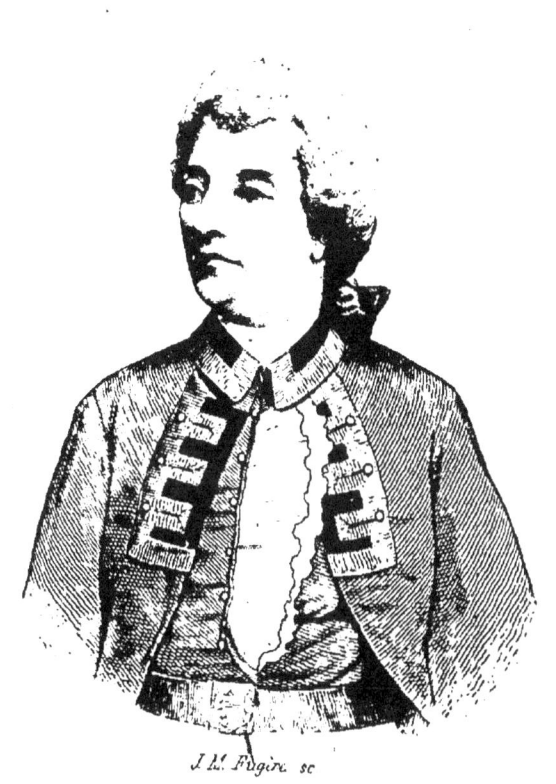

VIRGINIE DEJAZET
1798-1875

PAULINE-VIRGINIE

DÉJAZET

1798-1875

COMÉDIENNE célèbre, dans un genre secondaire & dans un répertoire qui ne lui a pas survécu, Virginie Déjazet offre l'exemple, peut-être unique au théâtre, d'une artiste conservant jusqu'à la fin de sa carrière, la plus prolongée qu'on connaisse, avec l'autorité de son talent une popularité incontestée.

Extrait du regiſtre des naiſſances de la municipalité du XIe arrondiſſement pour l'an VI : « Du quinze fructidor de l'an VI (1er septembre 1798), de la République française, acte de naissance de *Pauline-Virginie*, née le jour d'avant-hier, treize fructidor, à quatre heures du matin, rue Saint-André-des-Arts, n° 115, fille de Jean Déjazet, tailleur, âgé de cinquante-trois ans, natif de Villefranche, Saône-&-Loire, & de Charlotte-Aldégonde Leconte, âgée de quarante ans, native de Royon, département du Pas-de-Calais, mariés à Paris, paroisse cy-devant Saint-Joseph, en 1777. »

Née à Paris, rue St-André-des-Arts, treizième & dernière enfant d'une modeste famille d'artisans, & destinée au théâtre dès son enfance, elle débutait à l'âge de cinq ans environ sur le petit théâtre du jardin des Capucines, situé dans l'emplacement occupé de nos jours par la rue de la Paix.

Le directeur de cette scène enfantine était un vieux comédien, nommé Hurpy, qui prédit dès-lors à l'enfant un brillant avenir de danseuse, en la voyant chaque soir acclamée par le public qu'enchantaient sa grâce & sa gentillesse. Une de ses sœurs aînées, attachée au corps de ballet de l'Opéra, lui donna quelques leçons de comédie & lui apprit le rôle de *Fanchon toute seule*, vaudeville de Ponet, dans lequel elle obtint un succès décidé. Loin d'être un surcroît de charge pour sa famille, la petite Virginie devint bientôt une vraie ressource pour elle; car elle faisait recette, & le directeur reconnaissant lui alloua une rétribution de cinquante francs par mois. Nous ne parlons pas des bonbons & des friandises que les spectateurs & surtout les spectatrices lui prodiguaient & qui n'étaient pas ce que la gentille enfant appréciait le moins.

Un an après, elle passait au théâtre des Jeunes-Artistes, & y créait le rôle de l'Amour dans une pièce féerie d'Augustin Hapdé : *Les Syrènes*, ou *les Sauvages de la Montagne d'or*. Elle alla ensuite prendre rang dans la troupe des Jeunes-Elèves de la rue de Thionville.

A la supression de ce spectacle, en 1807, Barré, directeur du Vaudeville, qui avait été frappé de l'intelligence précoce de la petite Virginie, l'engagea pour les rôles d'enfants & pour figurer dans les chœurs. En 1811, elle fut chargée dans la *Belle au bois dormant*, vaudeville-féerie, de Bouilly & Du Merſan (21 février), du rôle de la fée Nabote, & joua dans un à-propos ſur la naiſſance du roi de Rome, intitulé *La Dépêche télégraphique dans les nues*. Pendant pluſieurs années qu'elle demeura à ce théâtre, loin d'utiliſer ſes heureuſes difpoſitions, on ne lui fit jouer que des rôles acceſſoires, & quoique elle eût bien près de ſeize ans, on la traitait toujours en petite fille. Une circonſtance favorable ſembla un moment devoir la tirer de l'obſcurité & de l'inaction où elle ſe voyait reléguée à ſon grand chagrin. Pendant une clôture, motivée par des réparations à faire dans la ſalle, une partie de la troupe du Vaudeville s'aſſocia pour aller donner des repréſentations à Orléans. Minette n'ayant pas voulu faire partie de cette excurſion, la jeune Virginie prit ſa place dans la patache, &, pour la première fois, joua deux rôles importants : Mademoiſelle d'Aubigné, dans le *Mariage de Scarron*, & Toinette, dans *Encore un Pourceaugnac*. L'originalité de ſon jeu & ſa fineſſe frappèrent le public & ſes camarades. Fontenay, très-bon juge en la queſtion, preſſentait l'avenir de la jeune artiſte, &, de retour à Paris, chercha à lui être utile auprès du directeur du théâtre. Le ſuccès qu'elle avait obtenu pouvait lui permettre d'eſpérer déſormais une poſition moins effacée ; il n'en fut pourtant pas ainſi. Elle avait devant elle un chef d'emploi, que fon talent bien réel avait rendue populaire, & fort peu difpofée à laiffer empiéter fur fes droits. Virginie ne pouvant fe réfigner à reprendre une pofition facrifiée, quitta la rue de Chartres pour le boulévard Montmartre.

Elle avait alors acquis une certaine expérience de la fcène, & fa vivacité fpirituelle, fon intelligence primefautière s'étaient de plus en plus développées. Néanmoins, là encore, quoique bien accueillie par le public, notamment, dans *Quinze Ans d'abfence* & dans *les Petits Braconniers*, gai vaudeville, où fous le coftume d'écolier, elle faifait applaudir fa définvolture mutine, elle avait le déplaifir de voir les rôles rentrant dans fon emploi diftribués à d'autres actrices. Une d'elles, entre autres, qui poffédait affez d'éléments de fuccès par elle-même, pour n'avoir pas à redouter de rivalité, Pauline, dont la jolie figure & le talent agréable n'expliquaient pas feuls fon influence fur l'un des archontes des Variétés, devint jaloufe de Virginie. La pauvrette ne pouvant lutter contre une rivale toute puiffante, dut quitter les Variétés, malgré l'oppofition fagace de Potier, qui répétait à Brunet : « Tu as tort « de la laiffer partir. C'eft une véritable comédienne « que tu perds pour ton théâtre, où tu n'as que des « actrices. » Mais le fort en était jeté. Elle partit pour Lyon pour y jouer l'emploi des *foubrettes*, &, au befoin, les *jeunes premières* de la comédie, du vaudeville & du mélodrame. Au printemps de 1817, elle débutait fur la fcène des Céléftins, par le rôle de

Laure, *des Deux Pères*, ou *la Leçon de botanique*, & dans le *Diable couleur de rose*.

Mais une forte de fatalité s'attachait, pour ainfi dire, fur fes pas. Une actrice, qui lui était pourtant bien inférieure fous tous les rapports, &, qui venue de Paris, où elle s'était fait fur les fcènes du boulevard une réputation éphémère, la fenfible Hugens prit ombrage d'elle ; protégée par le régiffeur général, elle impofa fa volonté, &, de rechef, la pauvre Virginie, de même qu'au Vaudeville & aux Variétés, eut à fe réfigner aux rôles infignifiants du répertoire. Cependant, le public qui appréciait la jeune artifte, prit fait & caufe pour elle & força la direction à lui donner des rôles plus dignes de fon talent. Au nombre de ceux qui lui valurent des ovations, fut celui d'*Angéline* dans le vaudeville de ce nom. Ce rôle avait été à Paris la création la plus applaudie de Pauline, qui le jouait fréquemment. Virginie, en le choififfant, avait-elle voulu prouver à celle qui l'avait naguères opprimée, qu'elle pouvait, à armes égales, lutter avec elle de talent & de fuccès ? C'était une fpirituelle revanche qu'elle prenait à diftance, malheureufement, de la favorite de Brunet.

Ces querelles de couliffes, les obfeffions, allant jufqu'à la menace, d'un adorateur ridicule, la déterminèrent à quitter Lyon en 1820, pour fe rendre à Bordeaux, où, le jour de fon début, au théâtre des allées de Tourny, elle joignit pour la première fois fur l'affiche le nom de Déjazet à fon prénom qui, déformais, demeurèrent inséparables l'un de l'autre, & qu'elle devait rendre, pendant plus d'un demi-siècle, célèbres en France & à l'Etranger. Elle jouait, à cette époque, avec un égal succès le mélodrame & le vaudeville. Mais, là aussi, il était dans sa destinée de rencontrer, non une rivale, elle n'en avait plus, elle ne pouvait en avoir, mais une ennemie, chez une artiste du même théâtre, Elisa Jacobs, dont tout le talent résidait dans ses beaux yeux & qui était, à cette époque, la beauté à la mode parmi la jeunesse Bordelaise (1).

Avant son départ de Lyon, Virginie Déjazet avait reçu des propositions très-avantageuses de Delestre-Poirson, directeur en expectative du nouveau théâtre qui s'élevait sur le boulevard Bonne-Nouvelle (2).

La faillite du théâtre de Bordeaux l'ayant rendue libre, elle revint à Paris après plusieurs années d'absence, & put s'écrier comme Tancrède :

A tous les cœurs bien nés que la patrie est chère !

Le 10 mai 1821, elle débutait au Gymnase-Dramatique par le rôle de Marianne, dans *Caroline*. Le 4 juin suivant, elle créait le rôle de Léon, dans la *Petite Sœur*,

---

(1) Plus tard, elle remplaça au théâtre des Variétés *Pauline* & *Jenny Colon*, après avoir traversé le Gymnase, où elle vint débuter, le 14 mai, dans *Caroline*, peu de jours après Déjazet.

(2) Le théâtre du Gymnase-Dramatique, ouvert le 23 décembre 1820. Quatre ans après, la duchesse de Berry l'ayant placé sous sa protection, il prit le titre de Théâtre de Madame, qu'il conserva jusqu'à la révolution de 1830.

à côté de la jeune Léontine Fay (1), alors à l'aurore de ſes ſuccès, & quelques jours après, celui d'Octave, dans le *Mariage enfantin*. Elle portait ſi bien le coſtume maſculin, elle y montrait tant d'aiſance, qu'à partir de ce moment, elle fit ſa ſpécialité de ce genre de rôles qu'au théâtre on appelle des *Traveſtis*.

Tour-à-tour, jeune ouvrière ou griſette, payſanne naïve ou ſoubrette délurée, écolier timide ou clerc de notaire amoureux, elle faiſait, à chaque rôle nouveau qu'elle jouait, admirer les rares qualités de ſa riche organiſation dramatique. Pendant l'eſpace de ſept années qu'elle appartint au Gymnaſe, elle ſe fit applaudir dans des productions bien oppoſées. Nous citerons les principales : *la Meunière, le Comédien d'Etampes, Partie & Revanche, le Bureau de loterie, Rodolphe, l'Ecarté, la Loge du Portier, le plus beau Jour de la vie, les Griſettes, les Femmes romantiques, le Bal champêtre, le Baiſer au porteur, le Coiffeur & le Perruquier, la Haine d'une femme, la Nouvelle Clary, la Famille normande*, &c.

Aimée & appréciée du public, Virginie Déjazet occupait une des premières places dans cette excellente troupe, qui comptait parmi ſes artiſtes les plus diſtingués, Perlet, Gontier, Numa, Paul, Bernard-Léon, Legrand, Mmes Théodore, Léontine Fay, lorſqu'elle prit ſubitement le parti de quitter ce théâtre, laiſſant ſa ſucceſſion artiſtique à une nouvelle venue

---

(1) Depuis Mme Volnys.

que Deleſtre-Poirſon venait d'engager, Jenny Vertpré, ſa gentille émule de 1808, qui s'était acquis depuis une réputation méritée dans des rôles analogues aux ſiens. Ainſi, pour la quatrième & cinquième fois, Déjazet, cette artiſte qui, ſur la ſcène, ſavait ſous l'habit d'homme ſéduire & charmer les plus rebelles, battait en retraite & ſans combattre devant une nouvelle rivale.

Le théâtre des Nouveautés, inauguré depuis peu, & qui ſoutenait péniblement la concurrence avec le Vaudeville & les Variétés, reçut à bras ouverts la transfuge du boulevard Bonne-Nouvelle. Elle y fit ſon premier debut, le 5 juin 1828, dans *le Mariage impoſſible* par le rôle de Catherine &, durant trois années, tint à ce théâtre les premiers rôles de la comédie & du vaudeville. On la remarqua particulièrement dans les rôles du Dauphin, d'*Henri IV en famille*, de Bonaparte, de *l'Ecole de Brienne*, du duc de Reichſtadt, dans le *Fils de l'Homme*. A ſes côtés, on comptait ſur cette ſcène Potier, Bouffé, Philippe, Derval & Mme Albert, dont les talents réunis ne purent cependant la ſouſtraire à une ruine prochaine.

Heureuſement, un nouvel établiſſement théâtral deſtiné, celui-là, à une brillante carrière, s'élevait au Palais-Royal, dans l'ancienne ſalle Montanſier (1).

---

(1) Cette ſalle avait, depuis 1784, vu ſe ſuccéder les Petits-Comédiens de Beaujolais, les artiſtes de la Montanſier & des Variétés, les artiſtes pantomimes des jeux forains, les exercices variés de force & d'agilité de Ravel & Forioſo, & enfin, les vaudevilles du café-concert de la Paix.

Il ouvrit, le 6 juin 1831, & Déjazet en fit partie dès l'origine. Dans le prologue d'ouverture, sous le costume de la grisette Herminie, elle adressait au public un couplet que son jeu piquant fit applaudir. Pendant treize années qu'elle passa à ce théâtre, elle en fut la gaîté, l'espoir &˙ la fortune. Son talent avait atteint son point culminant & son répertoire pendant cette période résume à merveille avec l'éclat & les succès de sa carrière théâtrale, les nuances les plus diverses & les plus opposées de ce talent protée. Ses créations furent nombreuses & portèrent toutes le cachet caractéristique de cette nature merveilleusement dotée. Parmi les plus remarquables, il faut citer *la Comtesse du tonneau, les Beignets à la Cour, Sophie Arnould, la Fille de Dominique, les Chansons de Béranger, Indiana & Charlemagne, l'Enfance de Louis XII, le Marquis de Létorières, Mme Favart, Sous clef, la Marquise de Pretintailles, Voltaire en vacances, la Périchole, le Tailleur & la Fée, le Capitaine Charlotte, le Philtre Champenois, Frétillon, la Fiole de Cagliostro*, & la jolie pièce des *Premières armes de Richelieu*, où son élégance, sa fatuité de bon goût se sont élevées à la hauteur de la comédie.

De ces ouvrages, combien survivent aujourd'hui ? & si le souvenir de quelques-uns a survécu dans la mémoire des spectateurs, ne le doit-il pas à l'artiste inimitable dont la verve étincelante, l'esprit oseur & toujours de bon goût, même dans ses témérités, enchantaient la salle entière, ainsi que Théophile

Gautier l'écrivait dans son appréciation admirative ?
« Comme elle jette le mot ! Que de choses elle
« met dans un sourire ! Comme elle fait s'arrêter à
« temps dans ses plus vives pétulances & conserver
« de la distinction dans les gaudrioles les plus décol-
« letées ! »

A l'expiration de son engagement avec ce théâtre, elle fit à la direction des propositions de renouvellement, que M. Dormeuil, tout habile qu'il fût, ne voulut pas accepter. Elle abandonna donc sans retour cette scène qui lui avait dû en grande partie sa prospérité & sa fortune, & alla donner à Lyon, à Bordeaux, à Orléans, ville qui avait été témoin de ses premiers succès, puis à Londres, des représentations qui furent suivies avec empressement. A son retour à Paris elle rentra, le 24 février 1845, aux Variétés, recommandée cette fois, par sa célébrité. Elle y reprit quelques-uns de ses anciens rôles ; & d'heureuses créations dans la *Gardeuse de dindons*, *Gentil-Bernard*, *le Moulin à paroles*, *Mademoiselle de Choisy*, *le Marquis de Lauzun*, durent faire vivement regretter à l'administration du Palais-Royal d'avoir laissé partir sa pensionnaire.

L'année suivante, profitant d'un congé pour donner des représentations à Saint-Quentin, Virginie Déjazet visita le fort de Ham & fit parvenir au prince Louis-Napoléon, alors prisonnier, une petite médaille bénie de Notre-Dame-de-Fourvières de Lyon, qu'elle considérait comme un porte-bonheur : prédiction que l'avenir devait réaliser en partie.

Le 5 novembre 1850, c'eſt au théâtre du Vaudeville qu'elle reparaît, dans la *Douairière de Brionne*.

Pendant les deux années qu'elle y paſſe, elle crée les rôles principaux dans *Ouïſtiti, Quand on va cueillir la Noiſette, les Rêves de Mathéus & les Paniers de la comteſſe*. Le 27 novembre 1852, elle réſilie ſon engagement, va faire une tournée dans les départements, revient enſuite à Paris, & le 23 novembre 1853, joue le rôle de Fanfan, dans les *Trois Gamins*, vaudeville en trois actes, d'Emile Vanderburch, repréſenté aux Variétés.

Elle entreprend une nouvelle tournée & ſe fait ſucceſſivement applaudir à Dijon, à Nice, à Marſeille & Lyon, dans les meilleures pièces de ſon riche répertoire.

Le 21 juin 1855 la retrouve au théâtre de la Gaîté, ſous l'uniforme du *Sergent Frédéric*, drame en cinq actes, de Vanderburch & Dumanoir, & elle termine ſes repréſentations ſur ce théâtre, le 30 ſeptembre ſuivant, par *Bonaparte à Brienne* & *la Liſette de Béranger*.

A partir de ce moment, Déjazet ne contracta plus d'engagements ſuivis avec les théâtres de Paris, ſe bornant dorénavant à y donner dans l'intervalle de ſes voyages en province & à l'étranger, des repréſentations, dans leſquelles, toujours fêtée & applaudie, elle paſſa en revue ſes principaux rôles.

Cependant, (fatiguée à la longue de cette vie nomade, elle obtient de la munificence de l'Empereur le privilége d'un nouveau théâtre qui porte son nom, & qui, établi sur le boulevard du Temple, succède aux *Folies-Nouvelles*.

La voilà donc enfin chez elle ! Après avoir enrichi plus d'un directeur & prodigué sur les premières scènes de genre de Paris & des départements un précieux talent, elle va pouvoir travailler pour son propre compte, & conquérir, sinon avec la fortune, au moins avec l'aisance, le droit de se reposer le jour où l'âge la forcera d'abdiquer.

Mais ce jour n'était pas encore venu. Hélas ! il ne devait jamais venir pour elle ; &, cependant, dans cette petite salle, elle attira tout Paris aux représentations de *M. Garat*, des *Prés Saint-Gervais*, des *Premières Armes de Figaro*, des *Pistolets de mon Père*, & jamais, peut-être, elle n'avait paru si jeune d'expression & de verve : jamais son talent, qui n'avait plus rien à demander à l'étude, ne s'était montré plus gracieux & plus fin, plus séduisant de naturel & de vérité. Pour cette organisation à part, & comme l'aurait dit un vaudevilliste d'autrefois, à l'époque, bien éloignée de nous, où l'on croyait devoir mettre de l'esprit dans les couplets : « le temps, séduit à son tour, ne l'a pas « même effleurée de son aile. »

Cette entreprise théâtrale, placée sous la direction de son fils, ne réussit pas, & Déjazet se vit condamnée à reprendre ses pérégrinations artistiques jusqu'au jour où elle succomberait sous la tâche. En 1874, une représentation, donnée à son bénéfice sur la vaste scène de l'Opéra, fut l'occafion d'une folennité fplendide, &, mieux encore, d'une bonne action à laquelle Paris entier prit à cœur de s'affocier. A l'âge de foixante-dix-fept ans, l'héroïne de la fête parut fur cette fcène magiftrale dans le rôle de *Monfieur Garat*, avec l'aifance & l'efprit de fes vingt ans; elle chanta *la Lifette de Béranger*, comme elle feule pouvait la chanter. Dans cette foirée folennelle, à cet hommage éclatant, qui couronnait une carrière fans précédents dans les faftes du théâtre, vint s'ajouter une recette confidérable, dont le réfultat devait affurer le repos & la tranquillité de fa vieilleffe. Libre enfin & affranchie de toute préoccupation matérielle, Mlle Déjazet pouvait efpérer jouir en paix d'une célébrité fi laborieufement & fi glorieufement acquife, en laiffant dans les annales du théâtre une trace profonde & durable; à peine quelques mois s'écoulèrent &, le 1er décembre 1875, elle ceffait de vivre, âgée de foixante & dix-huit ans. Ses obfèques eurent lieu avec pompe dans l'églife de la Trinité, le famedi 4 décembre, au milieu d'un concours unanime de regrets auxquels tout Paris avait pris part.

On peut dire que, pour cette femme d'un grand talent, fes contemporains avaient déjà devancé le jugement de la poftérité. Jamais peut-être une artifte n'a rencontré dans le cours de fa carrière théâtrale une pareille unanimité d'éloges & de fympathie : c'eft que fes rares & précieufes qualités étaient de celles qui font appréciées par tous; ce talent féduifait, non-feulement les esprits délicats & raffinés, par sa finesse & son esprit, mais aussi la tourbe des spectateurs, par sa vérité & son naturel inimitables. Dans cette multitude de rôles que les auteurs ont écrite à l'envi pour elle, combien lui ont dû leur succès, en quelque sorte personnel! Ce qui, pour nous, ajoute encore à l'admiration qu'elle mérite, c'est la vérité & la flexibilité d'un talent qui sut triompher, il faut le dire, du cadre uniforme dans lequel il a été trop souvent enfermé. A l'époque même de sa vogue la plus accentuée, Virginie Déjazet, condamnée au rôle de jeune adolescent, conquérant les cœurs à la pointe de l'esprit & de l'épée, savait donner à chacune de ses créations une physionomie originale & distincte; elle prêtait à tous ses personnages, avec une prodigalité inépuisable & une verve toujours nouvelle, une grâce & une finesse où ceux-ci n'usaient pas toujours de réciprocité; elle donnait à un rôle médiocre une tournure vive & piquante, & faisait jaillir d'un dialogue vulgaire, d'une situation commune, des étincelles imprévues & éblouissantes. Repris depuis par d'autres artistes, ces rôles, & nous parlons des meilleurs, étaient devenus méconnaissables. Bref, aucun genre de succès n'a manqué à cette excellente comédienne : « Dans la gaîté, comme dans « l'attendrissement, il n'est pas une passion, pas un « sentiment ou un caractère, qu'elle n'ait rendu, a dit « un critique, avec un rare bonheur d'expression. »

En un mot, elle n'a pas eu de modèle, & elle est restée inimitable, malgré la foule de ses imitateurs.

Cette séduction & cet esprit que l'artiste apportait à la scène, se retrouvaient chez la femme en dehors du théâtre, avec l'attrait de la spontanéité. Nature facile & bienveillante, ouverte à tous les sentiments généreux, on a cité mille traits de sa bonté envers des artistes moins favorisés du sort; bienfaisante par tempérament, si on peut dire, elle prévint plus d'une fois les sollicitations de camarades malheureux, ajoutant ainsi au service rendu le charme de l'imprévu. Dans ses tournées en province, elle devint souvent la providence inespérée de maint pauvre diable aux prises avec les difficultés de la vie. — « Mais « vous ne me connaissez pas, lui disait un jour un « comédien auquel elle offrait son concours pour une « représentation à bénéfice, promise maintes fois & « sans cesse ajournée. — Hé bien! cela me procurera « le plaisir de faire votre connaissance, répondit-elle « avec enjouement. »

Ce n'est pas seulement son talent qu'elle prodiguait de la sorte; au moindre appel fait à sa charité, sa bourse s'ouvrait avec une libéralité, disons mieux, avec une facilité, dont sa position de fortune eut plus tard à souffrir. Si jamais elle ne le regretta, il est permis de le regretter pour elle; car, plus soucieuse de ses intérêts matériels qu'elle ne le fut & moins imprévoyante de l'avenir, elle aurait, sans doute, fait moins d'ingrats, mais il lui eût été possible de quitter plus tôt l'exercice de sa profession, &, dans la vie privée, de jouir paisiblement de sa gloire, & de consacrer à un repos bien gagné les jours qui lui étaient encore réservés.

.. Des nombreuses anecdotes qui touchent de plus près à la vie intime de la femme, & dont on retrouve dans certains journaux & certaines brochures des récits plus ou moins exacts, nous ne voulons & n'avons rien à dire (1). En respectant les faiblesses ou les entraî-

---

(1) Un de ces nombreux spéculateurs, toujours prêts à exploiter la circonstance, proposa à Mlle Déjazet, il y a quelques années, de publier les *Mémoires de sa Vie intime*. Elle répondit à cette proposition, qu'elle refusait, par une lettre aussi judicieuse que digne, que le *Figaro*, auquel nous l'empruntons, a donnée comme étant inédite.

A Monsieur X.., libraire-éditeur, à Paris.

« Monsieur,

« Vous me proposez de faire
« écrire ma vie par une plume
« habile qui se mettrait à ma dis-
« position pour recueillir, sous
« forme de *Mémoires*, ce qu'elle
« peut avoir d'intéressant pour le
« public, & aussi, tout naturelle-
« ment, pour donner à mon style
« ce qui doit lui manquer, à l'effet
« de lui mériter les honneurs de
« votre publicité. Je cherche en
« vain ce que, en dehors de ses
« rôles & de ses créations, la vie

« d'une comédienne peut offrir
« d'attraits pour un lecteur. Je ne
« sache pas que « mon privé »
« appartienne à un autre qu'à moi,
« & je suis d'ailleurs bien décidée
« à ne l'exploiter jamais, si piquant
« qu'il puisse paraître à première
« vue pour ceux qui ne le con-
« naissent que par le bruit public.
« Vous savez mieux que per-
« sonne, mon cher monsieur, ce
« que vaut ce bruit public même
« fabriqué avec les cancans du
« jour & les histoires vraies &
« fausses du présent & du passé,
« où la calomnie se mêle à la vé-
« rité & où il est bien difficile,
« surtout, de démêler ce qu'il serait
« bon d'en garder. Pour mon
« compte, cela se réduirait à peu
« de chose; la plupart de certains
« récits anecdotiques qu'on a faits
« sur moi sont tout à fait exagérés
« ou tout à fait mensongers ; je
« n'ai jamais, il est vrai, trouvé le
« temps de les rectifier ou de les
« démentir, & je veux aussi m'en
« applaudir, puisque je crois m'è-

nements du cœur, trop souvent conséquences de la célébrité ou d'une situation exceptionnelle, nous n'avons dû parler que du talent & des propriétés artistiques qui assurent à Virginie Déjazet, dans l'avenir, une éclatante & légitime renommée.

« tre fait le moins d'ennemis possible.

« Je vous remercie donc de votre offre bienveillante & du prix que vous sembliez attacher à des indiscrétions dont le résultat n'eût probablement pas, d'ailleurs, répondu à votre attente. Je ne comprends, pour finir, qu'une seule manière d'écrire sérieusement la vie d'une artiste, c'est de rappeler simplement au public ce qui doit lui être déjà connu, c'est-à-dire notre vie des planches, si brillante & si décevante à la fois, & qui se résume le plus souvent pour nous par autant de douleur que de gloire ! Quant au reste, que lui importe ? Notre vie privée, celle qui est à nous seules, je vous le répète, ressemble, en somme, à celle de tout le monde ; car, je vous prie, qui donc pourrait se vanter, à sa dernière heure, de n'avoir connu ou désiré ni le plaisir, ni l'amour, & quelle triste idée ne faudrait-il pas avoir de celui qui renierait publiquement ces adorables sensations du cœur & de l'esprit qui n'ont pour nous qu'une si éphémère durée ? Qu'on jette plutôt la pierre à celui-là — s'il s'en trouve un seul — car sa vie aura été sans doute inutile & à coup sûr ennuyée & absurde.

« Recevez toutefois mes regrets, mon cher monsieur, & faites imprimer, si bon vous semble, tout ce qui regarde mon passé de théâtre, tout ce que les journaux en ont dit, tout ce que le public en a su & pensé ; tout cela est à vous & à tous, &, croyez-moi, c'est cent fois plus intéressant & surtout plus vrai que tout le reste.

« Déjazet.

« Mercredi, 3 mai 1865. »

MARIE-THOMASE-AMÉLIE DELAUNAY

MADAME ALLAN-DORVAL

1798 — 1849

FILLE de deux obſcurs comédiens de province, Marie Delaunay naquit à Lorient, le 7 janvier 1798. Deſtinée au théâtre, en quelque ſorte dès ſa naiſſance, c'eſt à Lille qu'on la

---

Extrait des actes de l'état civil de la municipalité de Lorient: « Le dix-neuf nivôſe an VI (lundi 8 janvier 1798), de la République françaiſe, nous, Antoine-Philippe Prouleau, adminiſtrateur municipal, en l'abſence de l'officier public, certifions qu'il nous a été préſenté par Louis Cayeux, officier de ſanté & accoucheur, une fille à laquelle il a donné les prénoms de *Marie-Thomaſe-Amélie*, née hors mariage, rue de la Comédie, le jour d'hier à huit heures du ſoir, de Marie Bourdais, artiſte dramatique, âgée de dix-ſept ans & neuf mois, née en la ci-devant paroiſſe Saint-Pierre, à Saint-Saturnin, de la commune de Lyon, département de Saône-&-Loire. En l'endroit, Joſeph-Charles Delaunay, artiſte dramatique, âgé de vingt-ſept ans, né en la ci-devant paroiſſe de la Ronde, de la commune de Rouen, département de la Seine-Inférieure, a déclaré que l'enfant ci-deſſus a été procréé par ſes œuvres, de laquelle déclaration il a requis acte pour valoir à ladite *Marie-Thomaſe-Amélie* acte de reconnaiſſance de paternité. Et ont ſigné tous les comparants, &c. »

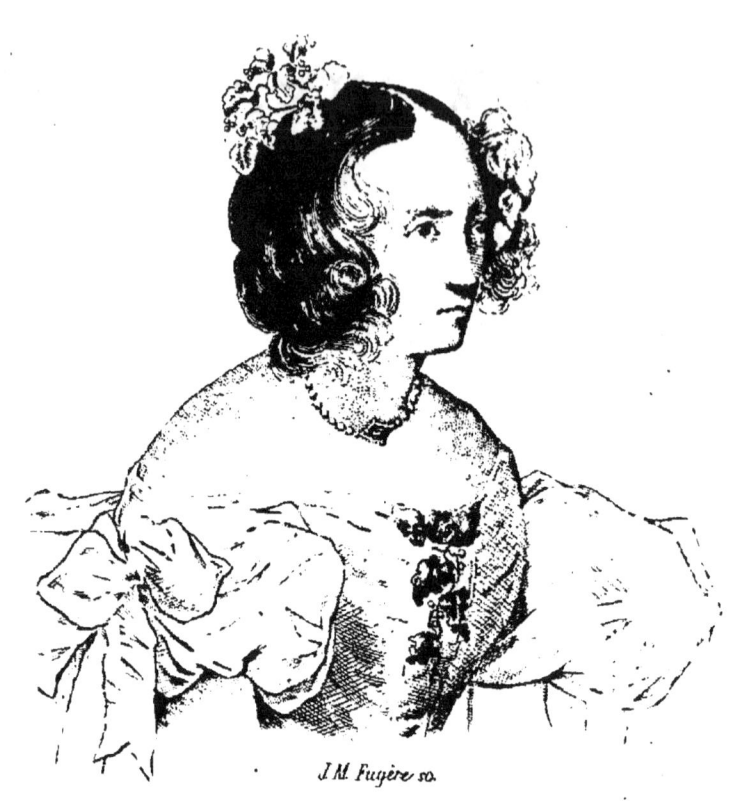

Mme ALLAN DORVAL
1798-1849

vit pour la première fois, à l'âge de cinq ans, remplir de petits rôles d'enfants dans *Camille ou le Souterrain*, & dans *Les deux petits Savoyards*, &, quelques années plus tard, à Bayonne, dans les rôles d'ingénues & d'amoureuses d'opéra-comique, en qualité de *Dugazon*, suivant les exigences du répertoire de la troupe nomade dont elle faisait partie & les hasards de cette existence précaire : promenée çà & là, à travers la France, tantôt au nord & tantôt au midi, elle racontait plus tard à Henri Monnier ses tristes débuts dans la vie : « Je
« suis venue au monde sur les grands chemins, lui
« disait-elle avec mélancolie; j'ai été bercée aux durs
« cahos de la charrette de Ragotin, & n'ai connu ni
« les jeux, ni les joies de l'enfance. Je me rappelle
« encore lorsque ma mère, me tenant par la main,
« me conduisait au théâtre, de quel œil de regrets je
« suivais les petites filles de la ville, dansant en rond
« au milieu de la grande place, ou jouant sur la porte
« de leurs maisons. Je passais une partie de ma jour-
« née dans une salle noire, enfumée, froide, où le
« soleil ne pénétrait jamais. La répétition finie, il
« fallait rentrer manger un morceau à la hâte, faire
« un paquet & se rendre à la représentation du soir.
« Quand je ne jouais pas, ce qui arrivait assez rare-
« ment, j'accompagnais ma mère pour l'aider à s'ha-
« biller. Je me couchais, accablée de fatigue. Ma
« pauvre mère n'aurait pas mieux demandé que de
« m'aimer; mais est-ce qu'on peut être mère dans
« cette atmosphère de luttes, de misères, d'orgueil,

« de passions violentes & vulgaires, qui est la vie de
« la pauvre comédienne nomade? »

Ainsi, plus d'une fois, elle avait, dans la réalité, éprouvé ces douleurs intimes, ces souffrances du corps & de l'âme, qu'elle était appelée plus tard à exprimer dans ses rôles avec tant d'abandon & de vérité; pour elle, le drame avait commencé presque au début de la vie, & souvent, en créant un personnage, elle n'avait qu'à se souvenir. Orpheline à quinze ans, on la maria à un pauvre maître de ballets, nommé Allan, d'une bonne famille de Paris, qui avait pris au théâtre le nom de Dorval. Elle continua à jouer l'opéra-comique jusqu'au jour où, à Strasbourg, un accident arrivé à l'actrice qui tenait les premiers rôles du drame, lui permit de la remplacer dans cet emploi; heureux accident qui lui révéla sa vraie vocation! Car, son début dans *la Mère coupable* fut assez remarquable pour lui faire espérer de trouver un engagement dans un théâtre de Paris : Paris, le rêve de tous ces pauvres bohêmes de l'art dramatique! Le célèbre comédien Potier, en ce moment de passage en cette ville, vit la jeune Amélie, chez laquelle il découvrit les germes d'un grand talent; il s'intéressa à cette jeune femme, l'engagea à venir avec lui à Paris & la recommanda très-chaleureusement à Lafon, de la Comédie-Française. Celui-ci, après une audition, lui donna le conseil de renoncer au drame, dans lequel *elle ne réussirait jamais* (1), pour prendre l'emploi des soubrettes.

(1) Historique.

Heureufement elle ne fuivit pas ce confeil, &, fous le patronage de Potier, elle fut engagée à la Porte-Saint-Martin.

Elle y débuta, le 12 mai 1818, dans *Paméla mariée*, drame de Pelletier-Volmérange ; le furlendemain, dans *les Frères à l'épreuve*, du même, &, le 14 juin, fon troifième début eut lieu dans *Malek-Adhel*. Elle fit fa première création, le 26 feptembre de la même année, dans *la Cabane de Montainard*, mélodrame de Frédéric & Victor Ducange. L'année fuivante, elle perdait fon mari, mort à Smolensk, en fe rendant à Saint-Pétersbourg, où il avait accepté un engagement, & elle reftait veuve avec deux jeunes enfants. Elle tenait, avec un fuccès modefte & des appointements plus modeftes encore, l'emploi des héroïnes dans *le Banc de Sable*, *les Chefs Écoffais*, *le Vampire*, *le Solitaire* & autres mélodrames d'égale valeur, lorfque le rôle de Thérèfe, dans *les Deux Forçats*, en octobre 1822, attira fur elle l'attention du public, frappé de la vérité de fon jeu, & grâce à fa principale interprète, ce mélodrame, affez médiocre, obtint un fuccès de vogue.

Jufqu'alors, fans fe diftinguer particulièrement de fes camarades, cette jeune actrice avait créé des rôles dans quinze mélodrames, de 1822 à 1827 ; mais fa célébrité commença réellement avec *Trente Ans, ou la Vie d'un Joueur*, drame de Victor Ducange & Dinaux, repréfenté, le 19 juin 1827. A côté de Frédérick Lemaître, qui faifait un début éclatant dans le rôle de Georges, Mme Dorval rendit avec une fenfibilité émouvante le perſonnage d'Amélie. Elle eut des accents ſi déchirants, lorſque, au deuxième acte, paſſant devant une glace, elle s'écriait : « Ah ! des parures & « la miſère ! » Sa douleur, fut ſi vraie à la fois & ſi touchante, la réſignation de la femme & les angoiſſes de la mère trouvèrent en elle une ſi admirable interprète que, ſuivant l'expreſſion de Bouilly, « elle eut de « ces coups droits qui partent de l'âme ; cet irréſiſtible « accent qui pénètre d'autant plus avant dans les « cœurs, qu'il eſt ſans artifice & ſans préparation. »

Elle partagea, ce ſoir-là, avec Frédérick, ce premier grand ſuccès, prélude de tant d'autres. Déſormais, ſa partenaire indiſpenſable, elle fit avec lui applaudir *la Fiancée de Lammermoor*, *Fauſt*, *Rocheſter* & *Sept Heures*, drames qui ne ſe recommandent guères aujourd'hui que du ſouvenir de leurs deux principaux interprètes.

Mme Dorval eut enfin à créer, en 1829, dans une œuvre littéraire, *Marino Faliero*, de Caſimir Delavigne, un rôle digne de ſon talent qui s'épurait en grandiſſant. L'année ſuivante, elle allait rejoindre à l'Ambigu-Comique Frédérick Lemaître, & y débutait dans *Peblo*; elle créait enſuite *les Serfs Polonais*, drame peu digne du talent & du nom de Népomucène Lemercier, & retournait à la Porte-Saint-Martin en 1831. *Beaumarchais* & *l'Incendiaire* lui devaient un ſuccès éphémère & de circonſtance. Enfin, le 3 mai 1831, elle donnait dans *Antony* la note éclatante & complète de ſon tempérament dramatique. Le perſonnage d'Adèle d'Hervey femblait écrit pour mettre brillamment en relief les qualités de grâce & de paffion qui caractérifaient ce talent plein d'attraction.

« Quoiqu'elle ne fût pas régulièrement belle, écrivait plus tard Théophile Gautier, elle poffédait un charme fuprême, un charme irréfiftible, & avec fa voix émue qui femblait vibrer dans les larmes, elle s'infinuait doucement au cœur, &, en quelques phrafes, s'emparait du public mieux que ne l'eût fait une actrice de talent impérieux & de beauté fouveraine. Elle avait des accents de nature, des cris de l'âme qui bouleverfaient la falle... »

De fon côté, Bocage, dans le perfonnage d'Antony, réalifait la création d'Alexandre Dumas avec une profonde intelligence, une fougue paffionnée qui, pour nous fervir de l'expreffion italienne, fit fanatifme parmi la jeuneffe de l'époque, empreffée à copier à la ville les allures fatales & la mélancolie à effet de l'Othello romantique.

Mme Dorval & Bocage, fe complétant ainfi l'un par l'autre, donnèrent à cette interprétation une perfection d'enfemble que ce drame, fouvent repris, n'a jamais retrouvée.

Quelques mois plus tard, le 18 août, *Marion de Lorme* réuniffait ces deux artiftes dans cette œuvre remarquable, furtout par fa poéfie grandiofe, & confacrait Mme Dorval la fouveraine fans rivale du drame moderne.

Dans *Jeanne Vaubernier*, jouée à l'Odéon, en 1832,

& reprife à la Porte-Saint-Martin (1), ainfi que dans *Dix Ans de la Vie d'une Femme* (2), dont Mme Dorval créa les deux rôles principaux, elle ne fit pas feulement applaudir fes qualités dramatiques habituelles, mais elle révéla, dans certaines fcènes confinant à la comédie, une verve enjouée & une gaîté communicative qu'on avait pu jufqu'à ce jour croire étrangères à fon talent.

Elle fit mieux encore dans *Quitte pour la Peur*, proverbe d'Alfred de Vigny, écrit à fon intention & joué dans une repréfentation extraordinaire fur la fcène de l'Opéra, le 30 mai 1833.

Dans cette comédie, ou plutôt, ce dialogue entre deux époux du grand monde d'autrefois, & qui a fervi de modèle à trop de pièces de ce genre, elle remplit le rôle de la ducheffe avec une fineffe fpirituelle & une grâce élégante qui charmèrent les fpectateurs. Bocage jouait le rôle du duc.

A ce moment Mme Dorval n'appartenait à aucun théâtre. Sur la fcène de la Porte-Saint-Martin, témoin de fes triomphes, Mlle Georges régnait & gouvernait. Cette grande célébrité tragique de l'Empire & de la Reftauration, avait trouvé dans le drame nouveau un

---

(1) L'Odéon & la Porte-St-Martin étaient fous la direction d'Harel.

(2) Les trois premiers actes de *Jeanne Vaubernier* pouvaient faire croire à un fuccès; mais, à partir du quatrième, il s'opéra un revirement inattendu dans le public, qui détermina la chute de la pièce. Quelques jours après, les auteurs fupprimèrent ces deux actes & il refta une agréable & piquante comédie.

regain de popularité, & elle l'exploitait avec l'empreſ-
ſement de la femme & de l'artiſte que l'âge ſemblait
menacer d'une retraite prochaine.

Au mois de février 1834, Mme Dorval entrait à la
Comédie-Françaiſe comme penſionnaire : elle qui,
quelques années auparavant, avait refuſé le titre de
ſociétaire, avec d'importants avantages, déſireuſe
qu'elle était de demeurer à la Porte-Saint-Martin, où
Victor Hugo lui donnait à créer *Marion Délorme*.

Son début eut lieu, le 21 avril 1834, dans *Une Liaiſon*, drame de Mazères & Empis, qui n'obtint que peu
de ſuccès. Elle reprit divers rôles de l'ancien répertoire, & dans le nouveau quelques rôles de drame,
précédemment créés par Mlle Mars, entre autres Clotilde, la ducheſſe de Guiſe, doña Sol, pour ne citer
que les plus importants.

Sa création de Kitty Bell, dans *Chatterton*, le 12
février 1835, & celle de la Catarina dans *Angelo*, le
23 avril ſuivant, rôles faits en vue de l'actrice, mar-
queront parmi les plus éclatants & les plus complets
de ſa carrière théâtrale. Le premier, rendu avec une
vérité de paſſion chaſte & contenue, une ſenſibilité
profonde, fut véritablement un triomphe, & ſuffirait
à la réputation d'une artiſte; dans *Angelo*, elle ſe
trouvait en préſence de Mlle Mars, c'eſt-à-dire du talent
le plus correct & le plus parfait, & elle ſoutint ſans
déſavantage ce voiſinage redoutable; les bravos & le
ſuccès ſe partagèrent entre les deux éminentes interprètes, juſtement applaudies dans des rôles dont l'é-

change entre elles eût paru mieux s'approprier à la nature si différente de leur talent. C'est ce qui arriva plus tard : Mlle Mars, ayant quitté son rôle, Mme Dorval le reprit avec succès. Cependant, en 1838, elle cessait d'appartenir à la Comédie-Françaife, & entrait au Gymnase où elle passa une année. Elle s'y retrouva avec Bocage, & établit plusieurs rôles dans de petits drames bourgeois, dont le cadre restreint ne permettait qu'à demi le développement de son jeu ardent & passionné. Elle rencontrait, à la fin de 1839, dans *le Proscrit*, drame de Frédéric Soulié, joué au théâtre de la Renaissance, un rôle plus en rapport avec ses facultés dramatiques.

En avril 1840, elle était imposée à la Comédie-Française par Mme Georges Sand, pour jouer le principal rôle dans son drame de *Cosima*, qui n'eut pas de succès; puis, elle quitta de nouveau & sans retour notre première scène, & alla donner en province des représentations brillantes, sans doute, mais dont l'éclat passager ne suffit pas pour compenser le regret de ne pouvoir ressaisir, sur une scène parisienne, une position stable, & digne de son talent, qui était encore dans toute sa force. Vers la fin de 1842, engagée au théâtre de l'Odéon, elle jouait dans *les Deux Impératrices* (de Mme Ancelot, 4 décembre), *la Main gauche & la Main droite* (de Léon Gozlan, 24 décembre), drames, & créait, le 22 avril 1843, le personnage de Lucrèce, dans la tragédie de Ponsard : curieux & intéressant spectacle d'une artiste, dont le jeu passionné, tout de verve & d'inspiration, d'une vérité presque réaliste, après avoir contribué si puissamment aux triomphes de l'école romantique, obtenait un grand succès dans une œuvre classique, étude sévère & correcte.

Mme Dorval, après avoir joué le quatrième acte de la *Phèdre* de Pradon (1), voulut s'essayer dans la *Phèdre* de Racine; elle joua aussi Hermione, d'*Andromaque*, avec intelligence, sans doute, mais sans éclat.

Après un retour passager au drame sur la scène de la Porte-Saint-Martin, elle revenait à l'Odéon faire applaudir *la Comtesse d'Altemberg*, d'Alphonse Royer & de Gustave Vaëz, & reparaissait quelques mois plus tard au boulevard où, le 11 novembre 1845, elle remportait, dans *Marie-Jeanne*, un dernier mais éclatant triomphe. On peut dire qu'elle joua ce rôle avec toute son âme, avec les souvenirs de sa vie de misère d'autrefois & cette ardeur de tendresse maternelle qu'elle avait pour ses enfants. Le succès fut énorme, &, suivant la spirituelle remarque d'Auguste Vacquerie, « tout Paris accourut au cri qu'elle poussait devant

---

(1) Elle écrivait à ce sujet à un journaliste bien connu dans la presse théâtrale, le billet suivant :

« Mon ami, voulez-vous me mener chez ce cher M. Véron (*) demain, avant ou après ma répétition? Il faut nous dépêcher, n'est-ce pas?... Ah! quels vers que ceux de ce M. Pradon! Pour les retenir, je suis obligée de les mettre sur l'air : *Vive, vive à jamais M. de Catinat*. Envoyez-moi un de vos esclaves pour me répondre.

« J'embrasse votre femme & je vous aime.

« Marie DORVAL. »

(*) On devait donner, sur le théâtre de l'Opéra, une représentation à son bénéfice, dans la composition de laquelle devait entrer un acte de la *Phèdre* de Pradon.

« le tour des Enfants-Trouvés. » Les efforts qu'elle fit & cette surexcitation d'un rôle qui répondait aux fibres les plus sensibles de son cœur, compromirent sa santé; elle tomba malade. Aussi pouvait-elle répondre avec vérité à Alexandre Dumas lui disant : que pas une artiste n'avait été comme elle acclamée & fêtée du public : « Je le crois bien! les autres ne lui donnent « que leur talent; moi, je lui donne ma vie. »

Ce rôle de Marie-Jeanne clot brillamment, mais définitivement sa carrière dramatique; car, nous ne comptons que pour mémoire les rôles d'Agnès de Méranie & d'Augusta qu'elle remplit en 1848 & 1849, au théâtre de l'Odéon, dans les deux tragédies de Ponsard & Latour Saint-Ybars. Vieillie, moins par l'âge que par les fatigues & les tourments de cette vie nomade & de ces engagements temporaires qui cessaient avec les œuvres représentées, Mme Dorval dut renoncer à l'espoir de retrouver sur un théâtre une position assurée, si modeste qu'elle fût.

Elle ne survivait pas à sa réputation qui, dans le public, conservait sa notoriété; mais elle ne trouvait plus chez les directeurs l'occasion de la maintenir, sinon de l'accroître. Et, cependant, plus que jamais, la nécessité de faire vivre une famille nombreuse & de suffire à de lourdes charges, l'obligeaient à poursuivre l'exercice de sa profession. Mais nulle part elle ne put trouver d'engagement.

Au mois de mai 1848, elle perdait son petit-fils Georges, un enfant de quatre ans qu'elle adorait. Cette perte acheva de porter le découragement dans le cœur de la femme & de la mère qui difait, à l'époque où *Marie-Jeanne* fut reprife au Théâtre-Hiftorique, qu'elle avait toujours efpéré mourir fur « le théâtre « au moment où elle fe féparerait de fon enfant. »

Elle éprouva, à la même époque, une déception qui lui fut bien fenfible : celle de voir donner à une autre actrice qu'elle le rôle de *la Marâtre,* de Balzac, qui lui avait été promis.

Une tentative faite pour rentrer à la Comédie-Françaife, comme fimple penfionnaire, fe renfermant dans les rôles les plus modeftes, échoua. On crut adoucir ce que ce refus avait de pénible, par l'offre d'un fecours menfuel pris fur une économie d'éclairage ; l'artifte, juftement bleffée, refufa.

Enfin, repouffée de toute part, humiliée, fuccombant à la fatigue, aux mécomptes, & bien qu'affaiblie par le chagrin & la maladie, elle partit, au mois d'avril 1849, pour Caen, avec l'efpoir d'y donner quelques repréfentations ; efpoir cruellement déçu par le mal qui avait fait de rapides progrès. A fon arrivée, elle dut prendre le lit pour ne plus fe relever. Pendant plus d'un mois, en proie aux fouffrances d'un mal qui ne pardonne pas, une fièvre pernicieufe & une perforation du poumon, elle n'eut d'autre garde que fon gendre, René Luguet (1), accouru auprès d'elle pour

---

(1) Alexandre-Dominique-Efprit Bénéfand, dit René Luguet, l'un des bons comiques du théâtre du Palais-Royal, qui avait époufé, le 27 décembre 1842, Philippe-Caroline Allan, dite Dorval.

la soigner. Mais elle voulait mourir à Paris & elle partit. Dans le trajet la diligence versa. Enfin, la pauvre femme n'arriva dans la capitale que pour y mourir, le 20 mai 1849, un an & quatre jours après la mort de l'enfant qu'elle n'avait pas cessé de pleurer.

Presque au même moment où elle cessait de souffrir, une pétition, signée par les principaux auteurs dramatiques & les représentants les plus autorisés de la littérature & de la presse, réclamait son admission au Théâtre-Français.

Le 22 mai, les derniers devoirs lui furent rendus à l'église Saint-Thomas-d'Aquin, & M. Camille Doucet prononça sur sa tombe, au cimetière Mont-Parnasse, quelques paroles émues.

En 1829 (17 octobre), Mme Dorval avait épousé, en secondes noces, Merle, un homme d'esprit, auteur dramatique, connu par de nombreux succès obtenus sur les scènes secondaires, mais qui, loin d'apporter dans cette alliance l'ordre & l'économie, devait y être une charge d'autant plus lourde qu'il tomba en paralysie peu d'années après son mariage. Il est mort le 27 février 1852.

Ainsi finit, à cinquante-deux ans, tuée par les peines d'un cœur maternel & par le découragement de l'artiste, une femme qui a laissé une trace brillante & le souvenir de glorieux triomphes dans le cours de sa carrière théâtrale; nature exceptionnellement douée & convaincue, dont l'organisation impressionnable & la sensibilité expressive élevaient le talent au-dessus des pièces médiocres qu'elle interprétait, & les maintenaient au niveau des œuvres littéraires auxquelles restera attaché son souvenir. Cette gloire de l'artiste qui rendit son nom populaire, elle la conquit au prix des douleurs & des misères de sa jeunesse, &, plus tard, elle l'expia en quelque sorte cruellement par les souffrances & la position pénible de ses dernières années.

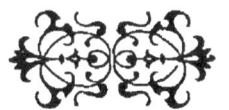

MADEMOISELLE ANNE DUSSERT

DEPUIS MADAME DOCHE

1798 — 1836

NÉE à Saulieu, en Bourgogne, de parents pauvres, elle vint à Paris fort jeune & fut d'abord fille de bains. Comme elle était extrêmement jolie, blonde, très-fraîche, quelqu'un la tira de cette pofition fubalterne. Ici, une lacune dont on ignore les phafes, fi ce n'eft qu'elle apprit à lire & à écrire tant bien que mal. Il paraît, d'ailleurs, qu'elle fut heureufe dans le choix de *fa* ou de *fes* liaifons, car elle acquit de l'ufage & quelques bonnes manières du monde. Comme délaffement, elle jouait la comédie de fociété. Elle y

---

Extrait des actes de l'état civil de la municipalité de Saulieu (Côte-d'Or): « Le vingt prairial an VI (8 juin 1798) eft née *Anne*, fille de Romain Duffert, vigneron, & de Antoinette Faivre, fon époufe, domiciliés en cette ville. »

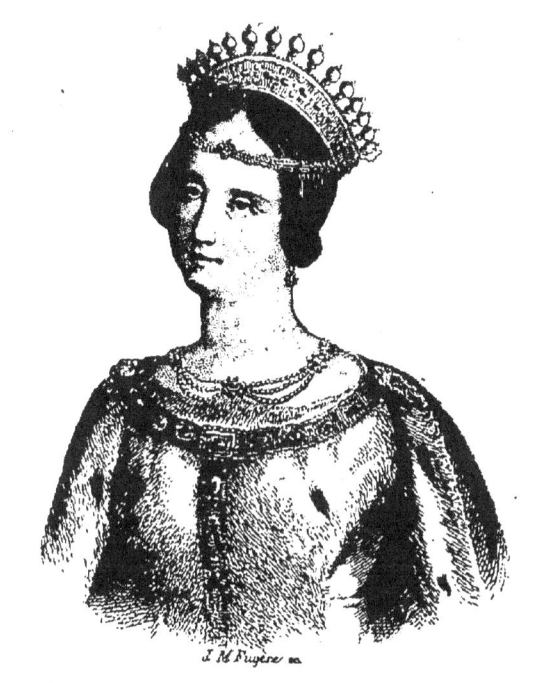

ANNE DUSSERT DOCHE
1798-1836

prit goût & se crut bientôt en état de paraître en public. Elle débuta en 1824, au Vaudeville, par le rôle d'Amélie, dans *la Visite à Bedlam*, & plut par sa beauté, à défaut de son talent : néanmoins, elle prit petit à petit sa place. D'une intelligence médiocre & d'une timidité qui provenait, sans doute, du souvenir de son extraction, cette actrice ne put jamais établir un rôle de sa propre initiative ; fort ignorante, elle ne comprenait pas un rôle à la première audition, & il fallait que Fontenay, dont elle recevait des conseils, lui en fît la lecture & l'analyse, avant qu'elle ne se mît à l'étudier. Il avait une peine extrême à la mettre dans la voie du naturel. Aux premières représentations d'un ouvrage, à l'issue de ses leçons sur lesquelles elle calquait son jeu, son physique & sa toilette aidant, Mlle Dussert était passable ; c'est ainsi qu'elle a fait de belles créations, au nombre desquelles il faut mettre en première ligne *Marie Mignot, la Mère au Bal* & quelques autres encore, dont son professeur aurait pu revendiquer la meilleure part du succès. Mais elle n'était passable que pendant les premières représentations ; si le succès devenait de la vogue, sa nature ignorante reprenait le dessus.

Telle était cette comédienne de peu de fond, qu'un travail ardu & un grand désir de plaire rendaient agréable au public.

Mlle Dussert avait un esprit borné. Mais bonne & étrangère aux intrigues de coulisses, aux rivalités & aux jalousies, d'un caractère serviable, d'une âme charitable, elle a obligé beaucoup de gens, foulagé beaucoup de miferes, &, felon l'ufage, elle a fait bien des ingrats.

Ayant commencé fa carrière théâtrale fous le nom de Duffert, elle la termina fous celui de Doche, chef d'orcheftre du Vaudeville. Celui-ci, fort épris de fa beauté, ne pouvait parvenir à la fléchir. Elle avait alors une belle pofition qu'elle ne voulait pas perdre. Mais le banquier hollandais, *fon protecteur*, vint à l'abandonner pour Jenny Colon, &, dans fon dépit, elle époufa Doche (1) qui, toujours épris, fe réfigna humblement à ce que ce fentiment avait de peu flatteur pour lui. Cette union fut heureufe, d'ailleurs, & quoiqu'ils aient été mariés féparés de biens, Mme Doche laiffa par teftament à fon mari tout ce qu'elle poffédait à l'époque de fa mort, arrivée le 21 octobre 1836, après une longue maladie, à la

---

(1) Ce mariage eut lieu le 17 mars 1830.

Pierre-Alexandre Doche, à qui la mufette du Vaudeville doit une foule d'airs charmants, était né à Paris, le 21 octobre 1801, fils de Jofeph Doche, qui avait été lui-même un muficien de talent, &, pendant un certain nombre d'années, avait auffi conduit l'orcheftre du théâtre du Vaudeville.

Dans l'année 1842, Doche, qui, depuis la mort de fa première femme, n'avait pas trouvé le bonheur dans un fecond mariage, fe rendit en Ruffie. Peu de temps après fon arrivée, le choléra fe déclara à Saint-Péterfbourg : il fut une de fes premières victimes & mourut dans la demeure d'une charmante actrice du Vaudeville (*), expatriée en Ruffie, où elle faifait les beaux jours du théâtre Michel, & qui avait recueilli le pauvre malade.

(*) *Louife Mayer.*

charge de servir une rente viagère à ses père & mère, vieux paysans de la Bourgogne, qu'elle n'avait jamais oubliés & que dans les dernières années elle avait fait venir & installer à Paris ; à la charge encore de pourvoir à l'éducation de deux nièces, jusqu'à ce qu'elles aient atteint dix-huit ans : obligations qui ont été religieusement remplies par son mari.

PIERRE-FRANÇOIS TOUZÉ

BOCAGE

1799 — 1862

AINSI qu'il eſt arrivé à plus d'un artiſte célèbre, Bocage eut longtemps à lutter contre les difficultés & les obſtacles, dans les commencements de ſa carrière théâtrale.

PIERRE-FRANÇOIS TOUZÉ, né dans la plus humble condition, commença par être ouvrier toilier chez ſon

---

Extrait du regiſtre des actes de naiſſance de la municipalité de Rouen, pour l'an VIII : « L'an huit de la République françaiſe, le vingt & un brumaire (12 novembre 1799), avant midi, devant nous, souſſigné, officier public de la commune de Rouen, eſt comparu Guillaume Touzé, toilier, quartier Martainville, lequel, en préſence des témoins ci-après déſignés, m'a déclaré que le jour d'hier, à ſept heures du ſoir, en ſon domicile, & de ſon mariage avec Marie-Anne-Eliſabeth-Louiſe Porée, contracté le 9 mai 1792, en la ci-devant paroiſſe de Saint-Vivien de cette commune, il lui eſt né un enfant du ſexe maſculin, auquel il a donné les noms de *Pierre-François.* »

Suivent les ſignatures. Le père a ſigné Touzé, dit *Bocage.*

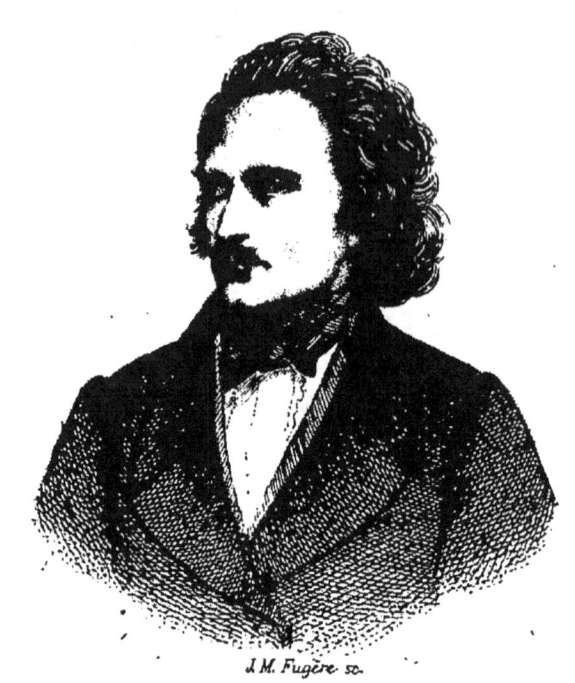

BOCAGE
1799–1862

père. Le goût du théâtre s'éveilla en lui de bonne heure ; mais l'auteur de fes jours, peu touché de fes afpirations dramatiques, le tint en charte privée. Cependant, malgré la furveillance dont il était l'objet, le futur Antony trouva moyen de s'y fouftraire, & le gouffet garni de quelques piécettes blanches qu'y avait gliffées fa mère plus indulgente, il prit la route de Paris, & dès qu'il eut mis le pied dans la grand'ville, il courut fe préfenter au Confervatoire, où, vêtu d'un habit bleu barbot & d'un certain pantalon jaune citrouille qui firent fenfation, il récita avec feu & force geftes une tirade tragique, contre laquelle fon vêtement proteftait, & c'eft à l'unanimité qu'il fut... refufé.

Découragé, au point d'être pris de dégoût pour la vie, il eut un moment la penfée d'enfevelir au fond de la Seine fes illufions perdues & fon défefpoir. Son frère aîné, qui avait toujours combattu fon penchant artiftique, lui remonta le moral, &, à défaut de conviction, le laiffa, du moins, réfigné à fuivre une carrière plus folide que celle qu'il avait voulu embraffer.

Bocage entra donc comme garçon épicier chez un oncle, établi dans le quartier latin ; mais bientôt, laiffant là la caffonade, il devint fucceffivement clerc d'huiffier, commis d'agent d'affaires & employé au greffe du Confeil de guerre (1), menant une vie

(1) Ce qu'il y a de curieux, dit Paul Foucher dans un de fes feuilletons, c'eft que le greffier en chef du Confeil de guerre, fous les ordres de qui était Bocage, était un ancien comédien, nommé Defchamps.

besogneuse & précaire, jusqu'au jour où, toujours attiré vers le théâtre, il alla offrir ses services au directeur de feu *Bobino* (1), qui les refusa.

Bocage s'enrôla alors dans une troupe de comédiens ambulants, étudiant du mieux qu'il pouvait, & parvint, à force de persévérance, à obtenir de débuter à la Comédie-Française, où il parut, le 24 juin 1821, dans *l'Abbé de l'Epée*, drame larmoyant de Bouilly, par le rôle de Saint-Alme. On lui reconnut de l'intelligence & de la chaleur ; mais une absence totale de tenue & des gestes mal réglés l'empêchèrent d'être admis à l'essai.

L'année suivante, il fut plus heureux lors de ses débuts à l'Odéon, dans les rôles de Dorante, du *Menteur*, & de Folleville, des *Etourdis*. Attaché pendant plusieurs années à ce théâtre, il fit, dans les premiers rôles de la comédie & du drame, des créations remarquées : *l'Homme habile* (de d'Epagny), — *l'Homme du Monde* (d'Ancelot), — *Lancastre* (de d'Epagny) & *l'Espion*, drame tiré du roman de Cooper, trouvèrent en lui un habile interprète.

En 1829, il traversait les ponts & entrait au théâtre de la Gaîté, où il apportait des qualités dramatiques assez généralement inconnues de son nouveau public. Sir Jack, dans *Alice* ou *les Fossoyeurs écossais*, mélodrame de Charles Desnoyers & Edan (24 octobre),

---

(1) Ce théâtre, ouvert par tolérance en 1818, avec danses de cordes, marionnettes, pantomimes & parades extérieures, finit par répudier son premier nom & prit celui de théâtre du Luxembourg.

& le chevalier Wilfrid, dans *Newgate*, drame de Sauvage (20 novembre), commencèrent, fur le boulevard, une réputation qui grandit encore l'année fuivante au théâtre de la Porte-Saint-Martin par les rôles oppofés de ton & d'allures, du juif Shylock, du fergent Hubert, dans *Schœnbrunn & Sainte-Hélène*, & du vieux curé, de *l'Incendiaire*. Enfin, le rôle d'Antony (1), dans le drame célèbre d'Alexandre Dumas, joué le 3 mai 1831, & celui de Didier, dans la *Marion Delorme*, de Victor Hugo, repréfentée le 11 août fuivant, placèrent Bocage immédiatement après Frédérick Lemaître, au premier rang des acteurs les plus populaires du drame moderne. Il devint, avec Mme Dorval, l'interprète le plus convaincu de la nouvelle littérature, & perfonnifia avec fes qualités, &, il faut le dire, avec fes défauts, les créations puiffantes & hardies des novateurs dramatiques.

Dans la force de l'âge & dans tout l'éclat de fes fuccès, cette époque eft la plus brillante de fa carrière. Jeune encore, & de haute taille, le vifage éclairé par deux yeux brillant d'un feu fombre, l'organe voilé, qui, dans les fcènes de paffion, vibrait avec éclat, la diction tantôt lente à deffein & tantôt faccadée avec violence, une verve nerveufe & fébrile, d'une poéfie à la fois exaltée & concentrée, donnaient

---

(1) Bocage alla, en feptembre 1832, en repréfentation dans fa ville natale. Il joua *la Tour de Nefle*, *Eu Théréfa* & *Antony*. Cette dernière pièce fut jouée fept fois de fuite, mais toujours avec une oppofition très-forte.

(*Hiftoire des Théâtres de Rouen*.)

à fon jeu une fougue ardente & mélancolique, qui exerçait une fingulière & réelle attraction fur les fpectateurs. Son individualité fe confondait avec les héros qu'il était appelé à reproduire fur la fcène & en demeurait, en quelque forte, inféparable. Enfin, fon nom devenait celui d'un emploi, & l'on difait *jouer les Bocage*, comme jadis on difait jouer les Talma, les Préville, les Dugazon.

En dehors du théâtre, Bocage affichait des opinions hoftiles au gouvernement de la Reftauration. Il s'était battu aux Journées de Juillet, & cette oppofition il la continua fous la royauté de Louis-Philippe ; feulement, il eut le tort d'en tranfporter fur la fcène l'expreffion exaltée & de les proclamer, en voulant, comme il le difait, féparer le *citoyen* de l'acteur (1) : ce qui l'expofa plus d'une fois à des farcafmes auxquels il était fort fenfible.

Quelque peu compromis dans des manifeftations politiques, fréquentes à cette époque, un foir qu'il jouait dans *la Tour de Nefle* le rôle de Buridan, au moment où, dans la fcène de la prifon, il demandait à Marguerite : « Quel tribunal me jugera ? » Une

(1) Paul Foucher raconte que Bocage, oubliant un foir les plus fimples convenances à l'égard du public, ufait du droit d'interpellation pour rappeler aux fpectateurs que deux révolutions avaient émancipé le *citoyen*, même quand il était fur les planches. Le filence fe rétablit ; mais quelque temps après, Bocage étant encore en fcène, un fpectateur éternua. « Quoi ! s'écria Provoft qui était dans la couliffe, après deux révolutions, un fpectateur ofe éternuer devant le citoyen Bocage ! »

voix de la salle lui répondit : « Un tribunal d'exception ! »

C'est par allusion à ses opinions bien connues, qu'Harel, ce spirituel directeur de la Porte-Saint-Martin, continuellement aux prises avec les prétentions de ses trois principaux artistes : Frédérick, Lockroy & Bocage, disait qu'il se tirait d'affaire, avec le premier, par un supplément d'appointements ; avec le second, par la réception d'une pièce ; « mais, ajoutait-il plaisamment, je ne peux pourtant pas donner la République au citoyen Bocage. » Il est juste d'ajouter que les convictions politiques de celui-ci étaient sincères & qu'il les conserva toute sa vie.

Le 6 février 1832, Bocage allait jouer, au théâtre de l'Opéra-Comique, le rôle de Delaunay, dans *Térésa*, drame d'Alexandre Dumas, &, le 29 mai suivant, il retournait à la Porte-Saint-Martin créer brillamment le rôle de Buridan, de *la Tour de Nesle*.

Croyant avec raison que sa réputation lui donnait des titres à paraître sur notre première scène, il se présenta au Théâtre-Français & fut admis par le comité, quoiqu'une portion nombreuse des comédiens protestât contre cette décision. Bocage ne débuta pas moins dans *l'Ecole des Vieillards* & dans *Clotilde* ; le rôle de Christian lui fit honneur. Il joua ensuite *le Misanthrope* avec plus d'intelligence que de respect des traditions classiques, &, le 27 mars 1833, il se fit applaudir, à côté de Mlle Mars qui jouait Clarisse, dans *Clarisse Harlowe*, drame de Dinaux.

Mécontent de l'accueil peu sympathique de MM. les comédiens du Roi, rebuté du mauvais vouloir de plusieurs d'entre eux, Bocage rompit son engagement & retourna à la Porte-Saint-Martin, où il reparut, le 25 septembre, par le rôle de Falkland, que Talma avait joué jadis & dans lequel il avait laissé des souvenirs écrasants. Bocage voulut prouver sans doute à ses ci-devant camarades de la Comédie-Française qu'il était tout aussi capable qu'eux de jouer le drame classique ; en effet, il composa ce rôle avec une profonde intelligence, une dignité mélancolique & une étude savante du caractère, auxquelles on rendit justice ; le reproche qu'on put lui adresser fut peut-être d'avoir poussé à l'excès sa science du détail & voulu attacher une intention presque à chaque mot, à chaque geste. Malgré cette exagération d'une qualité qui fut aussi le défaut de Baptiste aîné, il restait évident qu'aucun sociétaire de la Comédie-Française, à ce moment, n'aurait pu rendre ce personnage avec autant de profondeur & de vérité.

L'année suivante, il reprenait un autre rôle de Talma, dans *Pinto*, comédie de N. Lemercier, & s'y distinguait également par la science des nuances & la variété du débit & du jeu.

C'est dans cette pièce que, toujours poursuivi par ses idées d'opposition au gouvernement, il se donnait la satisfaction puérile de pousser le cri de : *A bas Philippe!* avec une intonation significative, dont le public saisissait parfaitement l'intention séditieuse,

& que l'artiste rappelait encore complaisamment en 1848, dans une discussion sur la censure.

Entre ces deux reprises, Bocage avait obtenu un grand succès dans un des rôles les mieux appropriés à son talent, celui de d'Alvimar, d'*Angèle*, & joué les rôles principaux dans *le Brigand & le Philosophe*, & dans *la Vénitienne*, œuvres dramatiques d'une valeur tout à fait secondaire.

Ango, drame de Félix Pyat & d'Auguste Luchet, représenté le 29 juin 1835 au théâtre de l'Ambigu-Comique, fournit à Bocage un double triomphe d'artiste & de républicain, en lui permettant, dans le rôle d'Ango, de tenir à ses pieds & d'humilier le roi François Ier, coupable, du reste, d'ingratitude envers le patriote dieppois.

Les sept Infants de Lara, drame inégal mais puissant de Félicien Mallefille, *Don Juan de Marana*, œuvre fantastique d'Alexandre Dumas, lui durent, en 1836, un succès brillant, mais éphémère. Plus tard, dans *Riche & Pauvre*, d'Emile Souvestre, il composait, avec une conviction émue & une simplicité poignante, le rôle d'Antoine, personnification du talent & de l'honneur sacrifiés à la toute-puissance insolente de la richesse.

De 1838 à 1839, Bocage, abandonnant le grand drame, passa deux ans au théâtre du Gymnase-Dramatique, &, dans un cadre plus restreint, se fit applaudir sans amoindrir son talent.

En 1841, il rentrait au théâtre de la Porte-Saint-Martin dans *Jeannic le Breton*, drame d'Eugène Bourgeois; puis, après une tournée artiſtique en province, il revenait, en 1843, pour jouer à l'Odéon le major Palmer, dans *la Main droite & la Main gauche;* Créon, dans *Antigone,* & Brute, dans la *Lucrèce,* de Ponſard.

En 1845, il devient directeur de ce théâtre. Il reprend, après un ſilence de deux ſiècles, *le Véritable Saint-Geneſt,* tragédie de Rotrou, & joue *Notre-Dame des Abymes,* drame de Léon Gozlan ; *Diogène,* drame violent & agreſſif, de Félix Pyat ; *Echec & Mat,* œuvre de ſon neveu Paul Bocage ; *l'Univers & la Maiſon,* comédie de Méry, & enfin, *Agnès de Méranie,* tragédie de Ponſard.

En 1848 (1), il fait à la Comédie-Françaiſe une nouvelle & dernière apparition, en reprenant, après Volnys, le rôle de Louis XIV, dans *la Vieilleſſe d'un grand Roi.*

Un acte de l'autorité, dont on peut conteſter l'équité, lui enlève la direction de l'Odéon, &, compromettant ſa modeſte fortune, le force à reprendre, juſqu'à la fin de ſa carrière, le pénible métier de comédien nomade ſur les diverſes ſcènes pariſiennes. Sa réputation ſurvit à ſa mauvaiſe fortune ; mais ſi ſon nom appelle encore la foule au théâtre qui l'accueille momentanément, il n'a plus ni l'autorité ni l'éclat d'autrefois.

(1) Au mois d'avril de cette année, il publie : *Lettre de Bocage, artiſte dramatique, au citoyen Lamartine.*

Après avoir donné dans les départements, où fa réputation eft demeurée entière, des repréfentations fort fuivies, il revient, en janvier 1851, créer à la Porte-Saint-Martin, dans un drame paftoral de Georges Sand, *Claudie*, un rôle de vieux payfan, admirablement compofé.

Au mois de mai fuivant, nous le retrouvons au théâtre de la Gaîté, reproduifant dans un autre drame de Georges Sand, & avec une fcience merveilleufe, la grande figure de Molière.

Quelques années s'écoulent & le voici, en mai 1854, jouant au Vaudeville, dans *le Marbrier*, drame d'Alexandre Dumas, un rôle de père privé de fon enfant, qu'il rendit avec un profond fentiment de douleur & de tendreffe réfignées.

L'année fuivante, il remplit, au théâtre de la Porte-Saint-Martin, dans un drame de Paul Meurice, forte de panorama dramatique de *l'Hiftoire de Paris*, les rôles fucceffifs de Merlin, d'Abailard & de Molière.

En 1857, il créa, au théâtre du Cirque-Olympique, le rôle de l'amiral Bing, cette victime infortunée de l'orgueil national anglais.

Lorfqu'on le dépoffréda de la direction de l'Odéon, on lui promit un dédommagement; cette promeffe, tant de fois éludée, on finit par la tenir, en lui accordant le dérifoire privilége du théâtre Saint-Marcel. Bocage ne recula pas devant ce problème infoluble de trouver un public pour cette falle & ce quartier perdus. Il réunit une troupe de jeunes artiftes, dont il fe fit le profeſſeur, &, le 2 décembre 1859, il rouvrait les portes de cette pauvre ſalle & donnait, avec plus de courage que de ſuccès, pluſieurs drames, parmi leſquels nous citerons *l'Amour*, de Mme Eugénie Niboyet, & *Faire ſon chemin*, de Paul d'Hormoys. Malgré la ſympathie qu'inſpiraient au public lettré & à la preſſe la perſonne & la poſition peu heureuſe de Bocage, la tentative échoua.

L'artiſte découragé & vieilli d'ailleurs, dans cette lutte contre la mauvaiſe chance, quoique à bout de forces, alla encore donner çà & là quelques repréſentations, même ſur les ſcènes les plus obſcures. Il ſemblait déformais réſervé à l'oubli, cette mort anticipée, plus terrible pour les artiſtes que la mort même, quand à l'Ambigu-Comique, dans *les Beaux Meſſieurs de Bois-Doré* (1), il eut un dernier triomphe, triomphe éclatant & vengeur. Jamais, peut-être, ſon talent multiple & varié n'atteignit une pareille élévation; cette création, l'une de ſes plus complètes, fut la dernière joie de ſa vie d'artiſte. Les repréſentations épuiſées, Bocage retomba dans ſon iſolement, & ſes derniers jours furent bien triſtes. Condamné par la néceſſité à continuer ce que, depuis des années de déſilluſion, il n'appelait plus un art, mais un métier, on le vit plus d'une fois, à défaut de ſcènes plus dignes de ſon talent dont l'accès lui était fermé, le corps

(1) Drame de Georges Sand, tiré d'un de ſes romans portant le même titre, repréſenté le 26 avril 1862.

courbé, le visage fatigué, monter sur l'impériale de l'omnibus allant au théâtre de Belleville, où, en échange d'un jeton de vingt-francs, il interprétait un de ses beaux rôles d'autrefois.

La maladie, contre laquelle il luttait depuis plusieurs mois, eut à la fin raison de cette organisation brisée par le chagrin plus encore que par l'âge, & Bocage cessa de vivre & de souffrir le 30 août 1862.

LOUISE-CHARLOTTE DESCHAZEL, DITE POUSSAINT

MADAME PERRIN

1800 — 1822

S'IL eſt une actrice qui ne doit pas être oubliée dans cette galerie, c'eſt Mᵐᵉ Perrin, dont le ſouvenir eſt encore préſent aux amateurs du théâtre, & qui, ainſi qu'un météore brillant, ne fit que paraître & diſparaître, laiſſant après

---

Extrait des regiſtres de naiſſance de la ville de Genève, pour l'an VIII de la République françaiſe : « Aujourd'hui, troiſième jour du mois de ventôſe an huit de la République françaiſe (22 février 1800), par devant moi ſouſſigné officier municipal de la ville de Genève... eſt comparu Louis Deſchazel, dit Pouſſaint, artiſte au théâtre de Genève, y demeurant, lequel, en préſence de deux témoins (ſuivent les noms), nous a déclaré que Jeanne Dubocage, ſon épouſe en légitime mariage, eſt accouchée le deux ventôſe, à deux heures après midi, dans ſon domicile, ſitué rue Baſſe des Allemands, d'un enfant femelle, qu'il m'a préſenté & auquel il a donné les noms de *Louiſe-Charlotte*, &c. »

Ont ſigné.....

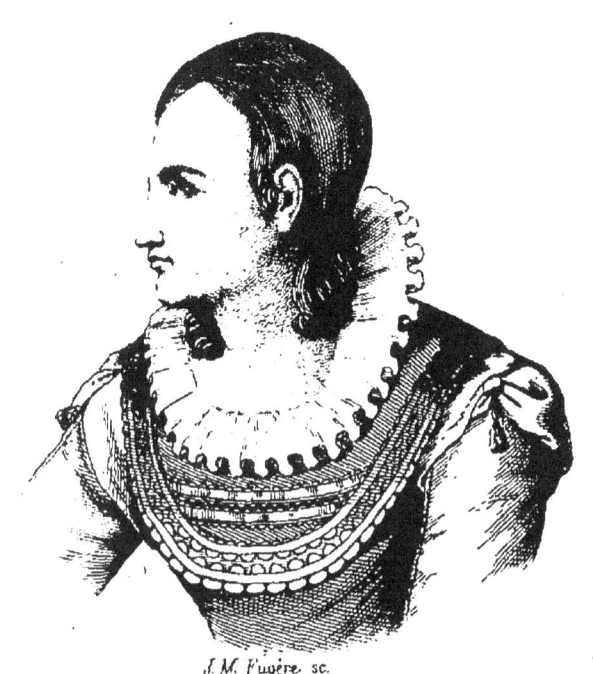

Mme PERRIN
1800-1822

elle des regrets à tous ceux qui dans fon court paffage avaient été à même d'apprécier fon mérite & fa grâce.

Née à Genève, en 1800, elle fut deftinée au théâtre en venant au monde. Ses parents étaient comédiens & dans ce temps-là, les *Enfants de la balle*, comme on difait alors, fuivaient affez ordinairement la route qu'avaient fuivie leurs auteurs. A l'âge de cinq ou fix ans, la petite Louife jouait déjà de petits rôles. Son père, doué d'une beauté remarquable chez un homme, jouait avec fuccès les *Elleviou* en province. Il était doué d'un talent fort agréable, très-aimé du public &, furtout, très-apprécié des femmes : trop apprécié, malheureufement pour lui, puifque fa conduite, fort peu régulière, le conduifit au tombeau, jeune encore. C'eft à Strasbourg qu'il termina fa carrière. Quelques dames de cette ville, émues du fort de la pauvre orpheline, fi intéreffante par fa pofition, fa gentilleffe & fon intelligence précoce, s'entendirent pour la faire élever au couvent fous leur furveillance ; elle y reçut l'éducation la plus complète. Elle n'en fortit que pour époufer Perrin, avec une petite dot & un joli trouffeau, double libéralité par laquelle fes bienfaitrices couronnèrent leur belle action.

La jeune femme était alors une jolie blonde, gracieufe, poffédant une voix agréable, une diftinction fuprême, un talent naturel & naïf : en un mot c'était une charmante perfonne, au moral comme au phyfique. Auffi devint-elle promptement & à jufte titre, l'idole du public. Elle débuta au Vaudeville, le 17 mai 1817, par le rôle de Mme de Folignac, dans le *Procès du Fandango* (1), avec un fuccès prodigieux. Le *petit Dragon de Vincennes* (feptembre 1817), *Une Vifite à Bedlam*, où elle était fi gaie, fi fémillante dans le perfonnage d'Amélie, la *Volière du frère Philippe* (15 juin 1818), le *Fou de Péronne* (1819), *Caroline* (*id.*) & la *Somnambule*, à laquelle elle procura un fuccès de vogue, furent

---

(1) A peu près à la même époque où Mme Perrin entra au Vaudeville, il débuta, à ce même théâtre, le 3 feptembre, une jeune actrice qui s'était d'abord effayée à l'Opéra-Comique; c'était la blonde Clara, qui, reftée dans l'ombre pendant longtemps, au départ de Mme Perrin, fe trouva mife en évidence & partagea bientôt avec la piquante Pauline Geoffroy les fympathies des habitués de ce théâtre. Elle excellait dans les rôles de jeunes payfannes & il n'eft perfonne qui ne fe rappelle fa gentilleffe dans le rôle de Julienne, de *Vadeboncœur*, où elle fe moquait, on ne peut plus agréablement de l'intendant Leloup, qui la pourfuivait de fes affiduités. Ce *Leloup*, était repréfenté par un acteur ordinairement fort médiocre, mais qui dans ce rôle-là fe fit une efpèce de réputation. Il fe nommait *Claude-Edouard* Doussot. Le nom d'*Edouard* était le feul fous lequel il fût connu du public.

Affligé de la gravelle, & ne pouvant s'aftreindre au régime févère qui lui était ordonné, il tombait à chaque inftant dans des crifes qui devinrent fi fréquentes, que la direction lui fignifia fa retraite. Gaftronome endurci & incorrigible, il comprit que 4,000 fr. d'appointement ne lui fuffifant pas pour fatiffaire fes goûts, il le pourrait encore bien moins avec une penfion de 900 fr. Il réfolut d'en finir avec fa maladie... *Crever* ou mourir, pour lui, c'était tout un... Il creva, voici comment : La médecine Leroy faifait grand bruit à cette époque; elle était à la mode & fe prenait par potions indiquées. Mais Edouard, qui était preffé, ne fuivit pas les ménagements prefcrits. Un beau foir, il fe mit au lit après avoir avalé un litre de la bienfaifante purgation. Il vivait feul, féparé de fa femme qu'il avait rendue très-malheureufe. Le lendemain matin, fa maîtreffe, qui avait une

autant de victoires pour elle (1). Par malheur, ses forces ne répondaient pas à son zèle. Déjà souffrante de la poitrine, elle avait dû, en février 1820, aller s'installer dans une étable au village de Vauréal, près de Gonesse ; les exigences de son service l'en empêchèrent. A l'expiration de son engagement avec le Vaudeville, elle se rendit aux eaux du Mont-d'Or. Ici l'on doit dire, le plus discrètement possible, que le trouble s'introduisit dans le ménage & que ce ne fut pas son mari qui l'accompagna dans son voyage.

Son talent vint s'éteindre au Gymnase & sa personne chez Samson, le 22 octobre 1822. Ses obsèques eurent lieu à Saint-Sulpice. Conduite par un malentendu au

clé de son logement, entra en chantant & disposa le couvert pour déjeuner avec un succulent pâté & deux bouteilles de Bordeaux, des fruits, &c. Quand les apprêts sont terminés, un peu étonnée que le cliquetis des assiettes n'ait point éveillé son gourmand, tout en lui parlant, elle passe dans l'alcove, en tire les rideaux & recule épouvantée devant un cadavre marbré de noir & de vert & déjà en décomposition. Voilà comment finit, le 23 février 1823, cet homme peu recommandable dans sa vie privée, & nul dans sa carrière théâtrale, où il n'a joué avec quelque succès que quelques caricatures & rôles de bas comique. Il était trop grand pour l'emploi auquel il s'était voué. Il avait de gros yeux qui sortaient de leur orbite, & qu'il roulait sans donner d'expression à sa figure.

(1) Voici en quels termes Scribe, dans une note de son théâtre, parle de Mme Perrin :

« Charmante actrice, qui a fait
« les beaux jours du Vaudeville &
« du Gymnase. Je lui ai dû le suc-
« cès de la *Visite à Bedlam*, de la
« *Somnambule*, du *Colonel*. Une
« figure ravissante & expressive,
« un jeu plein de grâce & de fi-
« nesse, & souvent le charme inex-
« primable dont Mlle Mars seule
« offre le constant modèle : telles
« étaient les qualités qui distin-
« guaient Mme Perrin... Et elle est
« morte à vingt ans ! ! ! »

cimetière de Vaugirard, elle fut exhumée quelques jours après & transportée au cimetière du Père La Chaise.

Perrin (Pierre-Jacques-Marie), son époux, était un acteur assez ordinaire. Il avait paru à Feydeau, dans le rôle de Siméon, de l'opéra de *Joseph*, où il ne réussit pas, avant de venir débuter au Vaudeville, le 12 juin, un mois après sa femme, par le rôle de Sainte-Luce, de *Fanchon-la-Vielleuse*, & celui d'Alfred dans *Alfred-le-Grand*. Il parut lourd, gourmé, & plus propre à jouer le mélodrame que le vaudeville. Il avait été, en effet, assez longtemps acteur à la Porte-Saint-Martin, d'où une maladie grave l'avait éloigné. On le toléra cependant, grâce à sa charmante femme. Lorsque celle-ci quitta le Vaudeville, il la suivit au Gymnase.

Deux ans après sa mort il se remaria. Etant devenu veuf une seconde fois, nouveau Barbe-Bleue, il convola en troisièmes noces. Cette troisième épouse vint aussi à mourir prématurément. Perrin, qui avait alors plus de soixante-dix ans, se le tint pour dit & ne songea plus à rallumer *les flambeaux de l'hyménée*.

Depuis plusieurs années il avait perdu la vue, lorsqu'il mourut à Nantes, le 27 décembre 1865, à l'âge de quatre-vingt-cinq ans.

Perrin était professeur honoraire du conservatoire institué dans cette ville.

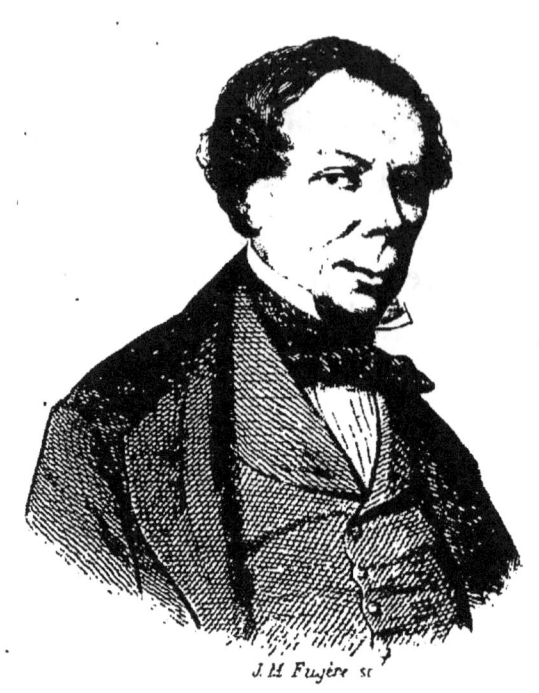

GRASSOT
1800-1860

JACQUES-ANTOINE

GRASSOT

1800 — 1860

UNE de ces liqueurs de fantaifie que l'efprit inventif d'un induftriel offrit à la fenfualité des gourmets & qui, la réclame aidant, a obtenu fous le nom de *Punch-Graffot*, une notoriété inconteftable, rappellerait au befoin le fouvenir du joyeux comique du Palais-Royal, fi ceux qui l'ont connu avaient pu l'oublier.

Extrait du regiftre des actes de naiffance de l'an VIII, pour le vi^e *arrondiffement :* « Aujourd'hui, vingt-deux nivôfe an huit de la République française (12 janvier 1800), à deux heures de relevée par devant nous, officier municipal pour le fixième arrondiffement de la ville de Paris, fouffigné, eft comparu le fieur Jean-Edme Graffot, maître tabletier, demeurant rue des Fontaines, n° 12 de cet arrondiffement, lequel nous a déclaré qu'à deux heures de la nuit de ce même jour, fon époufe, Marie-Louife Couraut, eft accouchée d'un enfant qu'il nous a préfenté, affifté de deux témoins, qui a été reconnu être du fexe mafculin & auquel il a donné les prénoms de *Jacques-Antoine*. »

Graffot est un enfant de Paris, né au commencement du siècle dans un de ses quartiers les plus populeux, la rue des Fontaines, dont il ne subsiste plus aujourd'hui qu'un tronçon aboutissant de la rue du Temple dans la rue Turbigo, & qui suffit pour donner une idée de ce qu'étaient alors ces étroites voies agglomérées & serrées dans le sixième arrondissement. Destiné, par droit de naissance, à l'industrie, Graffot, après avoir essayé de la tabletterie dans l'atelier de son père, fut successivement commis ou premier clerc... chez un épicier ; puis, rapin, courtier en bijouterie, voyageur pour la librairie, les papiers peints, les images &, finalement, joua les *amoureux*, oui, les *amoureux*, entendez-le bien, sur les théâtres de la banlieue de Paris. Après y avoir fait un apprentissage assez rude, il s'engagea dans une troupe ambulante qui exploitait, sous la direction de Perrin, l'ancien acteur du Gymnase, les petites villes du département de la Seine-Inférieure (1). Graffot ravageait alors les cœurs sous le nom plus euphonique d'Auguste.

Peu à peu, il se prodiguait moins dans ce genre de rôles, & s'étant marié à une de ses camarades

---

(1) Laferrière raconte dans ses *Mémoires*, qu'ayant eu l'idée de monter, avec quelques camarades de la banlieue, la pièce de *Marino Faliero*, qui était alors dans toute sa vogue, la petite troupe partit pour Vernon... *Marino Faliero* était représenté par Laferrière & le jeune & beau *Stenio* était joué par un artiste qui se destinait alors aux *amoureux sérieux* & qui, à l'époque du grand succès de l'*École des Vieillards*, avait créé au théâtre de Montmartre le brillant duc d'Elmar !

Cet artiste s'appelait *Graffot* !...

(Mlle Fanny Belliard) qui jouait les jeunes premières de comédie & de vaudeville, il y renonça tout-à-fait & prit les rôles de fecond comique.

Mme Graffot, ayant débuté avec fuccès au Gymnafe-Dramatique, dans quelques-uns des rôles de Léontine Volnys, Graffot fut admis, par l'entremife de fa femme, à s'effayer au même théâtre dans l'emploi de Legrand & de Sylveftre.

L'année fuivante, Mme Graffot n'étant pas reftée au Gymnafe partit pour Rouen où fon mari la fuivit, fans être d'abord engagé à ce théâtre... Cependant il ne tarda pas à l'être à fon tour dans l'emploi des *comiques*, qu'il tint avec un fuccès qui lui valut plus tard un engagement de la part du directeur du théâtre du Palais-Royal de Paris.

Il y débuta le 2 juillet 1838, dans *Monfieur de Coiflin ou l'Homme infiniment poli*, vaudeville de Marc Michel, Auguste Lefranc & Eugène Labiche, trois auteurs également à leurs débuts.

Ceux de Graffot n'eurent rien de remarquable. Son phyfique grêle, fa figure maigre, fon organe enroué, dont il devait plus tard tirer des effets d'un grotefque indefcriptible, ne le recommandèrent pas tout d'abord aux fympathies du public. Cet accueil, peu encourageant, ne le démonta cependant pas; il avait de l'intelligence, faififfait avec rapidité le côté comique d'un rôle & y apportait une originalité qui finit par le faire diftinguer. Ainfi que d'autres acteurs, Odry, par exemple, qui réuffirent furtout en tirant parti de leurs imperfections physiques, mais avec plus de talent & d'étude, Graſſot devint une physionomie à part dans la troupe comique du Palais-Royal. Son jeu excentrique, ses gestes imprévus, les inflexions d'un organe rebelle, l'incroyable bizarrerie de ses costumes lui conquirent enfin une réputation à part qu'il conserva jusqu'au dernier moment.

Cette réputation, il faut néanmoins le reconnaître, il ne la dut pas toujours à sa verve comique & à la finesse de son jeu ; en outrant ses effets, en forçant la physionomie de ses personnages, il arriva à leur donner une crudité de ton & d'allures que ceux qui ne l'ont pas vu, ne sauraient s'imaginer. Cette fantaisie de haut goût, qui n'était pas du meilleur aloi, & cette audace à fond de train dans la farce, personne ne les a pouſſées auſſi loin que cet acteur : c'était du réalisme à ses extrêmes limites ; &, pourtant son jeu ne tombait jamais dans l'indécence : il y avait là une nuance qu'il sut observer & qu'il ne dépaſſa jamais dans ses nombreuses créations.

Pendant près de vingt ans qu'il resta à ce théâtre, Graſſot a joué d'origine ou repris à peu près cent quarante rôles & dans tous il a apporté cette verve personnelle dont il avait le monopole & qui défiait toute comparaison, en bouleversant toutes les conventions reçues. Farceur à outrance & bouffon à tous crins, il violentait, en quelque sorte, en les surprenant par ses audacieuses improvisations, le rire & les applaudiſſements des spectateurs ; &, cependant, il y avait en lui des qualités réelles de comédien qui auraïent gagné à demeurer plus fobres & plus mefurées : en groffiffant fon objectif, il produifait, pour ainfi dire, des perfonnages fantafques, en dehors de toute appréciation connue & appréciable (1).

Les fatigues de fa profeffion, &, difons-le, l'abus des liqueurs alcooliques altérèrent de bonne heure fa voix qui n'avait jamais été bien nette. Ses efforts pour lutter contre un enrouement devenu chronique, achevèrent de brifer fon organe, dont il avait fait un de fes moyens de comique & le réduifirent, vers la fin, prefque à la pantomime. Il efpéra que le repos amènerait un changement favorable dans fon état. Vers le commencement de 1858, il partit pour le Midi : voyage dont on a écrit, fous fon nom, l'Odyffée burlefque. Il en rapporta, dit-on, la recette du punch, mais non fa voix. Le 1er juillet de cette année, il rentra au théâtre du Palais-Royal, dans les

---

(1) Cette bouffonnerie qu'il apportait fur la fcène, il ne l'abdiquait pas avec fon rôle. Nous trouvons, à ce fujet, dans la grave *Revue britannique*, une anecdote affez plaifante :

Il y avait dans le règlement intérieur du théâtre un article qui prononçait une peine pécuniaire contre quiconque fe permettrait, à l'égard du régiffeur, un langage inconvenant. Un foir que celui-ci était inftallé derrière fon grillage, une voix, partant de l'étage fupérieur, lui crie — « Hé, Coupart! « (c'était fon nom). — Quoi? que « me veut-on? demande le régif- « feur, en s'avançant vers fon in- « terlocuteur. — Coupart, mon « ami, lui dit Graffot du ton le « plus doucereux, fi je te difais... « remarque bien que je ne te le « dis pas... mais enfin, fi je te « difais que tu es un crétin, com- « bien cela me coûterait-il ? »

Noces de Bouche-en-Cœur, & cette pénible épreuve enleva toute illusion à ceux qui avaient espéré une amélioration dans sa santé; aucune illusion n'était plus possible. Graffot persista, cependant, à rester encore une année au théâtre, jouant moins fréquemment que par le passé; reprenant quelques-uns de ses meilleurs rôles, en créant même deux nouveaux dans le *Punch Graffot* & la *Chèvre de Ploermel*. Mais ce n'était plus le joyeux bouffon d'autrefois, sans arrêt ni trêve. Il se survivait à lui-même & dans ses excentricités les plus folles, attristait les spectateurs témoins de cette décadence & de cette lutte impuissante.

Enfin il abandonna la scène, en juin 1859, se retirant avec une pension que lui faisait le théâtre, & prenait possession du café *Minerve*, établissement bien connu dans le voisinage de la Comédie-Française, pour y remplir un rôle de tenue & de représentation. Comédien jusqu'à la fin, & partout & toujours, à défaut de son jeu il livrait au public sa personne &, réclame vivante, présidait à l'exploitation & au débit de la liqueur baptisée de son nom, le *Punch-Graffot* (1).

---

(1) Cette spéculation d'un nom connu pour servir d'enseigne commerciale, que nous avons vu souvent se reproduire depuis, un industriel voulut l'exploiter dans un but du même genre, en usant du nom d'*Arnal;* mais celui-ci s'y opposa très-vivement & publia, à cet effet, dans les journaux, une lettre fort digne. Graffot ne comprit pas ce scrupule honorable & continua à parader dans le café où se débitait le *Punch-Graffot*.

Mais le mal dont il fouffrait depuis longtemps & contre lequel avait échoué la fcience, l'enleva quelques mois après à ce dernier rôle, peu digne d'un véritable artifte. Après deux mois de cruelles fouffrances, il expira dans la nuit du 17 janvier 1860. Son fervice funèbre eut lieu le furlendemain à l'églife Saint-Roch.

Son ancien directeur, Dormeuil, prononça au cimetière un difcours dans lequel, rappelant le fouvenir de l'acteur qui avait pouffé la bouffonnerie jufqu'à l'abus, il crut devoir faire intervenir le nom de Boffuet, & c'était bien le cas de dire avec une légère variante :

.....Je ne m'attendais guère
à voir Boffuet en cette affaire.

Graffot ne fut pas un comédien dans la vraie acception du mot, mais une individualité excentrique & curieufe, apportant à la fcène les qualités & les défauts de fa nature. Ces qualités, il eut le tort de les égarer, de les annihiler, en quelque forte, dans des charges outrées. A la ville, comme au théâtre, il ne fut plus que Graffot, un bouffon fans vergogne.

NUMA-POLYDORE HAERING

NUMA

1800 — 1869

LE 25 avril 1800, la femme d'un modeſte tailleur de Vincennes mettait au monde un garçon qui, par la ſuite, s'il n'eût pas triomphé de la réſiſtance paternelle, n'aurait fait qu'un obſcur artiſan, & devint au contraire, entraîné par un penchant décidé, un excellent comédien. Un bon acteur ne vaut-il pas mieux qu'un méchant tailleur ? C'eſt ce que ſe diſait le jeune Numa & c'eſt ce que,

---

Extrait des actes de l'état civil pour les naiſſances de la commune de Vincennes : « Par devant nous, maire de la commune de Vincennes, le vingt-cinq avril mil huit cent, s'eſt préſenté le nommé Henri-Chriſtophe-Daniel Haëring, tailleur, habitant en cette localité, lequel nous a déclaré que ſon épouſe, Marie-Madeleine Guillaumont, était cejourd'hui, à deux heures de la nuit, accouchée d'un enfant du ſexe maſculin, qu'il nous a préſenté & auquel il a donné les prénoms de *Numa-Polydore*, &c. »

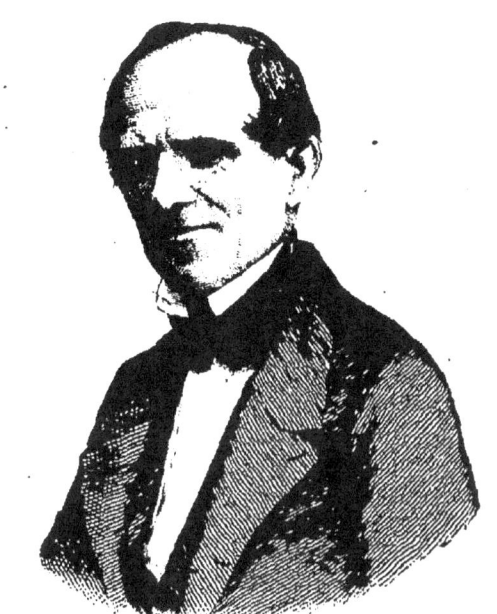
J. M Fugère sc.

NUMA
1800 – 1869

pendant longtemps, ne voulut pas comprendre fon père. Ce goût inné fe développait avec les années; mais quelque impérieux qu'il fût, Numa ne voulait pas braver la volonté paternelle, & c'eft par une infiftance raifonnée, par la perfuafion qu'il tentait d'obtenir le confentement qu'on lui refufait. Il y réuffit : ce qui prouve une fois de plus la fageffe du proverbe : *Mieux fait douceur que violence.* Le père Haëring, après avoir confenti à affifter chez Doyen à plufieurs effais dramatiques de fon fils, fe rendit à l'évidence & lui permit de contracter un engagement au théâtre de Verfailles, à raifon de 66 fr. 66 c. par mois, pour la première année. Le voilà donc engagé, fous le nom de *Numa*, pour chanter les deuxièmes baffes-tailles & jouer les troifièmes rôles de comédie. Faut-il fe demander fi notre jeune homme fut au comble de la joie?

Ses débuts eurent lieu, le 24 février 1818, dans *Encore un Pourceaugnac* (1). Son naturel, fa gaîté fpirituelle le firent accepter d'emblée par les fpectateurs du crû. La troifième année, il changea d'emploi, ne chanta plus les baffes-tailles (l'opéra-comique n'y perdit rien) & prit le répertoire de Brunet & de Potier. Il refta cinq ans à Verfailles, où il était fort aimé; auffi

---

(1) Un des plus jolis ouvrages de Scribe, & qui obtint, le 18 février 1817, au théâtre du Vaudeville, le plus brillant fuccès. La pièce fut reprife au Gymnafe le 28 feptembre 1822, fous le titre du *Nouveau Pourceaugnac*. Mis, en 1860, en opéra-comique, & préfenté aux Bouffes-Parifiens.

le vit-on partir avec force regrets, lorfque le Gymnafe cherchant à combler le vide que lui avait fait le départ de Perlet, l'enrôla dans fa troupe. C'était là ce qui s'appelle une belle enjambée ! Le Gymnafe était, à cette époque reculée, le théâtre à la mode, le théâtre adopté par le public élégant & ariftocratique ; fes acteurs étaient excellents, & Scribe, l'auteur en vogue, y régnait en maître. C'était donc une double bonne fortune pour Numa d'être appelé à Paris & d'appartenir à une fcène choyée par le public.

On croira pourtant fans peine que, tout joyeux qu'il était, Numa éprouvait une crainte bien concevable ; il allait affronter un public nouveau, délicat, exigeant, parce qu'il était gâté par les pièces de bon goût & les acteurs de choix qu'on lui préfentait tous les foirs. Ce n'eft donc pas fans un peu d'appréhenfion qu'il fit fon début, le 5 février 1823. Tout ému qu'il était, il réuffit, & cette réuffite était d'autant plus flatteufe, qu'il fuccédait à un artifte d'un grand mérite & qui avait empreint tous fes rôles d'un cachet qui n'appartenait qu'à lui. Mais en mettant le pied fur le domaine de Perlet, Numa, en homme intelligent, comprit qu'il lui fallait le remplacer à fa manière & non l'imiter ; & comme il était lui-même doué d'une originalité naturelle, il prêta fes propres allures & fon caractère aux perfonnages repréfentés par fon célèbre devancier. Les fpectateurs habituels du Gymnafe, qui, tout en l'accueillant favorablement, l'avaient d'abord trouvé entaché d'un peu de froideur, s'accoutumèrent facilement à lui, parce que, s'il n'était pas un brûleur de planches, il avait l'art d'être plaisant avec naïveté & narquois avec bonhomie.

Du jour de son entrée, en 1823, jusqu'au 30 avril 1848, il resta fidèle à ce théâtre, dont il était devenu une des colonnes, & la liste des rôles qu'il y créa ne laisse pas que d'être longue. Nous devrions les citer tous : nous nous contenterons seulement d'indiquer ceux dans lesquels il a laissé un souvenir plus vivace : Pinchon, du *Mariage de raison;* Ducoudrais, de *la Demoiselle à marier;* Saint-Jean, de *l'Ambassadeur;* Alcibiade, du *Coiffeur & le Perruquier;* Clérambourg, de *Geneviève;* Bonneval, des *Malheurs d'un Amant heureux;* Salsbach, de *Louise;* Maître Jean, de *la Comédie à la Cour;* Bonnivet, d'*Etre aimé ou mourir; Toujours,* &c.

Après une vogue d'une trentaine d'années, le Gymnase, ainsi que tous les établissements de ce genre, ressentit le contre-coup des événements de 1848 ; on peut même dire qu'il fut un des plus éprouvés. Numa, qui lui était, en grande partie, redevable de sa réputation, aurait-il dû lui faire infidélité & l'abandonner dans sa détresse ? C'est là une de ces questions intimes qu'il serait hasardeux de vouloir résoudre, & nous ne l'essaierons pas. Quel qu'ait été son motif, il recouvra sa liberté, & l'année suivante, le 26 juillet, il entra au Théâtre-Historique pour créer le rôle du bonhomme Buvat, dans *le Chevalier d'Harmental,* d'Alexandre Dumas & Auguste Maquet.

Devenu acteur nomade, selon l'usage regrettable qui s'est introduit de nos jours dans les mœurs théâtrales, Numa s'engagea, le 15 janvier 1850, pour jouer au cachet le rôle de Nigaudinos, lors de la reprise faite au théâtre de la Gaîté du *Pied de Mouton*, où, trop spirituel pour saisir la physionomie niaise de son personnage, il n'effaça pas le souvenir du vieux Duménis. Il joua ensuite au même théâtre un rôle de matelot comique dans le drame médiocre de *Jean Bart*.

Le 3 août suivant, il retournait au Théâtre-Historique & jouait dans *la Chasse au Chastre*, d'Alexandre Dumas père.

En septembre de la même année, revenant au Gymnase, il ne fait, pour ainsi dire, que le traverser, &, après une inaction de quelques mois, il contracte avec les Variétés un engagement du 22 septembre 1852 au 1ᵉʳ avril 1858. Dans cet intervalle, il crée : *les deux Gouttes d'eau*, — *Un Ami-acharné*, — *On dira des bêtises*, — *les Erreurs du bel Age*, — *Où passerai-je mes soirées?* — *le Massacre d'un Innocent*, — *l'Ecole des Épiciers*.

Nouveau retour au Gymnase, le 12 janvier 1857, sans doute en vertu de cet axiome d'opéra-comique :

> Et l'on revient toujours
> A ses premiers amours...

Cette fois, il y séjourne quatre ans, jusqu'au jour où il suit au Vaudeville son ami Dormeuil, qui vient d'en prendre la direction. Passant sous silence plusieurs petites pièces sans importance dont il assure le succès, nous signalerons les deux rôles importants qu'il crée dans *Nos Intimes* & *les Diables noirs*, de V. Sardou.

Le 16 octobre 1864, il fait un retour définitif au Gymnase, qui le reçoit comme l'enfant prodigue.

Trois ans après, le temps du repos était venu, & Numa paraît pour la dernière fois, le 18 février 1867, dans une représentation donnée à son bénéfice.

Quoique propriétaire d'un vaste immeuble à Paris, sa résidence ordinaire, il préféra aller habiter à Sarcelles, où le retenaient de vieilles habitudes, & c'est là que, le 29 septembre 1869, la mort vint le surprendre, à deux heures de l'après-midi.

Numa avait une façon de traîner les mots qui n'appartenait qu'à lui. C'était un talent très-fin, mais qui, par cette raison-là même, n'aurait pas été compris en province, si, comme tant d'autres comédiens, il eût voulu jouer le rôle d'un premier sujet en représentations : ce dont il eut la sagesse de s'abstenir.

ANTOINE-LOUIS-PROSPER

FRÉDÉRICK LEMAITRE

1800 — 1876

LA carrière théâtrale de ce comédien célèbre, prefque illuftre, mais affurément unique dans fon genre, ou plutôt dans tous les genres qu'il lui plut d'aborder, eft un phénomène étrange qui n'a d'analogie avec aucun autre. Parmi les artiftes qui ont laiffé une trace lumineufe & durable fur la fcène depuis un demi-fiècle, quelques-

---

Extrait du regiftre des naiffances de la ville du Hâvre : « Le onze thermidor an VIII de la République françaife (30 juillet 1800), devant nous, maire de cette ville, a été préfenté un enfant mâle que le citoyen Antoine-Marie Lemaître nous a déclaré être né le neuf de ce mois & être iffu de fon légitime mariage avec la citoyenne Victor-Sophie Mérécheidt, fon époufe ; lequel enfant a été nommé *Antoine-Louis-Profper*, par le citoyen Jean-Louis Thibault, ex-entrepreneur de travaux publics & par la citoyenne Anne Baron, époufe du citoyen Charles-Frédéric Mérécheidt, maître de mufique, ayeule maternelle de l'enfant »

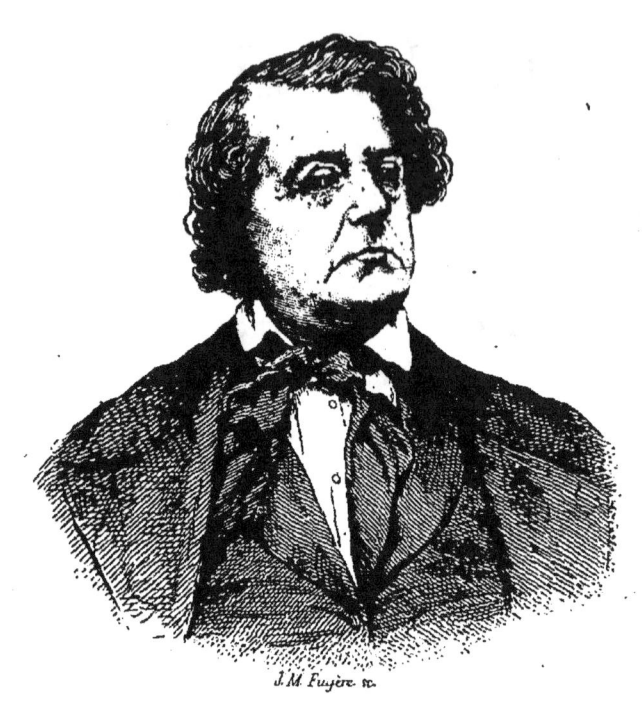

FREDERICK LEMAITRE
1800-1876

uns ont obtenu, foit dans la comédie, foit dans le drame, une grande réputation ; mais il n'en eft pas un feul qui ait fu réunir auffi complètement & avec une égale autorité, la variété & l'univerfalité du talent. Sans modèle & fans fucceffeur, Frédérick Lemaître a dû fa puiffance & fa fortune théâtrale à fon organifation artiftique, vigoureufe & exceptionnelle. C'eft bien à lui que Préville aurait pu appliquer ce mot qu'on lui prête au fujet d'un artifte de fon temps, « qu'il avait affez de talent pour avoir des défauts. »

Si les qualités de Frédérick étaient immenfes & ont juftifié l'enthoufiafme fans limites de fes admirateurs, énormes furent fes défauts qui ont donné fouvent raifon aux critiques les plus vives.

En parcourant les gammes auffi diverfes qu'oppofées de l'art dramatique dans toutes fes manifeftations, l'artifte s'eft élevé jufqu'au fublime & eft defcendu au degré le plus trivial, emporté, tantôt par la paffion lyrique la plus épurée, tantôt entraîné dans les bas-fonds d'un réalifme repouffant. Prefque toujours inégal, jamais médiocre ou incolore, fon jeu a plus d'une fois prouvé que dans l'art auffi bien que dans la vie réelle, la roche Tarpéienne eft près du Capitole.

Au refte, fa nature paffionnée, fon tempérament fougueux, fes habitudes excentriques en dehors du théâtre, fes inégalités d'humeur & fon caractère impérieux, impatient du joug & de la règle, fe retrouvent dans fon talent & fe confondent avec les différentes phafes de fon exiftence théâtrale.

Lorſque Alexandre Dumas père écrivait pour Frédérick Lemaître, alors dans tout ſon éclat, le perſonnage de Kean & donnait comme ſous-titre à ſa comédie : *Déſordre & Génie*, il réſumait en deux mots, dont l'un faiſait paſſer l'autre, & que le public appliquait à l'interprète du rôle, l'appréciation généralement admiſe de l'homme & de l'artiſte. Tout, en effet, forme contraſte dans cette exiſtence en dehors des conditions ordinaires : à côté de nuances d'une poéſie exquiſe & d'une délicateſſe infinie, des groſſièretés intolérables & une abſence complète de goût & de meſure : un appel aux applaudiſſements d'une foule vulgaire & une adreſſe aux ſentiments les plus raffinés d'un auditoire d'élite.

Enfin, avec ſon aſcendant inconteſtable ſur les ſpectateurs, il fut un grand artiſte dont le jeu, curieux & intéreſſant ſujet d'étude, a jeté ſur la ſcène un éclat incomparable, mais qu'on ne pourra propoſer comme un modèle.

Frédérick Lemaître, né au Hâvre, le 30 juillet 1800, petit-fils d'un compoſiteur de muſique, & fils d'un architecte, appartenait à une famille d'artiſtes. De bonne heure, il manifeſta le goût de la muſique & de la déclamation, encouragé, d'ailleurs, par ſes parents qui prenaient plaiſir à le coſtumer en tragédien & s'amuſaient à lui faire déclamer des fragments de la *Veuve du Malabar*. On s'explique facilement que de pareilles diſtractions devaient contribuer au développement du penchant que, bien jeune encore, il ſe fentait pour le théâtre. Loin d'y mettre obftacle, fa famille, à fa fortie de penfion, s'empreffa de l'envoyer à Paris, pour qu'il fe préfentât au Confervatoire. On raconte que dans l'audition préalable qu'il eut à fubir, Michelot, préfident du jury d'examen, l'arrêta au bout de quelques vers, jugeant qu'il n'était pas befoin d'aller plus loin pour apprécier ce dont le candidat était capable. Il fut donc admis, féance tenante, & placé dans la claffe de Lafon (1). Il fuivit pendant deux années les cours de déclamation & quitta l'école fans avoir obtenu une fimple mention. Un concours ayant été ouvert quelque temps après à l'Odéon, où il fe préfenta, il fut refufé à l'unanimité... Nous nous trompons, il eut une voix : celle de Talma.

Ce fuffrage du grand tragédien ne paraît pas, au refte, avoir été utile au jeune homme qui, repouffé, mais non découragé, trouva pendant quelque temps, dit-on, à s'employer dans un de ces cafés fouterrains qui exiftaient dans la galerie vitrée du Palais-Royal & qui avait pris le nom, porté naguères par divers fpectacles du boulevard, de *Variétés-Amufantes*. On y jouait de prétendues comédies & de petits vaudevilles, en un

---

(1) A l'époque où commençait la réputation de Frédérick, le tragédien rencontrant fon ancien élève, lui dit avec ce ton bourfouflé qui était dans fa nature : « Il paraît mon « garçon, que tu as beaucoup de « talent ; il faut que j'aille te voir, « un de ces foirs. » Lafon tint parole &, à la fuite de la repréfentation où il avait joint fes applaudiffements à ceux du public, il courut à la loge de l'acteur pour lui faire de vives félicitations.

acte, sur une scène double, sans doute disposée de la sorte pour l'agrément & la plus grande commodité des consommateurs installés dans les deux salles contiguës de cet établissement interlope. Est-ce là que Frédérick, d'après un *racontar* qui confine à la légende, affublé d'une grande peau de lion, aurait *rugi* le rôle du noble animal, dans une pantomime de *Pyrame & Thisbé?*

Montant en grade, il passa ensuite aux Funambules, puis au Cirque de Franconi &, de là, à l'Odéon, en 1820, comme *confident tragique*. Il y resta deux ans. Le 22 avril 1823, il fut engagé à l'Ambigu-Comique, comme *double* de Fresnoy qui, après avoir joué les premiers rôles pendant une quinzaine d'années, allait prendre l'emploi des *pères nobles*. Sa première création, celle d'un traître, *dans Le Remords*, (de Léopold Chandezon), réussit. Le 2 juillet suivant, il remplit, dans *l'Auberge des Adrets*, mélodrame en trois actes, de Benjamin (Antier), Saint-Amand & Polyanthe (1), le rôle de Robert-Macaire, qui, dans l'intention primitive des auteurs, ne se distinguait pas autrement des rôles de ce genre ; mais dont l'initiative de l'acteur devait faire un type populaire (2).

Ce mélodrame pris au sérieux, se traîna assez pé-

---

(1) Pseudonyme d'Alexandre Chaponier, docteur-médecin.

(2) « De toutes ses incarnations, « a dit avec raison le *Figaro*, il « n'en est pas une dont on ait plus « parlé que celle de *Robert-Macaire*, dont le souvenir & le renom l'ont suivi partout, même « dans ses rôles les plus grands & « les plus héroïques. »

niblement le premier foir. Aux repréfentations fuivantes, Frédérick le releva, en lui donnant une tout autre phyfionomie par la façon originale & effrontée dont il compofa le rôle de Robert-Macaire ; celui de fon compagnon Bertrand fut mis à l'uniffon. Cette transformation inattendue qui, dit-on, dans le premier moment ne fut pas du goût des auteurs, excita les réclamations de plufieurs journaux qui, en proteftant au nom de la morale & des convenances théâtrales, eut pour réfultat de donner à cet ouvrage & à fon interprète une vogue inouïe (1).

(1) Citons un curieux fpécimen de la critique de l'époque extrait d'une *Biographie dramatique* qui fe rendit l'écho de cette *vertueufe* indignation, plus ou moins fincère :

« C'eft en attendant la prife de « poffeffion de l'emploi pour lequel il eft engagé, que Frédérick « s'eft avifé de repréfenter cet « épouvantable perfonnage d'un « forçat de l'*Auberge des Adrets*, « & qu'il a mis à gloire d'exciter « un fentiment de dégoût dans « tout l'auditoire. Jamais la mifère « ne porta une livrée auffi hideufe « que celle qu'a prife Frédérick. « S'il eût ofé couvrir fa tête ou fes « lambeaux d'une vermine nombreufe, il l'eût fait ; il eût même « défiré avoir une de ces maladies « de peau qui excitent des démangeaifons, afin d'être mieux « dans l'efprit de fon rôle & d'ajouter au charme de la repréfentation. Il était tellement hideux, « que fon compagnon, lui-même « horriblement repouffant, avait « encore l'air, comparé à lui, d'un « petit maître élégant.

« Voilà quel devrait être l'objet d'une cenfure éclairée. Ce « n'eft pas en faifant une guerre « acharnée aux mots les plus innocents, mais bien en réprimant « une pareille licence dans le coftume des acteurs & une débauche femblable dans celle des « auteurs, que la cenfure ferait véritablement utile. Frédérick peut « obtenir un autre genre de gloire « que celle à laquelle il femble vifer dans cet ouvrage. Ce n'eft, « certes pas, ainfi qu'il établira un « parallèle entre lui & Frefnoy. Il

En même temps, le retentiſſement fait à la pièce conquérait parmi ſes camarades à l'artiſte, nouveau venu ſur le boulevard, une notoriété que ſon talent vigoureux & ſes rôles d'un genre plus relevé devaient porter à une réputation de meilleur aloi. La même année (18 novembre), il créait dans *Lisbeth*, mélodrame de Victor Ducange, un perſonnage de père qui maudiſſait ſa fille mariée à ſon inſçu & devenait fou : création, qui contraſtait ſingulièrement avec la précédente & prouvait toutes les reſſources du talent de l'acteur. Mais ſon rôle de Robert-Macaire avait imprimé ſur lui une marque preſque indélébile, & pendant longtemps, on ne lui donna à interpréter que des rôles de mauvais ſujets ou de traîtres, comme dans le *Diamant*, le *Joueur d'orgue*, les *Aventuriers* & *Cardillac*, à la vogue duquel il contribua par la phyſionomie originale qu'il prêta à ce perſonnage inventé par Hoffmann (1). Malheureuſement, le ſouvenir de

« ſe fait même le plus grand tort
« en faiſant naître des impreſſions
« fâcheuſes dont on ne pourra ſe
« défendre quand on le verra dans
« un coſtume plus noble. Pour me
« ſervir d'une comparaiſon dans le
« ſtyle qui ſemble lui convenir, il
« ſemblera un bouvier ſur le trône
« ou ſous les habits d'un comte. »
(Maurice Alhoy, 1824, p. 155.)

Nous ferons obſerver que cet écrivain ſi pudibond & ſi facile à effaroucher, a lui-même publié par la ſuite un livre ſur les *Bagnes & les Forçats*, dont la lecture n'eſt pas des plus édifiantes ; & ce qu'il y a de mieux, qu'il fut, quelques années plus tard, un des auteurs du fameux *Robert-Macaire*, repréſenté en 1834, aux Folies-Dramatiques.

(1) Dans la nouvelle intitulée : *Mademoiſelle de Scudéry, Hiſtoire du temps de Loüis XIV*. Cette publication du conteur allemand fut l'origine, non avouée, d'*Olivier Bruſſon*, roman publié en 1824,

l'*Auberge des Adrets* était toujours là qui l'entraîna plus d'une fois à d'étranges fantaisies, à des audaces de mauvais goût, sans nul souci des convenances ni de l'intérêt des auteurs, dont il compromettait la pièce. Ainsi, dans ce rôle de Cardillac, il entra un soir en scène (le 24 juillet 1824), une pipe à la bouche ; &, sans respect pour la perruque qu'il portait, une perruque à la Louis XIV, s'il vous plaît, il l'enlevait de sa tête pour s'en essuyer la figure, & tirant de sa poche une large tabatière, offrait une prise au souffleur déconcerté. Le commissaire de police, présent à la représentation, & goûtant peu cette infraction aux convenances théâtrales & aux ordonnances de police, dressa procès-verbal. Frédérick fut condamné à ne pas reparaître sur la scène de quinze jours. Cependant, sur les instances de la Direction, l'interdiction fut levée au bout de six jours &, le 3 août, il put reprendre son service. A son entrée en scène, il protesta de son respect pour le public &, grâce à cette précaution oratoire, il évita l'orage auquel il s'attendait.

A cette même époque, il donnait lieu à des plaintes fréquentes de l'autorité pour son esprit d'indiscipline ; se prenant, sous le moindre prétexte, de querelle avec les

sous le nom d'Henri de Latouche.
« Le roman français, dit malicieusement Quérard, dans sa *Bibliographie de la France*, petit chef-d'œuvre de goût & de grâce, fut beaucoup loué & beaucoup lu. L'arrangeur anonyme, écri- « vain brillant, riche d'esprit & de talent, doté de tant d'autres succès, se réjouira, sans doute, de voir restituer au pauvre auteur allemand le fonds qui lui appartient. »

officiers de paix, de service au théâtre. Des rapports de police le signalaient, ainsi que son ami Vautrin, comme coutumier du fait, & de plus, comme habitué à se prendre de boisson. Fatigué de ces plaintes réitérées, le Ministre de l'intérieur énonça son intention d'engager le directeur de l'Ambigu-Comique à évincer de sa troupe deux sujets dont la conduite était aussi répréhensible.

Nous n'attacherions pas à ces entraînements d'une jeunesse fougueuse & indocile une grande importance, si cette impatience du joug & ce mépris de la règle n'avaient été pendant toute la carrière de Frédérick un trait caractéristique de sa nature.

Ces incartades, il est vrai, n'eurent pas toujours des conséquences préjudiciables à son avenir d'artiste ; mais elles lui prouvèrent en une circonstance futile, les mauvaises dispositions de l'Administration à son égard (1).

---

(1) Il venait de créer avec un grand succès le personnage de *Cagliostro*, dans le mélodrame de ce nom (10 mai 1825). Il demanda au préfet de police la permission de faire vendre dans la salle, pendant le cours des représentations, une notice sur ce personnage fameux. Cette légère faveur, que tout autre sans doute aurait facilement obtenue, lui fut sèchement refusée.

Quelques mois auparavant, il s'é-tait fait recevoir franc-maçon & avait écrit, en le faisant précéder des formules maçonniques, un testament que nous croyons devoir reproduire, à cause des sentiments qu'il contient à l'égard de sa mère, sentiments qui l'honorent, qu'il conserva toujours & qui rachètent plus d'une folie :

« Qu'est-ce que l'homme doit à
« Dieu ? — Reconnaissance.

« Que se doit-il à lui-même ? — Respect.

De 1825 à 1827, il remplit les rôles principaux dans *Albert, ou le Rêve & le Réveil* (25 janvier 1825); *le Cocher de fiacre,* (25 août 1825); *la Nuit des Noces* (24 janvier 1826); *le Corrégidor* (1er avril 1826); *le Vieil Artiste* (26 août 1826); & enfin, *Cartouche* (23 janvier 1827), qui fut un grand succès.

Engagé au théâtre de la Porte-Saint-Martin, il y débuta, le 19 juin, dans *Trente Ans, ou la Vie d'un Joueur* (1). Le rôle de Georges de Germany, auquel, selon l'expression d'Ourry, il prêta une sombre & effrayante énergie, fut une création puissante qui le mit hors de pair au premier rang des acteurs de drame du boulevard. Son autorité ainsi affirmée avec éclat, il accrut encore cette réputation dans *l'Ecrivain public, le Chasseur noir, la Fiancée de Lammermoor, Faust, Rochester,* & *Sept Heures,* où, sous des noms à demi-

---

« Que doit-il à ses semblables ?
« — Secours & protection.

Mon testament.

» Je n'ai rien que des dettes. Je
« les lègue à ceux qui me les ont
« fait faire. Mais en mourant mon
« dernier vœu, je le fais pour le
« bonheur de ma mère, à qui je
« dois tout, & dont rien n'égale la
« tendresse maternelle.

« Je n'ai à me reprocher que
« des folies de jeunesse.

» Ainsi donc ; qui m'aime, me
« pleure.

« 9 janvier 1825. »

(1) On sait que dans le troisième acte de cette pièce, Georges de Germany, déjà ruiné par le jeu, s'efforce d'éblouir ses dupes, en donnant une fête aussi fastueuse que le lui permettaient les débris de son opulence.

Peu avant d'entrer en scène, Frédérick, s'adressant à l'un des auteurs : « Dans ma grande scène « avec Amélie, dit-il, je couperai « mes tirades en prenant une « prise. Je vois là *un effet.* Passez « moi du tabac. »

— « Tenez, voici ma tabatière, « lui répondit le dramaturge en

déguisés, Victor Ducange & Anicet Bourgeois avaient reproduit les figures de Charlotte Corday, & de Marat.

Revenu à l'Ambigu, au commencement de 1830, il joua *les Voleurs & les Comédiens* & *Peblo*, où il parut avec Mme Dorval; puis il passa au théâtre de l'Odéon, dont Harel venait de prendre la direction. Dans *la Mère & la Fille*, il rendit avec une douleur contenue & un sentiment profond de dignité le rôle d'un mari trompé, dont on rit volontiers plus qu'on ne le plaint. Il se fit applaudir dans les *Vêpres Siciliennes*, dans *Othello*, & établit d'une manière supérieure les rôles principaux dans *la Maréchale d'Ancre*, *les Nobles & les Bourgeois*, *l'Abbesse des Ursulines* (1), & *Napoléon Bonaparte*, drame d'Alexandre Dumas (2). Harel, retournant à la Porte-Saint-Martin, Frédérick l'y suivit, &, le 10 décembre 1831, eut une de ses plus belles créations dans le rôle de *Richard*

« la lui présentant. » Elle était en argent.

Mais Frédérick, d'un revers de sa main la fit sauter au loin.

— « Une tabatière ! Allons donc ! « Je veux un cornet de papier ! « C'est dans un cornet de papier « que je puiserai mon tabac !

« Voyons, papa, ajouta-t-il en lui frappant familièrement sur le ventre : « Vous devez bien penser « qu'avec le caractère de joueur « enragé que vous m'avez donné, « si je possédais une tabatière de la « valeur de la vôtre, il y a long- « temps que je l'aurais *lavée* & que « j'en aurais perdu le prix. »

Toute triviale que soit cette anecdote, elle prouve combien Frédérick creusait & analysait un rôle.

(1) Ces deux pièces n'eurent qu'un succès contesté.

(2) La paternité de cette fantasmagorie dramatique est attribuée à Cordelier-Delanoue.

d'Arlington; création tellement empreinte de fon génie, qu'il l'a rendue jufqu'à préfent un écueil pour tous les artiftes qui ont ofé s'y produire après lui.

Par une de ces fantaifies audacieufes que lui feul pouvait fe permettre, il fait alterner fur l'affiche & *Richard* & *Robert-Macaire*, contrafte périlleux pour tout autre que lui. Ce n'eft pas affez : il ajoute à ce poème burlefque du meurtre un épifode lugubre, fous le titre des *Trois derniers quarts d'heure;* c'était le tableau de la cellule des condamnés à mort; Robert & Bertrand faifant leur toilette funèbre & rivalifant de railleries cyniques avec les geôliers & le bourreau; enfin, dans une apothéofe, repréfentant le Palais de la Bourfe, les deux bandits admis au Panthéon des voleurs.

Frédérick reprit, après Bocage, dans *la Tour de Nefle,* le perfonnage de Buridan qu'il avait efpéré créer, & offrit par la comparaifon une étude intéreffante du jeu de ces deux artiftes célèbres dans le même rôle. Il créa, en 1833, le rôle de Gennaro dans *Lucrèce Borgia,* & le rôle odieux de Cenci, dans *Béatrix Cenci,* du marquis de Cuftine (1).

En 1834, Frédérick quitta la Porte-Saint-Martin pour

---

(1) Ce noble auteur, pour faire jouer fa pièce, dut faire les frais des coftumes & de mife en fcène. Les exigences d'Harel allèrent fi loin que Frédérick ne put s'empêcher de dire à fon directeur en lui montrant le marquis de Cuftine qui venait d'accepter, ou plutôt de fubir ces conditions : « Quoi, vous le laiffez partir ? hé, mais, il a encore fa montre. » Mot fanglant, dont Harel feignit de rire en humant, felon fon habitude, une copieufe prife de tabac.

Ce ferait une curieufe hiftoire à écrire que celle de la direction

aller créer au petit théâtre des Folies-Dramatiques (1) le rôle de Robert-Macaire dans la pièce de ce nom; production étrange, dont il indiqua aux auteurs, les mêmes que ceux de l'Auberge des Adrets, & qui, cette fois, s'étaient adjoint Maurice Alhoy, quelques-unes des situations les plus cyniquement comiques. Dans cette parodie à l'emporte-pièce, cette raillerie à outrance de la société, Frédérick déployait une verve prodigieuse & impitoyable. Reprise l'année suivante à la Porte-Saint-Martin, cette œuvre malsaine fut défendue; c'était s'aviser un peu tard; car elle avait eu le temps de produire son effet, & quel effet!

Le 14 janvier 1836, Frédérick contracta un engagement de deux ans avec les Variétés, qui lui assuraient 1,000 fr. par mois, plus 50 fr. de feux par pièce en un acte; 75 fr. par pièce en deux & trois actes & 100 fr. par pièce en quatre & cinq actes; plus une représentation à son bénéfice par chaque année, dont le minimum était fixé à 4,500 fr. avec partage de l'excédant. Il y joua le Marquis de Brunoy, qui ne répondit pas à l'attente; reprit le Barbier du Roi d'Aragon, importé de la Porte-Saint-Martin, & trouva enfin

---

d'Harel & de ses expédients pour retarder une faillite inévitable. C'est lui qui disait un jour à Frédérick : « J'ai une proposition à vous faire, « c'est de diminuer de moitié vos « appointements qui sont trop forts. « Comme l'acteur se récriait, — « mais je vous les paierai. »

Cette proposition excentrique fut-elle acceptée? Nous l'ignorons.

(1) Le théâtre des Folies-Dramatiques, construit sur l'emplacement de l'ancien Ambigu-Comique incendié, ouvrit le 22 janvier 1831.

dans le drame de *Kean*, un rôle habilement approprié à fes puiffantes qualités de fougue, d'audace & de paffion. Il en fit une étude curieufe de caractère, nous pourrions dire de fon caractère, ou mieux encore, de fon tempérament anormal.

Cependant, Frédérick Lemaître ne tarda pas à fe fentir à l'étroit dans le cadre exigu des Variétés. Le théâtre de la Renaiffance allait ouvrir ; Victor Hugo l'y fit engager pour jouer fon *Ruy-Blas*, en 1838. On peut affirmer que ce dernier rôle acheva de le pofer comme le premier comédien de l'époque. Il avait alors atteint l'apogée de fa renommée, & c'eft, du moins, à une œuvre littéraire d'une haute valeur qu'il eut l'honneur d'affocier fon fuccès & fa gloire.

Mais il n'eut pas toujours à interpréter des rôles comme celui de Ruy-Blas. Chargé du principal perfonnage dans *l'Alchimifte*, drame imité par Alexandre Dumas d'une pièce anglaife *Fazio*, & qu'il refufa de jouer, il y fut condamné par jugement.

De retour à la Porte-Saint-Martin, Balzac lui confia le rôle de Vautrin dans le drame de ce nom qui fut interdit le lendemain de la première repréfentation (14 mars 1840). La reffemblance de la perruque dont s'était affublé Frédérick, avec le toupet du roi Louis-Philippe, fut, dit-on, la caufe ou le prétexte de cette interdiction.

Frédérick reparut l'année fuivante au théâtre de la Renaiffance, &, après avoir accepté dans *Zacharie*, drame de Rofier, le rôle principal, refufa de le jouer au moment de la repréfentation. Il y eut alors dans la falle, de la part du public, une de ces manifeftations orageufes & pleinement juftifiées, que l'acteur femblait prendre à plaifir de provoquer. Accueilli par les fifflets, Frédérick s'avança vers la rampe & dit, s'inclinant avec une expreffion d'ironique modeftie : « Je « fuis véritablement confus, Meffieurs, de cet accueil « trop bienveillant, recevez-en mes remercîments & « croyez que je vais mettre au fervice du drame tous « mes efforts & toute ma bonne volonté. »

L'interdiction de *Vautrin* avait porté le dernier coup à la direction d'Harel que les frères Cogniard remplacèrent à la Porte-Saint-Martin. Leur premier acte fut de rappeler Frédérick qui, dans l'efpace de dix ans environ, créa fucceffivement les principaux rôles dans *Paris Bohémien, les Myftères de Paris, Don Céfar de Bazan, la Dame de Saint-Tropez, Michel Brémont, le Chiffonnier de Paris, Tragalbadas* &, enfin, *Touffaint Louverture*, drames & mélodrames d'inégale valeur, qui, avec le rôle de *Paillaffe*, repréfenté à la Gaîté, prouvèrent que pendant cette période de fa carrière théâtrale, il n'avait encore rien perdu de fon originalité & de fon autorité fur le public.

Au théâtre des Variétés, qu'il traverfa en 1852, *le Roi des Drôles* & *Taconet* n'obtiennent, malgré fon interprétation, qu'un fuccès médiocre.

Cependant, il eft évident que cette vigoureufe organifation commence à fléchir; elle s'eft fatiguée en fe prodiguant de toute manière. Peut-être les excentricités de sa vie privée & les excitations d'une nature emportée, que l'âge ne réussit pas toujours à contenir, ont-elles contribué, nous ne dirons pas encore à la défaillance, mais à l'apaisement de sa fougue impérieuse & dominatrice.

Dans des rôles de sentiments intimes, plus calmes, plus contenus, en quelque sorte, plus épurés que ceux qu'il avait joués jusques-là, il retrouve son prestige fascinateur & relève sa popularité un peu compromise : *Le Vieux Caporal, le Maître d'Ecole, le Marchand de coco, André Gérard, le Père Gachette* & *le Crime de Faverne*, représentés, dans l'intervalle de 1853 à 1867, ramènent la foule qui le suit & l'applaudit avec le même enthousiasme dans ses capricieuses pérégrinations sur toutes les scènes du boulevard. Parlerons-nous de la pointe malheureuse qu'il poussa dans le répertoire d'Odry, en reprenant *les Saltimbanques* au théâtre du Palais-Royal ? Il échoua complètement en voulant transporter sous le carrick de l'immortel Bilboquet les gestes & les saillies plus que hasardées de Robert-Macaire.

Parvenu à cette période de la vie où l'âge semblait lui imposer le repos, la nécessité le rejette sur le théâtre ; il joua dans *le Lâche*, de Touroude, & dans *le Portier du n° 15*, deux rôles, dont le dernier seul lui fit honneur. Enfin, à la réouverture de la Porte-Saint-Martin, sous une nouvelle administration, en 1873, on le revit dans le rôle épisodique du vieux juif, de *Marie Tudor*.

L'affaibliſſement de ſes moyens phyſiques trahiſſait alors, plus que jamais, ſes efforts; la voix n'arrivait qu'avec peine & briſée juſqu'au public; ſeulement, par inſtant, ſa mimique expreſſive & ſon geſte dominateur venaient rappeler, en le faiſant doublement regretter, le puiſſant comédien d'autrefois.

De ſon mariage avec Mlle Hallignier, jeune artiſte de l'Ambigu-Comique & ſœur de Mme Boulanger (1), Frédérick eut quatre enfants, dont une fille, reſtée étrangère au théâtre & bien mariée.

Charles Lemaître, l'aîné de ſes garçons, s'était fait comédien. Il ſe diſtingua comme premier rôle de drame à l'Ambigu-Comique, à la Gaîté & à la Porte-Saint-Martin. Une mort imprévue & cruelle l'enleva dans la force de l'âge; ſous l'empire d'un accès de fièvre chaude, il ſe précipita par la fenêtre de ſon appartement (2). Un autre de ſes fils a été directeur du théâtre de Verſailles & le plus jeune joue la comédie en province.

Atteint d'une douloureuſe maladie qui ſe prolongea avec des eſpérances de guériſon, preſque auſſitôt déçues, Frédérick ſuccomba, le 26 janvier 1876, dans un modeſte logement, ſitué au n° 15 de la rue de Bondy (3). Au moment de ſa mort, il était queſtion de donner à ſon bénéfice une repréſentation extraor-

---

(1) Actrice célèbre de l'Opéra-Comique.

(2) Lorſqu'on apprit à Frédérick la cataſtrophe qui venait de mettre fin aux jours de ſon fils : « Ah! le « pauvre B..... ! s'écria-t-il. »

(3) Si ſa poſition n'était pas brillante, elle n'était pas ſans reſſour-

dinaire, dont le tragédien Roffi avait pris l'initiative &
à laquelle devaient concourir les premiers artiftes de
Paris.

Les derniers devoirs lui furent rendus à l'églife
Saint-Jofeph, au milieu d'une foule immenfe qui l'accompagna jufqu'au cimetière Montmartre, où plufieurs difcours furent prononcés fur fa tombe.

Plus encore que celles des autres comédiens, fi fort
en butte pourtant à la curiofité indifcrète du public,
la vie & les habitudes privées de Frédérick ont été le
fujet ou le prétexte de nombreufes anecdotes.

Sont-elles toutes exactes ? Nous voudrions pouvoir
en douter. Il en eft de plaifantes & de fpirituelles ;
d'autres, au contraire, péchent fingulièrement fous le
rapport du goût & des convenances. Mais autour de
fon nom célèbre & populaire, il s'eft formé une fuite
de légendes, qui, grâce au laiffer-aller du héros & au
peu de fouci qu'il a pris de les démentir, dans plus d'un
détail, deviendront peut-être un jour de l'hiftoire,
ou du moins, fourniront à nos neveux un chapitre
plus curieux qu'édifiant de la chronique contemporaine. Ce qui doit refter, en définitive, du paffage
de Frédérick dans l'art dramatique, c'eft le fouvenir
d'un artifte éminent, « auffi puiffant dans les pleurs
« que dans le rire, dans le bouffon que dans le

---

ces, grâce à une penfion de 2,000 f. qu'il touchait fur les fonds du Mi- niftère d'Etat. Il en reçut le brevet à l'époque où Samfon venait d'être décoré & il difait en le montrant : « C'eft ma croix d'honneur, à « moi. »

« tragique » (1) &, qui, avec fes éclairs & fes nuages, a été certainement le plus grand interprète du drame moderne.

(1) Adolphe Dumas. *Frédérick Lemaître.*

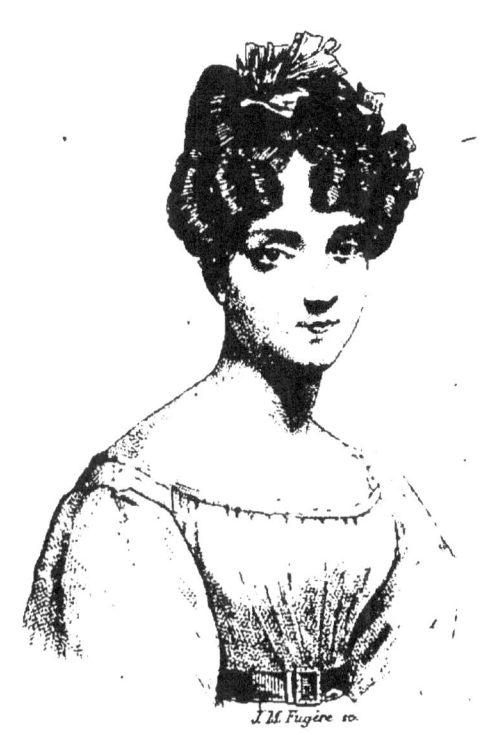

PAULINE GEOFFROY
1800-1827

HIPPOLYTHE-ROSALIE

dite PAULINE GEOFFROY

1800 — 1827

AU nombre des actrices qui brillèrent dans le premier quart du fiècle au théâtre de la rue de Chartres, figurait une petite brune piquante, chantant faux avec une affez jolie voix ; ce qui explique fuffifamment pourquoi, après avoir débuté à l'Opéra-Comique, elle n'y fut point admife. Elle vint, à la fuite de cet échec, chercher au Vaudeville des juges moins exigeants ; elle les y trouva.

Extrait des regiftres de la municipalité du IIIe arrondiffement : « Du vingt-fixième jour de brumaire an IX (17 novembre 1800), de la République françaife, eft née *Hippolythe-Rofalie*, fille de Quincien Geoffroy & de Véronique Boifgard, non mariés (*). »

(*) Un jugement rectificatif conftate que le mariage eut lieu le 24 juin 1806.

C'est dans le *Moulin de Sans-Souci* (1) qu'elle parut pour la première fois sur cette modeste scène dans le rôle de Nancy. Elle reçut du public nouveau devant lequel elle se présentait un encouragement dû à sa jeunesse & surtout, à son aplomb ; car, tout en n'ayant aucune expérience de la scène, cette jeune fille semblait ne douter de rien. Scribe eut la malheureuse idée de lui confier un rôle important dans sa pièce des *Montagnes russes*. Elle y fut outrageusement sifflée. L'acteur qui se trouvait alors en scène avec elle fut la cause involontaire du redoublement de sévérité des spectateurs envers elle. Il représentait le Père Elysée, chirurgien de Louis XVIII. Ayant étudié son modèle jusques dans les plus petits détails, la ressemblance était si parfaite que le bruit s'en répandit & produisit une grande sensation à la Cour & à la ville.

Pauline, que les sifflets poursuivaient avec persistance, s'avisa de dire à son camarade, de manière à être entendue des spectateurs de l'orchestre : « Ah ! « çà, qu'est-ce qu'ils ont donc contre vous ? Comme « ils vous arrangent ! » Fontenay ne put s'empêcher de rire de cette apostrophe &, bientôt, toute la salle partageant son hilarité, la pièce fut interrompue. Le public fit comprendre à la jeune actrice que cette erreur d'amour-propre ne convenait ni à son inexpérience, ni à sa faiblesse. L'Administration lui retira le rôle & la pièce qu'elle avait failli perdre, obtint le

---

(1) Pièce en un acte, de Dieulafoy, représentée en 1798.

lendemain un très-grand succès avec Mlle Rivière (1). Dès ce jour, Pauline Geoffroy fut reléguée dans les petits rôles où sa gentillesse & sa voix la firent passer sans désagréments.

Cependant, le directeur ayant prié Fontenay de lui donner des leçons & des conseils, elle profita si bien des uns & des autres qu'en jouant, lorsque son service la laissait libre, tous les rôles du répertoire sur les théâtres des environs de Paris, joignant ainsi la pratique à la théorie, elle regagna peu à peu la confiance des auteurs & la bienveillance du public, & qu'elle parvint au premier rang des actrices aimées & applaudies, en créant les rôles de *Kettly*, du *Retour à la Ferme*, de *Pierre, Paul & Jean*, de *Léonide*, du *Maître de Forge*, de la *Courtisane amoureuse*, du *Hussard de Felsheim*, du *Roman par Lettres*. On ne pouvait plus rien lui reprocher de ses anciens défauts que d'être restée encore un peu maniérée.

Au commencement de 1825, le bruit circula que cette actrice allait être engagée à l'Opéra-Comique. Son départ du Vaudeville, dont elle était devenue une des *étoiles* (le mot n'était point encore inventé), aurait été pour ce théâtre une perte sensible : aussi fit-il pour la

---

(1) Louise Rivière était une grande & belle personne, fille d'un acteur obscur de la Gaîté. Elle joua pendant quinze ans les *amoureuses* au Vaudeville. Le rôle le plus saillant de son répertoire fut celui de *Jeanne d'Arc*, qu'elle joua d'origine (24 février 1812). On a dit que cette actrice était depuis sa retraite du théâtre tombée dans une telle misère que sur les dernières années de sa vie, elle avait été réduite à faire des ménages.

retenir, &, en cela il agit avec sageſſe, les ſacrifices néceſſaires (1); ce que les habitués & les actionnaires de ce ſpectacle qui priſaient fort cette actrice, approuvèrent, comme on dit, de la tête & du bonnet. Son engagement fut renouvelé à des conditions avantageuſes pour cette époque, où les appointements alors attribués aux premiers ſujets dans les théâtres de genre, feraient aujourd'hui lever les épaules à la plus piètre artiſte de café chantant.

Une actrice (2), fort goûtée en ce temps-là au Vaudeville & qui venait de le quitter à la ſuite d'un procès qu'elle avait eu à ſoutenir avec l'adminiſtration, Lucie, laiſſait vacant ſon emploi, dont fut inveſtie la jeune Pauline. L'avenir, comme on voit, ſemblait lui fou-

---

(1) Dans une lettre rendue publique, Pauline Geoffroy s'énonçait en ces termes : « . . . Éclairée par les ſages conſeils de mes amis & de quelques journaliſtes, j'ai reconnu qu'avec raiſon l'opinion publique ne ratifierait pas mon engagement à l'Opéra-Comique, & pour réparer mon imprudence, j'en ai demandé la réſiliation. Pendant la négociation qui a été longue, le théâtre de Madame m'a fait des propoſitions que j'ai acceptées, mais qui ont été annulées depuis à ma ſollicitation. Mgr le duc d'Aumont & M. de Pixérécourt qui avaient ſtipulé avec moi un dédit de vingt mille francs, ont conſenti à recevoir une ſomme moindre &, par ce moyen, étant redevenue entièrement libre, j'ai contracté de nouveau avec le Vaudeville, dont je m'éloignais à regret.

« *Signé :* Pauline GEOFFROY. »

(2) Nous ne pouvons laiſſer paſſer ce nom, ſans conſacrer à celle qui le porta, quelques lignes de ſouvenir.

LUCIE PORTE, fille d'un correcteur d'imprimerie, née à Paris, le 13 vendémiaire an III° (4 octobre 1794), jolie comme l'amour, à l'âge de quinze ans, débuta dans ce perſonnage, le 12 octobre 1809,

rire; mais le fort en avait décidé autrement, & la pauvre fille ne profita pas longtemps de la nouvelle position que les circonstances lui avaient faite. Une fièvre cérébrale qui se déclara à la suite d'un événement tout naturel, l'enleva en trois jours, le 26 mai 1827, à l'âge de vingt-six ans & demi. Elle fut inhumée au cimetière du Nord, après avoir été présentée à Saint-Germain-l'Auxerrois.

Sa carrière théâtrale avait été de onze années au Vaudeville, où ce fut Dieulafoi, l'un des auteurs habituels de ce théâtre, qui charmé de la vivacité & de la gentillesse de la jeune Hippolythe, dont le père était son tailleur, l'avait présentée au directeur de ce théâtre.

dans l'opéra d'*Orphée*. Ce n'était encore qu'une enfant dont la voix n'était pas encore formée, mais parut agréable & flexible. Elle y tint cet emploi jusques au moment où une maladie l'obligea à une retraite momentanée. Au bout de quelques mois, elle reparut, mais au Vaudeville.

Douée d'une voix charmante & d'une taille avantageuse, de manières gracieuses & décentes, elle conquit bientôt la faveur du public dans les rôles d'*amoureuses*. Entrée en 1816 à ce théâtre, elle le quitta vers 1825 & alla habiter une maison qu'elle possédait du côté de Belleville. Mais s'y trouvant trop isolée, la crainte des voleurs la fit revenir à Paris & se loger boulevard des Filles-du-Calvaire. Quoique jeune encore, elle avait définitivement renoncé à la scène; la maladie qu'elle avait contractée à l'Opéra, lui ayant laissé des inconvénients qui rendaient sa santé fort précaire, & qui, néanmoins, ne l'ont point empêchée de pousser sa carrière fort loin, puisque en 1876, elle vit encore.

MARIE-CHARLOTTE-THÉRÈSE VERNET

MADAME ALBERT

1805 — 1860

MARIE-CHARLOTTE-THÉRÈSE VERNET était iſſue d'une famille de comédiens dont l'origine remonte à l'époque où Molière courait les provinces du midi de la France avec une troupe de comédiens formée par lui. Elle avait ſouvent entendu dire à leur grand'mère que leur triſaïeule jouait la comédie. Les premiers membres de cette famille dont le nom acquit une notoriété, furent les deux ſœurs Creſcent, dont l'une a été la mère de Monroſe, l'excellent ſociétaire de la Comédie-Françaiſe; & l'autre, la

---

Extrait des actes de la municipalité de la ville de Touloufe : « Marie-Charlotte-Thérèſe, fille de Jean-Nicolas Vernet, artiſte dramatique, & d'Angélique Creſcent, mariés, eſt née le vingt-huit vendémiaire, an quatorze (20 octobre 1805), de la République françaiſe, rue Saint-Rome. »

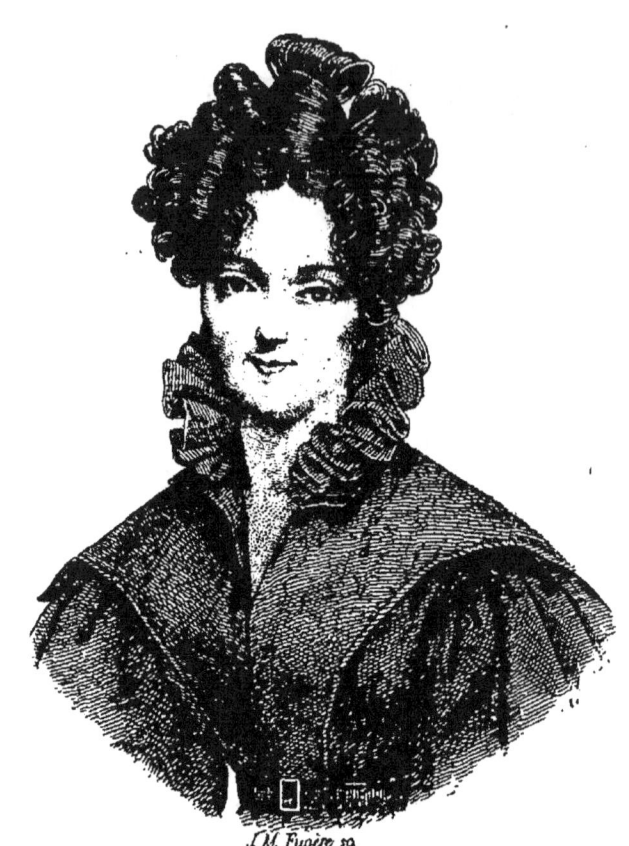

Mme ALBERT
1805-1860

grand'mère de Mme Albert que nous avons précédemment citée.

Thérèfe Vernet, à l'exemple de fes parents, joua la comédie dès fes plus jeunes années, avec grand fuccès. Tout enfant, elle charmait par fa grâce & fa gentilleffe le public dans toutes les villes du midi, principalement; car, à cette époque, les troupes des théâtres de province n'étaient pas comme aujourd'hui compofées d'artiftes hétérogènes venus de tous les points; les artiftes du midi reftaient dans le midi; ceux du nord ne quittaient pas les régions du nord.

A Touloufe, fa ville natale, la jeune artifte, qui n'avait pas atteint fa quinzième année en 1820, fit un véritable tour de force, en remplaçant un certain foir, au pied levé, la première chanteufe, fubitement indifpofée. Le fuccès de Thérèfe Vernet fut immenfe, &, après le fameux air : *La Victoire eft à nous!* elle fut acclamée par la falle entière.

L'année fuivante, elle partit avec fa famille pour Bordeaux, où elle paffa fix années, toujours de plus en plus goûtée par le public. C'eft pendant fon féjour dans cette ville qu'elle fe maria avec Albert Rodrigues (1), jeune premier attaché au Grand-Théâtre. Elle continua de chanter avec fuccès, jufqu'au moment où le bruit de fa réputation la fit engager à l'Odéon, devenu fcène lyrique.

Elle ne tarda pas à y être remarquée autant par fa

---

(1) Mort à Paris, le 20 février 1845, âgé de 48 ans.

jolie voix, que par fon jeu fpirituel, fa phyfionomie vive & intelligente & l'enfemble de fa perfonne. Dans l'ancien opéra-comique de *Blaife & Babet*, qui lui fervit de début, le 4 mai 1825, elle fe montra ravif-fante, & dans le rôle d'Antonio de *Richard Cœur-de-Lion*, qu'elle joua enfuite, elle acheva de conquérir tous les fuffrages.

Elle fe fit encore remarquer dans Nancy de *Robin des Bois*, ainfi que dans plufieurs autres rôles. Mais là dut fe borner fa carrière lyrique. L'Odéon, en dépit de fa transformation, ne ceffait pas d'être le jouet de la mauvaife fortune, & Mme Albert était faite pour de meilleures deftinées. Bérard, homme de goût, qui quittait la direction du Vaudeville pour ouvrir le théâtre des Nouveautés, lui fit de brillantes propofitions qu'elle accepta. Le 27 mars 1827, elle débuta avec un fuccès tel, que le directeur charmé de l'enthoufiafme qu'elle avait excité, doubla le foir même de fon début les appointements ftipulés dans l'engagement de l'actrice qui, à dater de ce moment, devint ce que l'on appelait alors une étoile.

Mme Albert créa fur cette fcène, avec Bouffé : *Caleb, la Chute des Feuilles, les Trois Catherine, la Fiancée du Fleuve*, pièces dans lefquelles des rôles dramatiques ou gais, en prouvant la flexibilité de fon jeu, fondèrent fa réputation. Mais ce théâtre, qui cherchait vainement fa voie en effayant de tous les genres & furtout du genre ennuyeux, ne put s'affeoir fur des bafes folides (1), & Mme Albert, preſſentant ſes fâcheuſes deſtinées, contracta, le 9 novembre 1830, un engagement avec le Vaudeville.

Cette actrice douée d'une grande ſenſibilité, pleine de chaleur, était quelque peu nerveuſe; par conſéquent, ſuſceptible d'exagération; c'eſt le défaut qu'on lui reprochait à cette époque de ſa carrière théâtrale. Mais lorſqu'elle entra au Vaudeville, elle modéra ſa manière pour ſe mettre au diapaſon de ce théâtre, qui était celui de la comédie, tout en conſervant ſes facultés pour le drame, où elle trouvait mieux l'occaſion de les employer. *Léontine, un Duel ſous le Cardinal de Richelieu, la Camargo, Arthur, la Femme de trente Ans, un Secret de Famille, la Dame de l'Empire, Madame Du Barry, l'Ami Grandet, les Pages de Baſſompierre, Madame Grégoire, le troiſième Mari*, &c., pour ne citer que les principaux rôles, furent autant de créations charmantes qui atteſtèrent le talent varié de cette véritable comédienne.

Après la cataſtrophe du Vaudeville, en 1838, la Renaiſſance ſe l'attacha. Elle y créa pour ſon début, le 9 février 1839, le beau rôle de *Diane de Chivry*. La fermeture de ce théâtre, dont la malechance ne le cédait point à celle de l'Odéon & des Nouveautés, força Mme Albert à reprendre de nouveau le chemin des départements & de l'étranger, juſqu'en 1846, qu'elle revint au Vaudeville, reſſuſcité de ſes cendres.

(1) Et, cependant, ce n'était pas faute d'excellents acteurs, puiſqu'il comptait dans ſes cadres : Potier, Bouffé, Lafont, Philippe, Mmes Albert, Déjazet, &c.

Elle y fit un séjour de trois ans &, indépendamment de plusieurs de ses anciens rôles, elle y parut dans quelques ouvrages nouveaux, notamment *le Troisième Mari*.

Mme Albert fut, non-seulement une comédienne de talent, de beaucoup de talent ; mais encore c'était une personne excellente, honnête femme & femme honnête. Jamais la calomnie ni la médisance n'ont pu atteindre sa vie privée (1). Tout à son art, tout à son

---

(1) On peut s'étonner qu'un recueil sérieux, tel que le *Dictionnaire de la Conversation*, ait écrit, sur cette femme estimable un article dans lequel, tout en lui rendant justice sous le rapport du talent, il lui impute des faits peu propres à appeler sur elle la considération. Cette notice biographique fourmille d'erreurs.

Mme Albert, affligée avec justice d'une publicité qui la blessait dans son honneur, s'empressa de réclamer & de protester dans une lettre rendue publique ; nous n'avons pas appris que l'article en question ait été modifié, encore moins supprimé.

Voici la lettre qu'écrivit à ce sujet Mme Albert, un an avant sa mort :

« Monsieur,

« L'article qui me concerne & « qui bienveillant, du reste, sur « bien des points, je me plais à le « reconnaître, n'en contient pas « moins quelques inexactitudes « qu'il est de mon devoir de vous « signaler, une entre autres qui « touche à ma réputation jusques « là si pure, en m'imputant des « faits qui appartiennent à une « autre personne.

« En effet, en relevant l'erreur « du *Dictionnaire*, qui nomme « Caroline Boisseau & la fait naître vers 1813, vous dites : « *C'est une double erreur*. » Selon « vous, je suis née à Rouen ; c'est « là une nouvelle erreur de votre « part, Monsieur, puisque c'est « Toulouse qui est ma ville natale « & que ma naissance date bien « effectivement de l'année 1805.

« Evidemment, il y a bien deux « femmes différentes entre Caroline Boisseau & moi, Thérèse « Vernet.

« Le *Dictionnaire des Contem-*

mari, son intérieur était un véritable modèle d'ordre & de régularité. Elle fût une sœur de charité pour Albert, pendant une longue maladie qui finit par l'emporter. Après quelques années de veuvage, son isolement la poussa à contracter un second mariage avec l'acteur Bignon (1), qu'elle perdit aussi. Atteinte elle-

« porains (*), que vous citez, ajoute, dites-vous, que « Mme Albert acquit une nouvelle célébrité, en figurant après la mort de Dujarrier, dans le procès de Beauvallon. » Je me suis constamment fait une loi, j'ose le dire, de mériter & de justifier par ma bonne conduite une réputation exempte du moindre reproche & n'ai jamais figuré, Dieu merci, ni dans aucun procès de la nature de celui-ci, ni dans aucun autre. Si j'avais pu prévoir jamais, que par une fatalité inconcevable, mon vrai nom d'épouse, Rodrigues, dit *Albert*, pût être un jour ainsi entaché & livré à la publicité, j'aurais, certes, cherché à m'en garantir par tous les moyens possibles; mais j'ignorais la nouvelle impression du *Dictionnaire des Contemporains*.

« Je n'ai jamais été attachée à la Chapelle du roi Charles X, pas plus que je n'ai joué, en 1856, le rôle de Catherine de Médicis,

dans *Henri III*, d'Alexandre Dumas. Ce ne sont là que de légers détails, & si je vous les fais connaître, vous comprendrez bien, sans doute, pourquoi. Ils peuvent bien faire partie de l'existence de ladite Caroline Boisseau, que je ne connais pas, que je n'ai jamais connue, que je n'incrimine pas; mais enfin, vous conviendrez, Monsieur, que je ne saurais rien accepter de ce qui lui aurait appartenu.

« J'ose espérer, Monsieur, qu'après la manière dont vous avez accueilli la démarche de mon frère, que vous ferez assez bon pour faire paraître dans le plus prochain numéro de votre journal, la rectification des faits que je vous signale & lui donner, ainsi que vous l'avez promis, le plus de publicité possible.

« Veuillez, Monsieur, recevoir, &c.

« 19 mars 1859. »

(1) L. T. Bignon, est décédé le 6 décembre 1856, à l'âge de 42 ans.

(*) Mme Albert a légèrement altéré le titre de cette publication.

même d'une cruelle affection, un cancer au sein, elle quitta la scène pour se faire opérer. A son rétablissement, bien que souffrante encore, elle reparut à la Gaîté dans *Monte-Christo*, à côté de son mari. Mais ce fut son dernier effort dramatique. Elle fut contrainte de prendre le lit qu'elle ne quittait presque plus ; c'est sur ces entrefaites, que Bignon vint à mourir. La douleur qu'elle éprouva de cette perte, augmenta l'intensité de son mal. Sur les conseils de son médecin, le docteur Girouard, elle se retira à Chartres dans une maison de santé, tenue par des religieuses. C'est là qu'elle s'éteignit, le 24 mars 1860, après d'horribles souffrances.

Ses restes mortels furent ramenés à Paris par les soins pieux des siens & déposés dans un caveau de famille, au cimetière Montmartre.

Mme Albert avait un frère, comédien de grand talent, qui a passé la majeure partie de sa vie en Russie, où il était un des sujets les plus aimés & les plus goûtés du théâtre français de Saint-Pétersbourg. C'est à son obligeance que nous devons la majeure partie des détails qui constituent cette notice biographique.

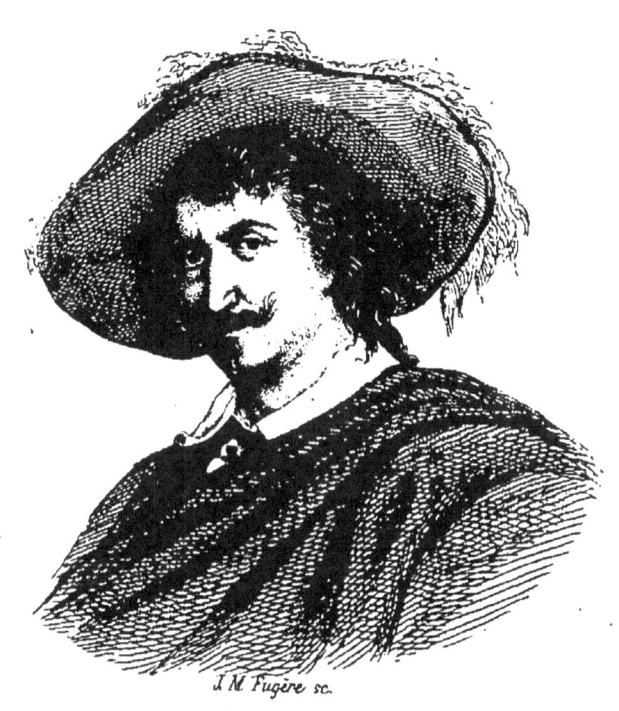

MELINGUE
1807-1874

ETIENNE-MARIN

MÉLINGUE

1807 — 1874

PAR une belle foirée de juin 1834, un dimanche, fi-nous ne nous trompons, le public venu au théâtre de la Porte-Saint-Martin pour affifter à une repréfentation de la *Tour de Nefle*, vit apparaître à la place de Frederick ou de Bocage, dans le rôle de Buridan, un acteur tout-à-fait inconnu : c'était un grand & beau garçon, à la phyfionomie ouverte & intelligente, à l'œil vif, à l'organe fonore, dont un coftume original en fon exactitude

---

Extrait des regiftres de l'état civil de Caen, pour l'an 1807 : « Du feizième jour du mois d'avril, l'an mil huit cent fept, à cinq heures du foir, acte de naiffance de *Etienne-Marin*, né ce jour, à trois heures du matin, fils de Jean Mélingue, prépofé aux douanes, âgé de trente-trois ans, & de Suzanne Boulon, âgée de vingt-cinq ans, mariés, demeurant en cette ville, rue du Port. »

historique & porté avec une aisance toute artistique, faisait valoir les avantages extérieurs. Malgré l'émotion inséparable d'un premier début, suivant la phrase consacrée, le nouveau venu, envisagé d'abord avec surprise par les spectateurs désappointés, puis écouté avec intérêt, fit apprécier, dès le premier acte, avec une diction juste, sa tournure dégagée & des gestes qui ne manquaient ni d'ampleur ni d'autorité. Aux actes suivants, encouragé par cet accueil bienveillant du public, le débutant révéla à travers son inexpérience de réelles qualités qui, en assurant son succès, promettaient au drame un interprète distingué & donnaient des espérances qu'il devait plus tard réaliser d'une manière éclatante.

Cet inconnu de la veille favorablement accueilli dès le premier soir, & bientôt adopté par le public, était Mélingue qui, bien jeune encore, avait déjà avec des chances diverses, été le héros des scènes tour-à-tour tristes & comiques de cet éternel *roman-comique*, joué par tant d'autres acteurs au début de leur carrière théâtrale.

Né à Caen, le 16 avril 1807, le jeune Etienne eut de bonne heure l'instinct, disons mieux, la vocation artistique dans ses diverses manifestations. Ainsi, refusé d'abord en qualité de commis aux écritures chez un épicier, placé comme apprenti chez un menuisier, il devenait de lui-même, sans guide, sans maître, sculpteur en bois, dessinateur à l'Académie de Caen & praticien. Il partait ensuite pour la Capitale, où, pendant près d'une année, il fut employé à sculpter les chapiteaux de l'église de la Madeleine.

Bientôt le goût du théâtre s'empara de cette imagination livrée à toutes les inspirations artistiques. Présenté à Mlle Duchesnoy, celle-ci lui donna une lettre pour Alexandre Soumet qui, à son tour, le recommanda aux frères Séveste. Engagé par eux sous le nom de *Henri-Gustave*, il essaya ses forces sur ces modestes planches du théâtre de Belleville, où il se rencontra avec Boutin, qu'il devait retrouver plus tard sur des scènes plus relevées. En 1829, il s'engageait avec le théâtre de la Guadeloupe & quittait la France, le cœur un peu gros, mais plein d'espérance pour l'avenir. Cette entreprise, commencée sous d'heureux auspices, se ressentit du contre-coup de la Révolution de juillet. A la suite de troubles survenus entre les blancs & les noirs, la salle de spectacle fut fermée par ordre du Gouverneur de la colonie & les artistes durent aller chercher fortune ailleurs ou se créer des ressources en dehors de leur profession. Mélingue, qui avait la connaissance du dessin, s'improvisa peintre de portraits & eut le bonheur de réussir en embellissant ses modèles, ce qui lui procura une nombreuse clientèle. Modeste, d'ailleurs, dans ses prétentions, il gagna ainsi quelque argent qui lui servit à payer son passage pour la France, où il se hâta de revenir.

Engagé, en 1832, comme grande utilité au théâtre de Rouen, sa bonne mine le fit remarquer par Mme Dorval qui y donnait des représentations, & qui, devinant en lui l'étoffe d'un futur héros de drame, l'adreſſa à Paris à Alexandre Dumas. Celui-ci, également frappé de ſa bonne mine & de ſon air vif & dégagé, le patronna auprès de Harel. Selon une autre verſion, ce ſerait d'Epagny qui aurait été ſon Mécène auprès du ſpirituel directeur. Voici comment Mélingue, ainſi que nous l'avons dit précédemment, après avoir pendant quelque temps attendu des couliſſes l'occaſion favorable, en ſuivant des yeux les acteurs en ſcène, apparut un beau ſoir de juin de l'année 1834, à l'improviſte, dans le rôle de Buridan de la *Tour de Neſle*.

Il n'eut d'abord, comme on peut croire, que des rôles ſecondaires ſur cette ſcène où Bocage, Frédérick Lemaître, Lockroy & Delafoſſe tenaient les premiers rôles. Cependant nous le voyons, en 1835, remplir dans l'*Héroïne de Montpellier*, de N. Lemercier, un rôle de quelque importance. Il crée dans la même année Cromwell, dans *Cromwell & Charles Ier* (21 mai), drame de Cordelier-Delanoue, & Bénico, dans les *Américains en 1780* (6 octobre), drame de d'Epagny. Dans *don Juan de Marana* (30 avril 1836), Alexandre Dumas lui confie le rôle du Mauvais Ange. Déjà, le 2 mars précédent, il avait fait admirer ſa fière preſtance dans le drame des *Sept Enfants de Lara*, par Félicien Mallefile.

Cependant les beaux jours de la Porte-Saint-Martin commençaient à devenir rares ; l'étoile de Harel pâliſſait, malgré quelques réapparitions de Frédérick, ou de Bocage, ſur cette ſcène un inſtant rivale de la Comédie-Françaife. Aux œuvres littéraires avaient fuccédé des drames qui n'étaient pas, certainement, fans valeur, mais fe recommandaient furtout par l'attrait de la mife en fcène & par le talent des interprètes. Mélingue avait infenfiblement pris un rang important dans le répertoire. De 1837 à 1840, il occupait auprès de Mlle Georges, demeurée fidèle à la fortune décroiffante de Harel, la place laiffée vacante par Frédérick, Bocage & Lockroy, & c'eft lui qui tint les premiers rôles dans *Jeanne de Naples*, *la Guerre des Servantes* (1837), *Guillaume Colman* (1838), *Don Sébaftien de Portugal*, *Randal*, *le Pacte de famine*, *Bianca Contarini* (1839) & *le Tremblement de terre de la Martinique* (1840), fans oublier *Léo Burckard*, drame, dont l'auteur, Gérard de Nerval, a fpirituellement raconté l'odyffée héroï-comique.

Harel, à bout de reffources, ayant quitté la partie, le théâtre de la Porte-Saint-Martin eft fermé. Mélingue paffe alors au théâtre voifin & débute avec un grand fuccès, le 16 novembre 1840, dans *Lazare le Pâtre*, drame de J. Bouchardy. Il devient un acteur à recettes & fa popularité s'affirme dans le *Miracle des Rofes*, & dans les drames que Frédéric Soulié donne à ce théâtre : *Il Gaetano le Mammone*, *les Talifmans & les Etudiants*. La création de d'Artagnan, dans *les Moufquetaires*, drame, dont le roman célèbre d'Alexandre Dumas, avait d'avance préparé la vogue, achève de le pofer comme l'acteur par excellence du drame à grand fpectacle & à tableaux mouvementés. Son jeu tout en dehors, son œil fier & plein d'expression, son entrain communicatif, sa verve bruyante, quelque peu fanfaronne, sa diction emphatique, d'accord avec les phrases à effet de son rôle, étaient autant de qualités fort appréciées du gros des habitués & relevées par l'art plastique avec lequel Mélingue savait faire valoir ses brillants costumes. Seule, son articulation laissait à désirer ; elle n'était pas toujours très-nette ; ce qui tenait à la conformation de sa mâchoire trop proéminente.

Lors de l'établissement du Théâtre-Historique, il joua (octobre 1847) dans *la Reine Margot*, pièce d'ouverture, le rôle de Henri de Navarre & il devint dès lors l'interprète nécessaire, indispensable même, de tous les grands drames qu'Alexandre Dumas & A. Maquet firent représenter de 1847 à 1850 ; son nom demeure attaché à ce répertoire spécial dont la mise en scène grandiose ne fit pas seule la fortune, puisqu'après la fermeture du Théâtre-Historique, plusieurs de ces grandes pièces furent transportées par Mélingue sur les principales grandes scènes du boulevard, où elles retrouvèrent un succès persistant. Il nous suffit de citer, parmi les plus connues : *le Chevalier de Maison Rouge* (août 1847), les deux premières parties *de Monte-Christo* (1848), *la Jeunesse des Mousquetaires, la Guerre des Femmes, le Comte Hermann, Catilina & Urbain Grandier !* Ce fut la phase la plus brillante de la carrière de Mélingue, qui s'incarna en quelque sorte, défauts & qualités, dans Monte-Christo, & bien plus encore dans d'Artagnan, dont il fut jufqu'à la fin la perfonnification la plus complète.

Revenu à la Porte-Saint-Martin, dans la pleine poffeffion de fon talent & de fa renommée, il s'empare en dominateur du répertoire, qui femble fe réfumer en lui. Les auteurs s'empreffent à faire des pièces & furtout des rôles propres à mettre en relief les côtés faillants & chevalerefques de fon talent : A lui les perfonnages hiftoriques & romanefques, les héros d'aventure, de cape & d'épée, dont il porte avec un fentiment curieux de l'art plaftique, les coftumes variés & pittorefques. Tour-à-tour *Frère Tranquille*, *Salvator Rofa*, *Benvenuto Cellini*, double fuccès du comédien & du fculpteur, *l'Imagier de Harlem*, *Schamyl* & *William Shakefpeare* trouvent en lui un interprète auffi heureux qu'habile. Peut-être même, pourrait-on trouver exceffive l'influence de fa popularité; prefqu'en lui feul fe concentre l'intérêt de l'intrigue; auprès de lui les divers rôles s'amoindriffent & les autres artiftes, dont quelques-uns n'étaient pas fans talent, doivent s'abforber & difparaître dans cette gloire quelque peu envahiffante : en un mot, il joue les *Mélingue*.

Bientôt, cet acteur n'appartient plus aux trois théâtres de drame du boulevard, que comme artifte en repréfentation. En octobre 1856, il joue au théâtre de la Gaîté *l'Avocat des Pauvres*, drame de Paul Meurice. Les années fuivantes le trouvent à l'Ambigu-Comique dans *Fanfan-la-Tulipe*, *le Roi de Bohême & fes fept Châteaux*, *Guillery* & *la dame de Monforeau*. —

A la Porte-Saint-Martin, la pièce du *Bossu*, drame de Paul Féval, lui doit un succès de vogue prolongée; il déploie dans le rôle principal une souplesse de jeu & une verve railleuse qui n'ôte rien aux effets dramatiques des scènes capitales.

N'acceptant avec les théâtres qui recherchent son concours, qu'un engagement momentané & limité, il va, au gré de son caprice, donner dans les départements des représentations fructueuses & fait par son activité acquérir une position de fortune qui assure sa liberté dans le présent & un repos honorable pour l'avenir. Mais les succès de l'artiste dramatique ne suffisent plus à cette ardeur de popularité qui est un des puissants aiguillons de son talent & un trait de son caractère. Dans les loisirs que lui fait le théâtre, ou qu'il dérobe à ses travaux scéniques, il s'occupe de sculpture & son ciseau fait revivre les figures de Corneille, de Molière & autres illustrations. Dans *Benvenuto Cellini*, il modelait sous les yeux des spectateurs émerveillés une figure d'*Hébé* & il renouvelait à chaque représentation ce tour de force avec une habileté singulière & toujours vivement applaudie (1).

En 1844, il jouait le *Capitaine Fantôme*, drame de Paul Féval, qui n'obtint qu'un médiocre succès; ce fut,

---

(2) L'Empereur Napoléon III voulut l'avoir & paya au prix d'une tabatière d'or incrustée de diamants, une de ces statuettes improvisées. Mélingue a obtenu une troisième médaille en 1852 & une mention honorable en 1855.

nous le croyons, sa dernière création. Depuis cette époque, au théâtre de la Porte-Saint-Martin, où il donnait chaque année une série de représentations, il se bornait à reprendre quelques-uns de ses rôles favoris, dans lesquels il retrouvait ses succès d'autrefois. Plus heureux que beaucoup de ses camarades, il conserva jusqu'à la fin son action sur le public & sa popularité. Chacune de ses apparitions sur la scène ramenait au théâtre une foule empressée qui jusques au bout lui resta fidèle.

Lors de la reprise de *Lucrèce Borgia*, qui eut lieu à la Porte-Saint-Martin, Mélingue composa avec talent le rôle brillant d'Alphonse d'Est. Plus tard, il joua au théâtre de l'Odéon, lors de la reprise de *Ruy Blas*, le personnage de don César de Bazan, qui, depuis sa création par Saint-Firmin au théâtre de la Renaissance, n'avait pas eu d'interprète aussi complet dans sa verve spirituelle & fantaisiste.

Mélingue, nous l'avons dit, avait su se créer une position de fortune indépendante, qui lui permettait dans un loisir honorablement acquis dans l'exercice de sa carrière théâtrale, de se livrer en dehors de la scène à des travaux artistiques. On sait qu'il s'occupait de sculpture, de peinture & ne dédaignait pas de descendre jusqu'à la lithographie. Nous connaissons de lui une foule de jolis dessins, de spirituelles vignettes, dont quelques-unes figurent en tête de chansonnettes composées par son ami Boutin. Il habitait à Belleville une jolie maison, où il vivait en famille avec sa femme qui, fous le nom de *Théodorine* (1), avait tenu avec succès les premiers rôles fur les théâtres de drames, avant de devenir fociétaire de la Comédie-Françaife. Il avait près de lui fes deux fils, Lucien & Gaston, qui continuaient dans la peinture & la fculpture les traditions paternelles.

L'été, Mélingue fe repofait de fes travaux dans une gaie retraite, située à Veules-en-Caux, petit village de la Seine-Inférieure, situé fur le bord de la mer.

Il est mort prefque subitement à Paris, le 27 mars 1875, dans fa foixante-huitième année.

(1) Rofalie-Théodorine THIESSET, née à Paris, le 24 décembre 1813. Elle époufa Mélingue, le 24 mars 1840. Mlle Théodorine avait commencé fa carrière théâtrale aux Folies-Dramatiques, où fa jolie figure & fon ingénuité gracieufe lui conquirent bien des fympathies. Elle quitta ce théâtre pour celui de la Porte-Saint-Martin, &, en 1843, elle entra fociétaire d'emblée à la Comédie-Françaife, où elle n'est reftée que dix ans.

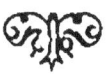

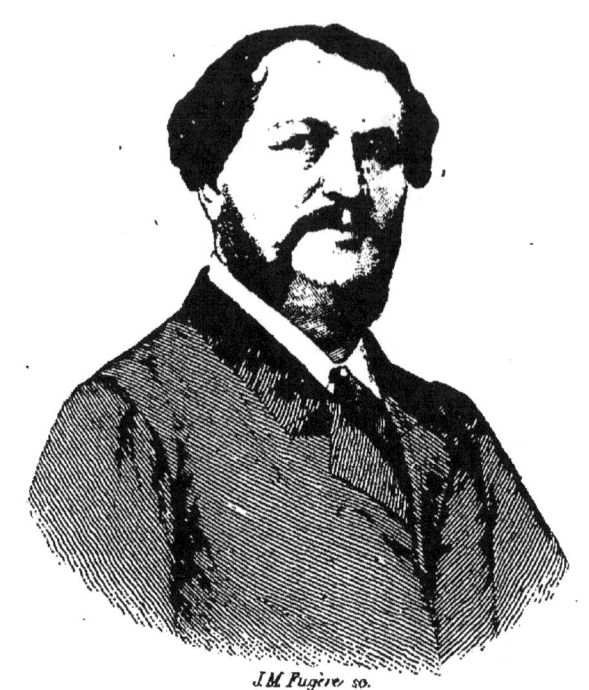

Félix
1807-1870

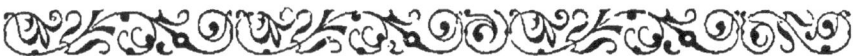

PIERRE-FÉLIX-ALEXANDRE-URSULE CELLERIER

FÉLIX

1807 — 1870

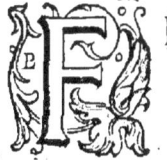ÉLIX eft, affurément, parmi les artiftes contemporains un de ceux qui ont le plus de droit à figurer dans cette galerie.
De fes commencements nous favons peu de chofes, fi ce n'eft que, né en Sardaigne d'un père français & d'une mère italienne, il fut d'abord deftiné à la prêtrife & que fes études furent dirigées en ce

---

Extrait des actes de l'églife paroiffiale & collégiale de Saint-Laurent, en la ville d'Alexandrie (Sardaigne) pour l'année 1807. Regiftre 7° des baptèmes, folio 105 : « *Pierre-Felix-Alexandre-Urfule*, fils légitime de Samuel-Augufte Cellerier & de Marie-Thérèfe Devecchi, eft né le 18 feptembre 1807, & vu le danger de mort, il a été ondoyé par la fagefemme, & déclaration en a été faite au Révérend Père Muffa, archiprêtre de l'églife Saint-Laurent, d'Alexandrie. » (*).

(*) Cet acte eft libellé en italien.

sens. Mais devenue veuve, sa mère quitta Alexandrie, sa résidence, & passa en France avec les deux enfants, une fille & un fils, issus de son mariage. Quelles sont les causes qui mirent le jeune Félix au théâtre ? où a-t-il commencé ? est-ce à la banlieue, dans les *Galères Seveste*, comme on disait alors ; est-ce sur des scènes de province ; est-ce enfin au Vaudeville de la rue de Chartres, où il débuta, le 1er juillet 1828, dans *Léonide, ou la Vieille de Suresnes*, par le rôle de Rodolphe ? c'est ce que nous ne pouvons préciser. Toujours est-il qu'il ne fut pas reçu, puisque, l'année suivante, on le retrouve au Théâtre-Français de Bordeaux, dans l'emploi de Lafont. De cette ville un engagement l'appela, en 1833, à Rouen, qu'il ne quitta qu'au commencement de 1840, pour venir une seconde fois, le 13 juillet, au Vaudeville, dont il est resté le pensionnaire jusqu'à sa mort. Son début eut lieu dans une pièce nouvelle de Paul de Kock, tirée d'un de ses romans, *la Jolie Fille du faubourg* (1) ; il réussit complètement. Sa seconde création importante fut le rôle de Bourichon, dans *Marguerite*, de Mme Ancelot ; mais le rôle qui le posa définitivement devant le public parisien, fut celui de Robin, dans les *Mémoires du Diable*, représentés en 1842. Ceux qui l'ont vu dans cette pièce, dont le succès fut retentissant, ne peuvent avoir oublié de quelle verve & de

---

(1) En collaboration avec *Charles Voirin*, dit *Victor Varin*, pseudonyme sous lequel il a composé une foule de pièces aussi amusantes que spirituelles.

quel talent de comédien il y faifait preuve. A dater de cette époque, Félix fut un acteur lancé & les rôles affluèrent. Peu s'en fallut cependant que celui-ci ne lui eût échappé. Laferrière, alors attaché au Vaudeville, profitant d'un congé, avait à peine commencé fes repréfentations à Bordeaux, lorfqu'il reçut de Paris la lettre fuivante : « Revenez vite, mon cher Lafer-
« rière, j'ai befoin de vous. Je fuis condamné à jouer
« une pièce en trois actes qui n'aura, je crois, de pi-
« quant que fon titre. Vous me demandiez un rôle
« depuis longtemps : cette fois, il vous arrive. Je
« vous attends pour la mife au théâtre. »

Au moment où Laferrière, tout en fe difant que le jugement émis par fon directeur fur la valeur de cet ouvrage, n'était pas fait précifément pour l'encourager, fe difpofait néanmoins à lui répondre affirmativement, lorfqu'arriva une nouvelle lettre du *même au même* : « Il eft inutile de vous enlever à vos fuccès de
« Bordeaux. Je viens de m'entendre avec les deux
« auteurs de la pièce : ils ne veulent point de délai.
« C'eft Félix qui jouera le rôle que je vous deftinais. »
Puis, il ajoutait avec cette infaillibilité qui caractérifait fes jugements : « Au furplus, mon cher ami, vous
« n'avez rien à regretter : la pièce vivra *ce que vivent*
« *les rofes.* »

« Et voilà comme quoi, dit en fes mémoires, La-
« ferrière, à qui nous empruntons cette anecdote, je ne
« créai pas les *Mémoires du Diable.* »

Depuis, le fuccès de Félix ne fit que grandir. Pas

une pièce un peu faillante à cette époque ne fut repréfentée au théâtre du Vaudeville, fans qu'il ne s'y trouvât un rôle important pour lui : *Les Parifiens, les Faux Bonshommes, la Joie de la Maifon, le Cabaret de la Pomme-de-Pin, Aux Crochets d'un Gendre, les Vivacités du Capitaine Tic, les Brebis de Panurge, la Clef de Métella, les Petites Mains, Roger Bontemps, la Famille Benoîton, le Mariage d'Olympe, le Troifième Mari, les Filles de Marbre* l'ont tour à tour montré fous des afpects bien différents ; mais toujours chaleureux, plein de verve & de bonne humeur & jetant le mot à effet avec fon organe fonore & bien timbré. Que de fois ne décida-t-il pas le fuccès d'un ouvrage !

S'il eft un rôle au fervice duquel il ait mis les qualités qui caractérifaient fa manière, c'eft bien celui de Defgenais dans *les Filles de Marbre* qu'il joua en véritable emporte-pièce. Pour être impartial, nous devons dire pourtant que l'interprétation de ce perfonnage qu'il s'identifia trop bien, eut pour Félix une conféquence regrettable : il déteignit en quelque forte fur lui, fi l'on peut s'exprimer ainfi ; c'eft-à-dire que tous les rôles qu'il remplit depuis cette création, paraiffaient être jetés dans le même moule. Dans les dernières années, furtout, où les ouvrages de longue haleine, en quatre & cinq actes, avaient envahi le répertoire, le jeu de Félix, un peu par la faute des auteurs, plus encore que par celle de l'acteur, ainfi que fon débit, étaient empreints de quelque monotonie & offrait même une teinte de triftefle.

Une autre caufe, ignorée du public, & plus douloureufe en fon principe, avait pu contribuer à ce changement.

Félix, tandis qu'il était au théâtre des Arts de Rouen, avait époufé, en 1836, une de fes camarades, Mlle Léontine Mélotte (1), première chanteufe, qui, lorfque fon mari avait été engagé au Vaudeville, le fuivit à Paris, où elle entra à l'Opéra-Comique. Leur union, contrairement à tant d'autres contractées entre gens de théâtre, avait été conftamment heureufe. Il était rare, hors le cas de force majeure, qu'on les rencontrât l'un fans l'autre, &, chaque foir, à l'iffue du fpectacle, celui des deux époux qui fe trouvait le plus tôt libéré de fon fervice, allait rejoindre l'autre & on les voyait regagner pédeftrement le domicile conjugal, non fans avoir au préalable fait une ftation chez Chevet ou Potel.

Une maladie grave lui enleva fa femme, le 18 juin 1860. Depuis cette cruelle féparation, le caractère de Félix qui, dans la vie privée, était celui d'un bon gar-

---

(1) L'an 1836, le lundi 8 février, devant nous adjoint, délégué de M. le maire de la ville de Rouen, & officier de l'Etat-Civil, ont comparu pour contracter mariage, le fieur Pierre-Félix-Alexandre-Urfule Cellerier, artifte en cette ville, y demeurant, rue Nationale, n° 1..., &c., &c.

et, demoifelle *Flore-Léontine Mélotte*, artifte au théâtre des Arts, née fur le quatrième arrondiffement de la ville de Paris, le 27 mars 1815, rue Saint-Honoré, 51, fille mineure de Barthélemi-Guillaume Mélotte, décédé fur le deuxième arrondiffement, le 18 avril 1834, & de Marie Perfin, rentière, qui a déclaré confentir au mariage de fa fille, d'autre part.

En préfence, &c., &c.

çon, s'était fâcheusement modifié; il était devenu mélancolique, morose, difficile. Lui, pour qui, toute la vie, les mots ordre, économie, avaient été lettres closes, devint économe jusqu'à la parcimonie. Jamais il ne mettait les pieds dans un café, il se promenait solitairement; il vivait très-sobrement, & chaque fois qu'il ne jouait pas, se retirait chez lui de bonne heure & se couchait de même.

Comme on voit, c'était une existence aussi excentrique que possible, dans les conditions où il était placé; mais dont les conséquences avaient, ainsi que nous l'avons dit, nécessairement réagi sur son jeu qui se ressentait de ses dispositions morales & n'avait plus cet entrain, ce diable au corps d'autrefois.

En même temps qu'avait lieu chez lui ce changement dans sa vie privée, une autre transformation, tout aussi singulière, s'était opérée dans ses habitudes théâtrales.

Jadis, aux beaux jours de sa jeunesse & de ses succès, Félix, très-affable, très-bon compagnon dans ses relations sociales, une fois rentré dans les coulisses, devenu un tout autre homme, se montrait grincheux, insupportable, jaloux des rôles de ses camarades; les trouvant toujours favorisés à ses dépens par les auteurs, qui, la plupart du temps, se voyaient amenés à user du ministère d'huissiers pour le contraindre à jouer le rôle qu'il avait d'abord accepté & qu'ensuite il refusait de jouer.

On se rappelle le tapage qui se fit dans le temps

autour du *Fils de Monsieur Godard*, pièce dans laquelle Lafont & Félix se trouvaient réunis, & des épisodes peu réjouissants pour les auteurs, qui surgirent de l'antagonisme & de la jalousie de ces deux artistes.

Hé bien, sous ce rapport, métamorphose complète. Dans les dernières années, loin de se montrer agressif, mauvais camarade, il condescendait à toutes les observations, se montrait serviable pour les jeunes & ne refusait jamais les rôles.

La seule chose qui ne se fût point modifiée en lui, c'est le soin remarquable de sa tenue & la forme de ses pantalons qui ne varia jamais. Toujours bien ganté, bien chaussé, bien coiffé, à la ville comme au théâtre, à moins que son rôle ne l'obligeât à un costume de caractère, il portait constamment une redingote sanglée à la taille afin de contenir dans des limites raisonnables l'embonpoint qui commençait à l'envahir.

L'isolement dans lequel l'avait jeté la perte de sa femme avait fini, sans doute, par lui peser, puisque quelques années après, il fit demander la main de Mlle Delaporte, du Gymnase, qui, tout en y mettant beaucoup de courtoisie, déclina cet honneur.

Plus tard encore, on parla dans le monde théâtral d'un projet de mariage entre lui & une jeune actrice des Variétés, Mlle Émilie Garait.

La mort de sa femme, ces déceptions que nous venons de raconter, & aussi, dit-on, le chagrin qu'il ressentit de son non-réengagement au théâtre du Vaudeville, peu avant les finiftres événements de 1870, à moins d'avoir à fubir une diminution des 3/4 de fon traitement qui depuis longtemps était de 20,000 fr., développèrent chez lui une maladie de foie à laquelle il fuccomba, le 11 octobre 1870.

Un fait qui ne laiffa pas que de furprendre, c'eft la connaiffance de fon teftament, qui révélait au public, ce qu'il était loin de foupçonner : que Félix Cellerier, indépendamment d'un beau mobilier & de nombreux bijoux, laiffait après lui en écus & en valeurs une fomme affez confidérable, dont il faifait, d'ailleurs, le meilleur ufage dans la répartition des legs attribués aux membres de fa famille, à de vieux domeftiques & à fes amis, fans oublier les pauvres auxquels il léguait une fomme d'environ 10,000 fr. confiée aux foins du curé de Bonne-Nouvelle, fa paroiffe, n'omettant pas de recommander à Delannoy, fon vieux camarade, fon ami & fon légataire univerfel, « de foigner & « d'entretenir pieufement la *dernière demeure* où il « doit, au cimetière Montmartre, repofer à côté de fa « femme. »

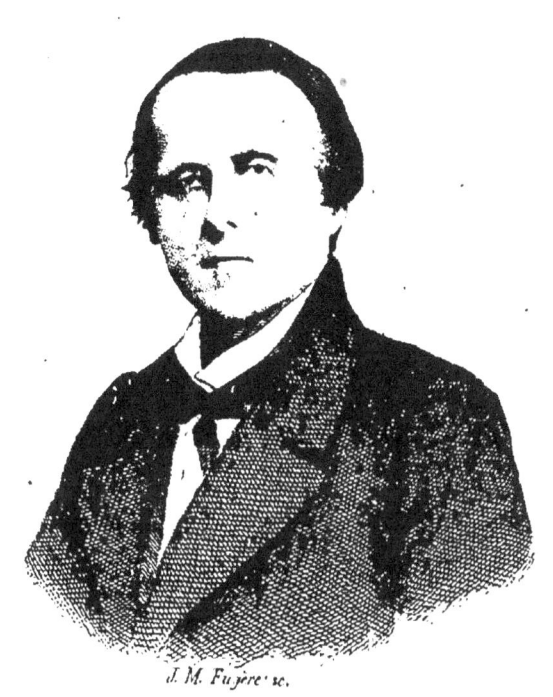

Francisque Jeune
1808-1871

LOUIS-AUGUSTE HUTIN

FRANCISQUE JEUNE

1808 — 1871

FRANCISQUE jeune, entraîné par l'exemple de fon frère confanguin, devait naturellement prendre de très-bonne heure le goût du théâtre, & nous lui avons fouvent entendu raconter, que raffemblant tous les gamins de fon voifinage, le chef orné d'un cafque en carton recouvert

---

Extrait du regiftre des actes de naiffances du IIIᵉ arrondiffement :
« L'an mil huit cent huit, le vingt & un juillet, a comparu le fieur François Hutin, deffinateur, âgé de quarante-trois ans, natif de Paris, y demeurant, paffage des Chartreux, n° 646, lequel nous a déclaré que, le jour d'hier, à fix heures du foir, il eft né chez lui un enfant du fexe mafculin, qu'il nous a préfenté & auquel il donne les noms de *Louis-Augufte*, fe reconnaiffant pour être le père de cet enfant & l'avoir eu de Philippine-Défirée Chaffignet, âgée de trente-trois ans, native de Châlons-fur-Marne & demeurant même maifon. »

de papier doré, le bouclier au bras & une latte au côté en guise d'épée, il livrait des combats à outrance, entremêlés de scènes de mélodrames arrangées pour la circonstance. Le père Hutin, pour faire rentrer son gamin à la maison, était le plus souvent obligé de prendre un fouet : argument sans réplique, qui seul triomphait de l'indocilité du petit Auguste. Enfin, ses vœux se réalisèrent. Emmené par son grand frère à Montereau, il eut le bonheur tant envié par lui de monter sur un vrai théâtre & de remplir le rôle muet d'un petit Lutin, dans *le Château du Diable*. Barbouillé de réglisse, sa plus douce occupation fut pendant toute la représentation de se passer la langue sur les lèvres.

De retour à Paris, il alla se présenter chez Comte qui venait de transporter son spectacle de l'Hôtel-des-Fermes au passage du Panorama. Intimidé au premier moment, celui-ci lui donna un verre de bordeaux qui lui rendit en effet l'assurance. Après lui avoir récité des passages du *Panier de cerises,* & des fragments de quelques autres pièces qu'il savait à force de les avoir fait répéter à son grand frère, il fut engagé comme surnuméraire pour une année. Son début sur cette scène enfantine eut lieu dans *le Procès, ou Racine conciliateur,* par le rôle de Mathurin (1). Sa petite figure rouge, grimée avec du papier brûlé & du blanc d'Es-

---

(1) Dans la même pièce, le rôle du neveu était rempli par Louis Duflost, dit Hyacinthe, devenu plus tard le beau-frère d'Arnal, qui épousa sa sœur.

pagne, lui donnait un air tout à fait comique, dont il était ravi. Le foir même, à l'iffue de la repréfentation, le directeur Comte pour lui témoigner fa fatisfaction, lui annonça qu'il lui accordait 15 fr. par mois de gratification. Malheureufement, la fatigue le fit tomber malade, & notre apprenti comédien dut renoncer à un métier qui menaçait de compromettre fa fanté.

Cependant du paffage du Panorama le fpectacle du phyficien Comte avait émigré au paffage Choifeul, où une très-jolie falle, de dimenfion lilliputienne, avait été conftruite pour le recevoir. Francifque jeune obtint fon réengagement à des conditions léonines, 45 fr. par mois. Il eut beaucoup de fuccès dans *les Marionnettes de village*, où il rempliffait le rôle du directeur Fantoccini & faifait une annonce qu'il avait compofée de toutes les bribes retenues des boniments débités chaque jour par les banquiftes du boulevard du Temple :

« Pendant la durée de mon engagement au théâtre
« Comte, écrit-il dans une lettre adreffée à un de fes
« amis, j'ai eu deux fois l'honneur de jouer à la Cour
« du roi Charles X, pour la fête du duc de Bordeaux.
« Le roi daigna m'applaudir &, par conféquent, toute
« la famille royale à fon exemple. La feconde fois, je
« jouais *les Fureurs de Polichinelle*, & en chantant le
« couplet au public, je l'achevai en faifant tout à
« coup le grand écart, ce qui fit beaucoup rire le roi,
« mais mécontenta fort M. Comte & fon régiffeur,

« qui me condamnèrent à six sols d'amende que l'on
« me fit parfaitement payer.

« Dans une autre circonstance, on devait jouer
« chez *Madame, le Bailli de Pantin*; mon rôle fut
« donné à un autre. Outré de cet acte d'injustice, je
« me glissai tout costumé dans la voiture des menus
« qui transportait au château les accessoires & les dé-
« corations & je laisse à juger la surprise & la colère
« du directeur Comté lorsqu'il me découvrit au milieu
« des bagages. Cependant, le premier moment passé,
« il *daigna* me pardonner, & j'ose dire que je jouai
« mon rôle de manière à ne pas lui faire regretter sa
« *magnanimité*.

« Je ne parlerai pas du magnifique banquet qui
« suivit la représentation & pendant lequel la duchesse
« de Berry prenait plaisir à nous voir nous disputer
« les bonbons & les sucreries..... »

Trois ans plus tard, Francisque jeune partit pour la province. Il débuta à Dreux dans le rôle que jouait Brunet dans *Werther*, & il reçut quinze sols pour sa part des bénéfices de la soirée. Engagé ensuite dans la troupe du septième arrondissement, il passa deux années à Caen. Au bout de ce temps, revenu à Paris, il entra le 6 avril 1831, à l'Ambigu-Comique, où il resta jusqu'au 1er avril 1838, jouant dans les rares vaudevilles du répertoire & dans les mélodrames : toujours bien accueilli du public que son jeu naïf & comique, sans prétention, reposait des émotions du drame. Il y eut d'heureuses créations, particulièrement, dans *Cotillon III* (1) & dans *le Facteur*. Il paſſa de ce théâtre à celui de la Gaîté, où il continua à tenir avec le même ſuccès l'emploi des comiques dans les drames & les féeries à ſpectacle. Dans le rôle de Pierrot de *la Grâce de Dieu*, il fit preuve d'un bon ſentiment dramatique & s'éleva juſqu'à l'émotion. En 1859, l'affaibliſſement de ſon organe ne lui permettant plus de remplir des rôles de longue haleine, ſon extérieur grêle & ſa bonne petite figure vieillotte lui interdiſant déſormais les jeunes comiques & les niais, il quitta la Gaîté au mois de mai de cette année & fut recueilli par le Gymnaſe. Acteur zélé, ſoigneux, le public le vit toujours avec plaiſir dans les petits rôles qui lui furent confiés.

Depuis de longues années, Franciſque jeune s'était épris pour la bibliographie théâtrale d'une paſſion plus ſpéculative, ſans doute, dès le principe, que déſintéreſſée. Avec le temps, il était parvenu à former une curieuſe collection de pièces & d'ouvrages relatifs au théâtre, dont, avec ſon caractère facile & bienveillant,

---

(1) C'eſt dans ce vaudeville, d'Anicet-Bourgeois & de Vanderburck, repréſenté pour la première fois, le 7 février 1831, que ſe fit remarquer un acteur nommé *Paul* (Nicolas-Marie Miné), qui avait commencé à ce théâtre, en 1819, & qui juſques-là était reſté aſſez obſcur. A l'ouverture du théâtre du Palais-Royal, Dormeuil l'engagea. Il eut là de bons rôles qui le mirent en bonne poſition. Il avait un phyſique pauvre, mais du naturel dans ſon jeu. A l'expiration de ſon engagement, il partit pour la Ruſſie, où il gagna la penſion. Revenu en France, il quitta le théâtre pour raiſon de ſanté & ſe retira à Menton, où il eſt mort, en 1868.

il ne refufait jamais la communication aux amateurs & aux érudits. Plus tard, il la céda à la Société des Auteurs (1) dramatiques, moyennant une rente viagère & un logement modefte dans la maifon où fa bibliothèque était placée : ce qui lui avait permis de vivre au milieu de fes livres, dont la mort feule put le féparer.

Lors des événements de 1870, Francifque jeune alla fe réfugier en Algérie. Il fut atteint d'une fièvre pernicieufe & mourut à Philippeville, le 29 juin 1871, laiffant une veuve, Mlle Anne de Boiffac, ancienne danfeufe à Lyon, qu'il avait époufée quelques années auparavant.

---

(1) C'eft le 4 mai 1862, que l'affemblée générale des auteurs & compofiteurs dramatiques a confacré, par l'adoption des rapports qui lui étaient préfentés, les négociations de la commiffion pour l'achat de la bibliothèque de Francifque ; c'eft donc, à cette date, qu'il eft devenu définitivement confervateur de la bibliothèque fociale.

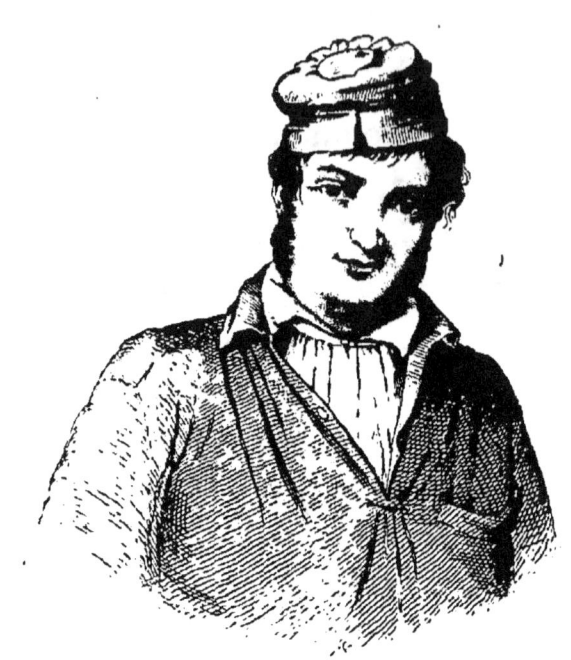

ACHARD
1808 – 1856

PIERRE-FRÉDÉRIC

ACHARD

1808 — 1856

PENDANT le cours des représentations que donnait Virginie Déjazet à Bordeaux, dans l'été de l'année 1833, elle remarqua parmi les artistes jouant avec elle, un jeune acteur auquel le public paraissait faire un bon accueil dans les rôles comiques du vaudeville. C'était un joyeux garçon, à la physionomie franche & ouverte, d'une bonne

---

Extrait du registre des actes de naissance de Lyon (Rhône) : « Le quatre novembre mil huit cent huit, par-devant nous maire de Lyon a comparu Pierre Achard, fabricant, rue Confort n° 8, lequel a présenté un enfant mâle né aujourd'hui, à midi, de lui comparant & de Marguerite Catinon, son épouse, auquel enfant on a donné les prénoms *Pierre-Frédéric*. Présents, sieurs Pierre Garcin, fabricant de bas, rue Confort n° 8 & Jean-Pierre Gignoux, du même état, rue Grolée n° 17, témoins majeurs, lesquels & le père ont signé avec nous le présent acte après lecture faite. Signé..... »

humeur communicative, lançant le couplet avec une verve entraînante & une vélocité étourdissante, que secondait à merveille une voix mordante & mélodieuse, tout à la fois. On le nommait Achard.

Né à Lyon, le 4 novembre 1808, il commença par être tisseur, ainsi qu'on l'était de père en fils dans sa famille. Mais dès l'âge de dix ans, toutes ses pensées étaient tournées vers le théâtre, & son plus grand bonheur consistait à amasser quelques sous avec lesquels il pût, le dimanche, se payer une contremarque à la porte du théâtre des Célestins; puis, à l'issue du spectacle, à guetter la sortie des acteurs & à emboîter le pas avec Célicourt ou Barqui (1), car pour ce bambin un acteur était un être surnaturel. Ce penchant inné ne fit que croître & embellir avec les années; les conseils paternels, la répugnance de la mère à voir son fils comédien échouèrent devant une vocation irrésistible qui l'entraînait bien loin du métier héréditaire. Son histoire, au reste, était celle de tous les artistes prédestinés.

Fort du consentement paternel qu'il avait fini par obtenir, le jeune Achard s'engagea d'abord dans une troupe ambulante & parcourut successivement Saint-Etienne, Grenoble, Roanne & Clermont-Ferrand. Dans ces diverses localités le succès ne cessa d'être son compagnon de route. Après deux ou trois ans de

---

(1) Acteurs fort connus du théâtre des Célestins, où ils étaient très-goûtés.

pérégrinations, il trouva une pofition ftable au petit théâtre des Variétés de Bordeaux, où il fut engagé. C'eft là, nous l'avons dit plus haut, qu'il eut la chance d'être rencontré par Virginie Déjazet qui, frappée du talent de fon camarade de paffage, le fignala aux directeurs du théâtre du Palais-Royal qui, fur fa recommandation, s'empreffèrent de l'engager pour remplacer l'acteur Paul, parti pour la Ruffie. Le début d'Achard, à Paris, eut lieu le 10 juillet 1834, fous les aufpices de fa fpirituelle protectrice, dans le rôle de *Lionel* & dans celui du *Commis & la Grifette*, qu'il avait déjà joué en province. Il y obtint un fuccès complet. Son jeu vif & plein de rondeur, fa voix agréable & flexible, fon entrain, fa façon lefte & verveufe d'enlever le couplet, qui rappelait, mais avec plus de goût & de tact le gros Philippe, du Vaudeville, firent promptement d'Achard un des acteurs favoris du public.

Son ambition, cependant, n'était pas fatisfaite, & notre joyeux comique avait des vifées plus hautes que de chanter des flons-flons. Il fe préfenta donc au Confervatoire, où il eut pour profeffeurs Bordogni & Adolphe Nourrit. Un fecond prix de chant &, l'année fuivante, un premier prix de vocalifation atteftèrent la perfévérance de fes études. Il n'avait pas ceffé, tout en fuivant fes cours, d'appartenir au théâtre du Palais-Royal, où les rôles de *Farinelli*, de *Stradella*, de *l'Aumônier du Régiment*, de *la Prova d'un opera Seria* ajoutèrent, comme chanteur, un nouveau charme à son talent de comédien. Aux rôles que nous venons de mentionner, ajoutons ceux de Titi-le-Talocheur, dans la *Tirelire*, dans lequel il réalisa le type de ces bambocheurs d'atelier chez qui les qualités du cœur rachètent au besoin les écarts d'une mauvaise tête; de Couturier, dans *Bruno-le-Fileur*, qui mit un nouveau fleuron à sa couronne d'artiste. Rappelons encore que, plus d'une fois, à l'instar de son camarade Levassor (1), il défraya les entr'actes par des chansonnettes comiques ou sentimentales, avec cette facilité, ce débit accentué, ce laisser-aller artistique que le succès autorisait, & son excellente méthode, & deman-

---

(1) LEVASSOR (*Pierre-Thomas*), né à Fontainebleau, le 25 janvier 1808, était fils d'un ancien capitaine décoré, de la garde impériale, & rien moins que destiné à la carrière théâtrale. Mais comme le disent les Orientaux : *ce qui est écrit est écrit*, le jeune Levassor devait être comédien & il devint en effet comédien très-fin, très-verveux & très-amusant. Doué d'un masque mobile, d'une grande vivacité d'allures, c'était un vrai protée. On n'a pas oublié ce qu'il montrait de souplesse & de variété dans le *Lait d'Anesse*, & surtout, dans *Brelan de Troupiers*, pièces à tiroirs, où la rapidité de ses travestissements & la vérité de son jeu émerveillaient les spectateurs. Il excellait aussi dans les personnages d'Anglais. Acteur de grandes ressources pour son théâtre dans la comédie légère, dans la farce, au besoin dans la danse excentrique, Levassor régnait sans partage dans la chansonnette, à l'exclusion de tous autres chanteurs comiques : *la Mère Michel aux Italiens, l'Histoire de Cendrillon, Bonhomme, le Vieux Ménétrier* & cinquante autres chansonnettes ont égayé, grâce à lui, tous les salons de Paris.

Après quelques années passées à ce théâtre, l'appât d'un traitement beaucoup plus fort le lui fit quitter pour les Variétés ; mais il ne tarda pas à regretter cette émigration &, son nouvel engagement expiré, il se hâta de revenir à son berceau.

Levassor, qui était marié, père de famille, plaçait avantageusement la

dons-nous comment, occupant sur une scène appropriée à ses moyens une position si enviable, Achard ait pu la délaisser pour s'enrôler dans la troupe du Gymnase où, plus qu'Arnal, il se trouva non-seulement dépaysé, mais encore déplacé.

En effet, sa grosse gaîté & ses farces au gros sel, qui se ressentaient quelque peu de leur premier terroir, ne furent que médiocrement goûtées par un public accoutumé à un régime littéraire plus fin. Aussi ne fit-il pas un long séjour sur cette scène, qu'il quitta pour s'adonner exclusivement à l'étude du chant dans le but d'entrer à l'Opéra-Comique. Ce projet n'eut pas de suite.

majeure partie de l'argent qu'il gagnait dans ses tournées artistiques en France & à l'étranger. Il s'était ainsi créé une honorable aisance & se disposait à quitter sa profession pour se retirer dans une jolie propriété qu'il avait acquise dans le voisinage de Nancy, lorsqu'à l'entrée de l'hiver 1870, il dut subir une opération chirurgicale à laquelle il succomba le 1ᵉʳ janvier.

Nous ne pouvons ne pas dire en passant quelques mots d'un autre acteur de ce théâtre qui n'a pas médiocrement contribué à sa vogue, depuis son origine:

SAINVILLE (*Auguste* MOREL dit), fils du maître d'hôtel du baron Delessert, après avoir été pendant plusieurs années pensionnaire des frères Sévesse, dans la banlieue, fit partie, dès le principe, de la troupe joyeuse qui, en 1831, vint inaugurer l'ancienne salle de la Montansier! C'était un comique de l'école de Philippe, le brûleur de planches de la rue de Chartres, mais doué de plus de finesse & qui, à sa verve intarissable unissait beaucoup de bonhomie. Son rire franc, & il le variait à l'infini, provoquait celui des spectateurs.

Ce pauvre homme, dans les dernières années de son existence, souffrait cruellement d'une complication de maux divers, dont le moindre était la goutte.

Il mourut en février 1854, à Pau, où il était allé demander au climat du midi un adoucissement à ses souffrances.

Pendant une douzaine d'années, le talent d'Achard réuni à celui de Mlle Dejazet, avait été pour le théâtre du Palais-Royal une fource conftante de profpérité. Quel qu'ait été le motif qui l'en éloigna, ce fut pour les deux parties un fait regrettable, puifque le théâtre perdit par le départ d'Achard un de fes éléments de vogue, & que l'acteur ne devait pas retrouver fur une autre fcène les fuccès auxquels il était habitué.

Rentré dans la vie privée, jouiffant d'une honorable aifance, il quitta fans bruit & fans tapage le théâtre pour vivre en famille & goûter un repos bien gagné.

C'eft dans cet heureux intérieur qu'un foir, le 13 août 1856, étant entouré des fiens, il fut pris tout à coup d'une efpèce d'affaibliffement qui réfifta aux foins empreffés qui lui furent prodigués & qu'il expira peu après, à l'âge de 48 ans, laiffant après lui le fouvenir d'une vie honorable comme homme & comme artifte.

Il laiffa deux fils, dont l'aîné, Léon, a embraffé la carrière lyrique. Le jeune, Frédéric, eft aujourd'hui l'un des acteurs les plus aimés du Gymnafe-Dramatique, où il joue l'emploi des jeunes premiers.

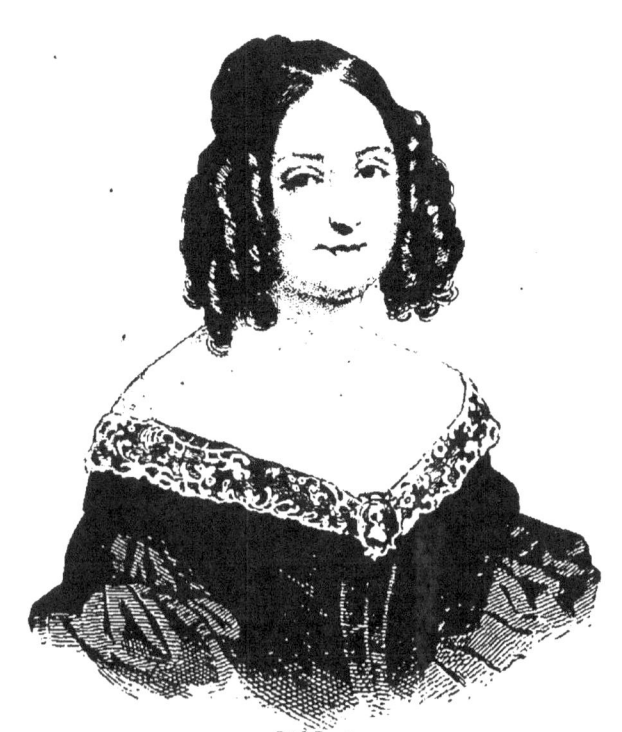

JENNY COLON
1808–1842

MARGUERITE COLON

JENNY COLON

1808 — 1842

NÉE à Boulogne-sur-Mer, le 5 novembre 1808, & fille de comédiens, Jenny Colon, fut vouée dès son enfance à la profession de ses parents, & parut de bonne heure sur plusieurs scènes de province. Le 1ᵉʳ avril 1822, n'ayant pas encore quatorze ans, elle débuta au théâtre Feydeau, dans les *Deux petits Savoyards*, par

---

Extrait des actes de la municipalité de Boulogne-sur-Mer : « L'an mil huit cent huit, & le cinq novembre, à quatre heures du soir, par devant nous soussigné, adjoint délégué du maire de la ville de Boulogne-sur-Mer, est comparu le sieur Jean Colon, artiste lyrique, âgé de trente-trois ans, lequel nous a présenté un enfant du sexe féminin, né ce jour, à neuf heures du soir, de lui déclarant & de dame Marie-Anne Dejean-Leroy, son épouse, & auquel il déclare donner le nom de *Marguerite*. Et ledit sieur a signé avec les témoins, &c. »

le rôle de Joſet, en même temps que ſa fœur aînée, & ſon ſuccès enfantin fut complet. L'année ſuivante, le théâtre du Vaudeville l'enleva à l'Opéra-Comique ; ſa jeuneſſe, ſa figure épanouie, la fraîcheur de ſa voix lui concilièrent tous les ſuffrages & elle reçut l'accueil le plus ſympathique dans le rôle du petit ramoneur, de la *Vallée de Barcelonnette*. Au nombre des rôles qu'elle établit avec le plus de ſuccès à ce théâtre, nous citerons celui de la *Laitière de Montfermeil*, dans lequel elle ſe montra raviſſante de grâce & d'ingénuité. L'année précédente, elle avait repris, après la mort de Pauline Geoffroy, le rôle de *Ketty*, l'un des plus agréables de cette actrice regrettable & elle ne s'était pas montrée inférieure.

Une circonſtance particulière lui fit tout-à-coup abandonner le Vaudeville, au milieu de ſes ſuccès ; au commencement de 1828, elle partit furtivement pour Londres, avec ſon camarade Lafont. « L'habi-
« tude de ſe marier tous les ſoirs fictivement, leur
« donna l'idée de ſe marier une fois pour tout de bon,
« & le moyen le plus expéditif leur parut le meilleur.
« Ils allèrent donc contracter mariage devant le for-
« geron de *Gretna-green*. Mais le temps de repaſſer
« la Manche, ils avaient aſſez l'un & l'autre de ce
« mariage à l'angláiſe & n'eurent rien de plus preſſé,
« à leur retour à Paris, que de faire *caſſer leur nœud*,
« ainſi que diſait Arnal dans *Madame Galochard*. »

Les Variétés profitèrent de cette bonne fortune, & le 28 octobre 1828, Jenny Colon débuta à ce théâtre dans la *Semaine des Amours*, tableau épisodique, à la réussite duquel elle contribua grandement. Elle joua, le même soir, dans la *Vieille de seize ans*, reprise exprès pour elle, le rôle créé par Jenny Vertpré, le 19 avril 1825. Après un séjour assez court à ce théâtre & quelques mois passés dans les départements, elle reparut, à Paris, sur la scène du Gymnase. Reçue avec plaisir, ce ne fut pas sans surprise que, l'année expirée, on la revit, véritable oiseau de passage, retourner aux Variétés, toujours bien accueillie d'ailleurs, toujours fêtée par le public. Ce fut là, sans contredit, l'époque la plus brillante de sa carrière théâtrale, & dans *Madame d'Egmont*, dans *la Prima donna*, *Une fille d'Eve*, *Madelon Friquet*, on ne savait ce qu'on devait admirer davantage, sa beauté splendide ou son talent de musicienne.

Déjà, l'on avait pu remarquer combien la voix de cette jeune actrice avait, depuis deux ou trois ans, acquis de force, de charme & d'agilité. Jenny Colon, qui se sentait faite pour quelque chose de mieux qu'une scène secondaire, revint, le 26 mars 1836, à son berceau de l'Opéra-Comique, où son double mérite de chanteuse & de comédienne lui pronostiquait une place brillante. Elle y fit sa rentrée dans *Sarah*, écrit pour elle par Albert Grisard. Mais toujours poussée par nous ne savons quel besoin de locomotion, elle quitta de nouveau Paris pour parcourir la province & l'étranger. Elle se rendit en Belgique, & c'est à Bruxelles qu'elle parut, le 6 juin 1841, pour la dernière fois fur la fcène, dans le rôle de Marguerite, des *Huguenots*. Sa fanté, altérée, depuis plufieurs années, par des caufes étrangères aux fatigues de fa profeffion, lui commandait d'obferver un repos abfolu : prefcription, à laquelle elle ne fut pas fe foumettre à temps &, qui lorfque les progrès du mal lui en firent une loi rigoureufe, était devenue la précaution inutile. Elle fuccomba, le 5 juin 1842, à la maladie qui la minait.

Jenny Colon, avait époufé, le 11 avril 1838, Gabriel Le Plus, flûte-folo de l'Opéra-Comique.

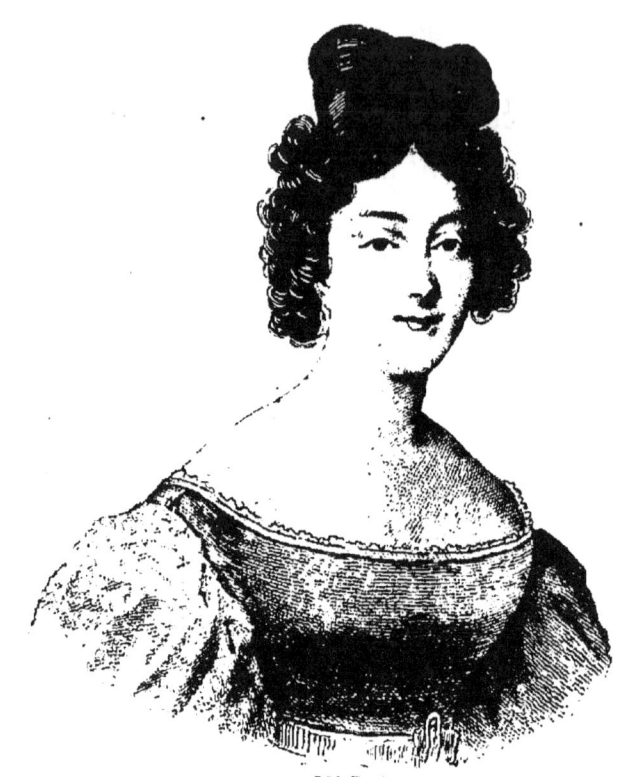

J.M. Fugère, sc.

LEONTINE FAY
1810-1876

JEANNE-LOUISE BARON

MADEMOISELLE LÉONTINE FAY

DEPUIS MADAME VOLNYS

1810 — 1876

PEU de temps après l'ouverture du Gymnaſe-Dramatique, on vit apparaître, le 4 juin 1821, ſur cette ſcène de création récente, un petit prodige doué de bonne heure des dons les plus brillants : c'était Léontine Fay, alors âgée de dix ans.

Deſtinée au théâtre dès ſon enfance, à l'âge de cinq ans, elle avait déjà joué à Boulogne-ſur-Mer, & de ma-

---

Extrait du regiſtre des actes de naiſſance de la municipalité de la ville de Toulouſe : « Le neuf novembre mil huit cent dix, par devant nous, officier de l'état civil, a comparu Étienne Baron, dit Fay, artiſte lyrique, demeurant place du Capitole, numéro huit, lequel nous a préſenté un enfant du ſexe féminin, né de ſon mariage avec Jeanne Lemeſle, artiſte lyrique, & auquel il a donné les noms de *Louiſe-Jeanne-Léontine.* »

nière à étonner, dans *Adolphe & Clara*. Ses parents, comédiens eux-mêmes (1), la promenaient de ville en ville, tant en France qu'à l'étranger; &, partout le succès était leur compagnon de voyage.

Le début de cette jeune enfant eut lieu dans *Frosine, ou la Première venue*, ancien vaudeville de la rue de Chartres, & dans *la Petite Sœur*, pièce nouvelle, composée pour elle. Elle y obtint un succès sans pareil. A l'issue de la seconde pièce, Scribe, déclinant sa paternité, fit nommer Léontine comme auteur de l'ouvrage. Dans son transport d'admiration pour son interprète enfantine, il lui fit cadeau d'un collier avec cette devise : « Faites-moi oublier & ne m'oubliez pas. » De plus, il produisit en son honneur le quatrain suivant :

> Vous qui rêvez une actrice parfaite,
> Accourez voir Léontine... & soudain,
> Vous reverrez Contat & Saint-Aubin,
> En retournant votre lorgnette (2).

---

(1) Son père, Etienne Fay, s'était fait connaître comme acteur lyrique au théâtre Feydeau, & comme compositeur. Il ne manquait ni de mélodie, ni de sentiment dramatique ; mais il fut encore moins connu par son talent que par une monomanie qui fut celle de toute sa vie : de découvrir des trésors. Sa mère, également cantatrice à ce théâtre qu'elle quitta de bonne heure, était elle-même fille de Mme Rousselois, qui avait été avant la Révolution une des célébrités de l'ancien Opéra.

(2) Dans une autre circonstance, Scribe improvisa le couplet suivant :

AIR : *En quatre mots je vais vous conter ça.*

C'était le soir; la foule s'étouffait;
Et, dans sa loge, le préfet

Pendant deux ans, Léontine devint la merveille à la mode. Elle joua avec son père, *Alexis;* puis, *le Mariage enfantin, la Petite Fille & le Vieux Garçon, le Bon Papa & la Petite Lampe merveilleuse*. En 1822, elle quitta ce théâtre auquel, d'ailleurs, ne la liait aucun engagement & retourna donner en province & à l'étranger des représentations toujours très-courues.

Quatre ans plus tard, devenue jeune fille, elle revint au Gymnase où, le 26 mai 1826, elle débuta dans le rôle de la pupille de *Simple Histoire* (1). Le surlendemain, elle joua la *Somnambule*. Dans la même année elle créa le rôle de Suzette, dans *le Mariage de raison*. Elle fut l'héroïne obligée de ces charmantes comédies sentimentales, à côté de Jenny Vertpré, représentant la gaîté mutine & l'enjouement spirituel de ce gracieux & coquet répertoire. En mai 1827, une représentation extraordinaire, donnée à son bénéfice, produisit 2,800 fr., chiffre curieux à comparer à ceux d'aujourd'hui.

De 1827 à 1834, son nom se trouve attaché à tous les grands succès de ce théâtre. La liste est longue, ou tout au moins importante, des pièces dans lesquelles elle créa des rôles principaux. Citons :

Que l'amour des arts échauffait,
 Disait : La petite Fay
  Me fait
  Un effet !!!
 Et monsieur Fay,
Qui tout haut triomphait,
 Dit à madame Fay :
L'enfant est si parfait

Que je suis tout stupéfait
 De l'avoir fait.

(1) C'est dans cette pièce que renonçant à ses rôles enfantins, elle aborda pour la première fois l'emploi des *jeunes premières*.

(1827) *Le Diplomate, le Payſan perverti.* — (1828) *Malvina, ou un Mariage d'inclination,* contre-partie du *Mariage de raiſon, Yelva.* — (1829) *Louiſe, ou la Réparation.* — (1830) *la Seconde Année, Une Faute.* — (1831) *la Grande Dame, la Famille Riquebourg.* — (1832) *la Vengeance italienne, le Chaperon,* & les deux années ſuivantes : *La Chanoineſſe, la Lectrice, la Fille de l'Avare, le Gardien, les Malheurs d'un Amant heureux, Eſtelle,* & *Savoiſy, ou l'Amoureux de la Reine.* Dans cette dernière pièce elle jouait le rôle de Marie-Antoinette.

Avec ſa beauté, ſa grâce attendrie, quoiqu'un peu maniérée, ſon excellente diction bien ſervie par un organe flatteur & ſa diſtinction parfaite, elle idéaliſait les types gracieux ou touchants de ces petits drames bourgeois qui firent pendant longtemps la fortune de ce théâtre & repréſentent peut-être la meilleure partie du répertoire de Scribe.

En 1834, le 11 avril, elle joua *la Mère coupable* dans une repréſentation donnée ſur la ſcène de la Comédie-Françaiſe au bénéfice de Perrier. Devenue depuis quelques années l'épouſe de Volnys (1), acteur du Vaudeville (2), elle entrait avec lui au Théâtre-Français, où elle débutait avec éclat, le 17 octobre

---

(1) Claude-François-Charles Joly, dit Volnys. Il avait débuté au Vaudeville, en 1827.

(2) Léontine ſe maria le 29 ſeptembre 1832, & dans une jolie lettre écrite à Auber, le 28, elle lui demande « s'il veut être le lendemain témoin du plus beau jour de ſa vie. »

1835, dans *Don Juan d'Autriche*, par le rôle de Florinde.

Elle créait, en 1837, Céfarine dans *la Camaraderie*, & elle rempliffait dans *les Indépendants*, la *Marquife de Senneterre* & quelques autres ouvrages nouveaux des rôles importants; reprenait *Angelo*, fans préjudice de quelques rôles de l'ancien répertoire qu'elle aborda.

Tout en lui accordant les qualités éminentes qui firent fon fuccès & établirent fa réputation, nous devons reconnaître, qu'élevée à l'école du vaudeville, fon talent refta toujours circonfcrit dans les proportions du genre reftreint qui avait fait la fortune du Gymnafe. Auffi ne trouvant pas à la Comédie-Françaife une pofition en rapport avec fes efpérances, elle retournait au théâtre de fes premiers fuccès; & quoiqu'ayant à peine trente ans, dans tout l'éclat de fa jeuneffe & de fa beauté, elle acceptait & jouait avec un grand talent, le 16 mars 1840, le rôle principal dans *la Grand'Mère*, de Scribe, rôle que Mlle Mars, alors âgée de foixante ans, trouvait trop marqué pour elle, leçon délicate, autant qu'inutile, mais fpirituelle vengeance de la charmante actrice qui n'avait pas eu à fe louer de la grande & jaloufe comédienne. La même année, elle créait *Cécily, ou le Lion Amoureux*, de Scribe.

Quelques années plus tard, elle partait pour la Ruffie, où l'appelait un engagement magnifique. Recherchée & appréciée par la haute fociété, autant pour fes qualités privées & fa rare diftinction de femme que pour fon talent & fa renommée d'artifte, elle eut l'honneur d'être admife auprès de l'impératrice en qualité de lectrice. Des raifons de fanté la forcèrent à abandonner cette honorable pofition de confiance, prefque d'intimité, qu'elle occupa pendant plufieurs années avec une faveur marquée. Elle revint en France jouir d'un repos acheté par une longue & brillante carrière théâtrale.

Elle eft morte à Nice, le 29 août 1876, d'une hypertrophie du cœur, dont elle avait reffenti les premières atteintes, plufieurs mois auparavant.

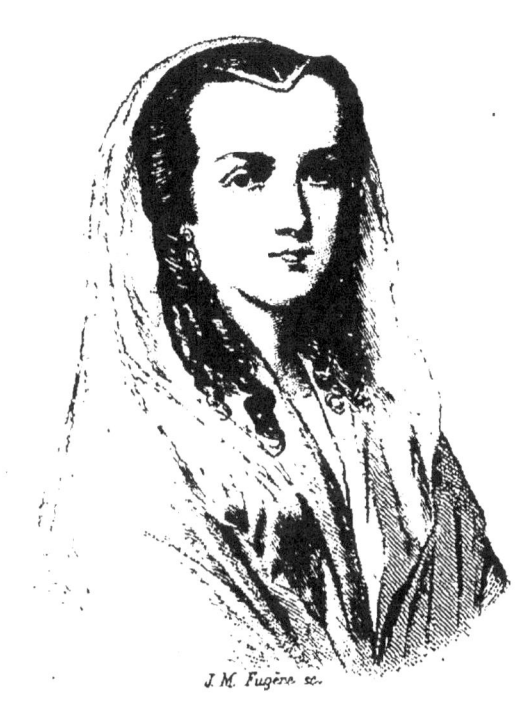

Mme ROSE CHERI
1821-1861

ROSE-MARIE CIZOS

MADAME ROSE CHÉRI

1824 — 1861

L E 6 juillet 1842, le public peu nombreux disséminé dans la salle du Gymnase, attendait avec impatience que le rideau en retard sur l'heure annoncée se levât pour la représentation d'*Une Nuit orageuse*, lorsqu'il vit le régisseur Monval qui, avec l'air sépulcral qu'on lui a connu, venait annoncer que par suite d'une indisposition de Mlle Na-

---

Extrait du regiſtre des actes de naiſſance de la ville d'Etampes : « Du mercredi vingt-sept octobre mil huit cent vingt-quatre, acte de naissance de *Rose-Marie Cizos*, du sexe féminin, née ce jour à huit heures du matin, fille du légitime mariage du sieur Jean-Baptiste Cizos, artiste dramatique, âgé de vingt-deux ans, & de Sophie-Juliette Garcin, son épouse, âgée de vingt-deux ans, domiciliés à Chartres, département d'Eure-&-Loir, & présent, à Etampes.

« Les témoins ont été le sieur Thomas Cizos, artiste dramatique, âgé de soixante-quatre ans, grand-père paternel, & Jean-Joseph-Benoît Garcin, âgé de cinquante-sept ans, grand-père maternel. »

thalie (1), le rôle qu'elle devait remplir dans cette pièce ferait joué par une artiste dont on ne disait pas le nom. Les murmures, un instant soulevés par cette substitution imprévue, s'apaisèrent à la vue d'une charmante jeune fille. Son air de distinction & sa décence d'abord, puis son organe flatteur & sa diction intelligente surprirent & charmèrent les spectateurs qui, après avoir vivement applaudi la débutante, demandèrent à grands cris le nom de l'inconnue. Le régisseur Monval revint & avec le même air lugubre apprit au public qu'elle s'appelait *Rose Chéri :* nom destiné à la célébrité.

Trois mois auparavant, cette jeune personne, engagée sur la recommandation de Bayard, avait déjà, sous le nom de *Marie C****, paru dans *Estelle*, comédie de Scribe & n'avait point été admise.

Depuis, & après avoir inutilement frappé aux portes du Vaudeville & des Variétés, le père de Mlle Marie Cizos, ancien artiste & directeur de province, avait fini par obtenir, à de très-modestes conditions, l'engagement de sa fille sur ce même théâtre du Gymnase-Dramatique ; & nous venons de voir comment le hasard aidant, un succès complet & bien inattendu avait accueilli la débutante qu'il tira de son obscurité.

Née à Etampes, le 27 octobre 1824, la petite Rose, fille de comédiens, fut, ainsi que sa sœur cadette Anna,

---

(1) Zaïre Martel, dite Nathalie, aujourd'hui sociétaire retraitée de la Comédie-Française.

destinée dès son enfance à suivre la carrière théâtrale.

Jean-Baptiste Cizos, son père, après avoir fait pendant trois ans partie de la troupe lyrique du XIXe arrondissement (théâtral), en compagnie d'une famille Garcin, dont il épousa une des filles, était devenu directeur d'une troupe privilégiée, composée de la plupart des membres de sa nouvelle famille, & où lui-même, il chantait les secondes basses-tailles. Il cultiva avec soin les dispositions surprenantes de sa petite Rose qui avait à peine cinq ans lorsqu'elle parut pour la première fois sur la scène &, avec sa sœur, remplit des rôles dans les pièces de tout genre qui composaient à cette époque le répertoire multiple & bigarré des troupes ambulantes. A son talent précoce de comédienne, l'enfant, en grandissant, joignit avec le temps celui de musicienne & de chanteuse, & de danseuse au besoin. Aussi le succès ne fit-il pas défaut à la jeune artiste, dont les principales villes du centre & du midi, dit un de ses biographes, ont gardé le souvenir « des grâces enfantines, de l'intelligence & de « l'ingénuité vraie de Mlle Rose Chéri. »

Elle venait de jouer à Périgueux, avec une grâce touchante le rôle de Marie, dans *la Grâce de Dieu*. Mlle Loïsa Puget, auteur de la romance si populaire dont s'étaient inspirés les auteurs de la pièce, assistait par hasard à la représentation ; elle fut si charmée du jeu de la jeune actrice, qu'elle s'intéressa vivement à son sort & obtint du préfet de la Dordogne, qui n'était autre que le fameux Romieu, une lettre de recommandation pour fon ex-collaborateur & ami Bayard. Toute la famille, compofée du père & de la mère, des deux fœurs que le facétieux fonctionnaire appelait une jolie paire de *Cizos*, & de leur frère Victor, depuis compofiteur & chef d'orcheftre de plufieurs fcènes parifiennes, partit pour Paris.

Rofe Chéri, promptement adoptée par le public habituel du Gymnafe-Dramatique, en devint bientôt l'artifte la plus diftinguée. Elle abordait avec une égale fupériorité le drame intime & la comédie enjouée ; à chaque création nouvelle, fon talent grandiffait en fe perfectionnant & lui mérita le furnom de la « *Mars du Gymnafe* » qui lui fut décerné à la fuite de la première représentation de *la Marquife de Rantzau*, de Jules de Prémaray.

Cependant, Poirfon, fatigué de la lutte qu'il foutenait péniblement avec les auteurs dramatiques ligués contre lui, avait cédé la direction de fon théâtre à Augufte Lemoine, plus connu fous le pfeudonyme de *Montigny*, comme auteur & acteur, & qui avait déjà dirigé, affocié avec Meyer, le théâtre de la Gaîté.

L'habileté dont le nouveau directeur fit preuve dans fes fonctions adminiftratives, fon activité & fon expérience pratique, rendirent bientôt au Gymnafe, délaiffé par le public, fa vogue d'autrefois. Mlle Rofe Chéri ne fut certes pas étrangère à ce revirement favorable, non plus, que Breffant, fon partner obligé dans les meilleures pièces de ce riche répertoire de la comédie rieufe ou fentimentale.

Admirée & fêtée comme artiste hors ligne, autant que considérée & respectée comme femme, Mlle Rose Chéri, un soir qu'elle jouait dans *la Protégée sans le savoir* (1), reçut, dit un biographe auquel nous empruntons ces détails, la visite de l'auteur célèbre de cet aimable & romanesque vaudeville, Scribe, qui venait, disait-il, lui offrir un rôle original & nouveau. « — Un « rôle dramatique? — Oh! non. J'espère bien que « non. — J'entends ; la pièce finit par un mariage. « — Point, mon enfant : c'est par un mariage qu'elle « doit commencer. »

Scribe expliqua alors à la charmante *protégée* qu'il était chargé par son directeur de demander sa main.

Cette proposition, aussi flatteuse qu'honorable pour la jeune & déjà célèbre artiste, fut acceptée de grand cœur & avec reconnaissance, comme on pense bien, par elle & par ses parents. Mais à la veille de ce mariage, inespéré sans doute à ses yeux, M. Cizos père fut atteint d'aliénation mentale. Malgré les soins immédiats, prodigués par le médecin, son exaltation ne fit que s'accroître &, dans la nuit suivante, le pauvre homme, pris d'un accès de fièvre chaude, se précipita par la fenêtre de sa chambre & vint se briser sur l'asphalte du boulevard.

On comprend que ce triste événement retarda le mariage, qui n'eut lieu que le 12 mai 1847.

Devenue Mme Montigny, Rose Chéri conserva

---

(1) Mirecourt, dans sa biographie, place cette scène chez Mme Cizos.

néanmoins fur l'affiche ces deux noms gracieux & d'heureux augure qu'elle continua d'illuſtrer. Aſſociée déſormais à un titre plus intime à la fortune de ſon directeur & à la proſpérité du théâtre, elle redoubla de zèle & de travail ; & il n'eſt pas d'ouvrage important auquel elle n'ait largement contribué.

A la ſuite des événements politiques de 1848, dont tous les théâtres ſe reſſentirent, le Gymnaſe-Dramatique vit ſa poſition de fortune gravement compromiſe.

Tandis que ſon mari luttait avec efforts pour faire tête à l'orage, Roſe Chéri déployait de ſon côté un dévouement ſans bornes, ſe multipliant dans ces circonſtances déſaſtreuſes pour le théâtre & prodiguant ſans trève ſon talent d'artiſte, afin de faire face aux engagements contractés. Non-ſeulement elle ne toucha pas un centime à la caiſſe ; mais encore, pouſſant l'abnégation juſqu'à ſes dernières limites, elle ſe dépouilla de tout ce qu'elle poſſédait, meubles élégants, bijoux, diamants, & quittant Paris, elle acceptait les offres des directeurs de province & allait de ville en ville donner des repréſentations dont le produit était religieuſement conſacré à acquitter les engagements de la direction du Gymnaſe.

Ces ſacrifices, ces efforts honorables furent enfin couronnés de ſuccès & permirent à l'honnête couple d'attendre des jours plus calmes. Avec la certitude d'un heureux avenir, la proſpérité revint : *Le Fils de Famille*, *Philiberte*, *le Mariage de Victorine*, *le Piano de Berthe, le Gendre de M. Poirier* & vingt autres pièces, dans lesquelles Rose Chéri tint à créer les rôles principaux, rétablirent la fortune du théâtre, que vint encore consolider le répertoire, devenu à la mode, d'Alexandre Dumas fils : *Diane de Lys, le Demi-Monde, la Question d'argent, le Fils naturel, un Père prodigue* & la reprise de la fameuse *Dame aux Camélias*.

Plus que jamais, la charmante comédienne était l'étoile du Gymnase & de son répertoire avec lequel elle s'était identifiée, au point qu'elle le représentait presque complètement. Aussi Scribe, dont les pièces ne paraissaient plus que rarement & beaucoup trop rarement, à son avis, sur cette scène où il avait régné si longtemps en autocrate, laissait échapper avec quelque amertume cette boutade : « Ce n'est plus le « Gymnase-Dramatique, c'est le *théâtre de Madame*, « qu'il faut appeler aujourd'hui la salle du boulevard « Bonne-Nouvelle. »

Avant son mariage, la renommée comme actrice, de Rose Chéri, était déjà assez bien établie, disons mieux, assez retentissante, pour que la Comédie-Française songeât à en faire la conquête. Des propositions avantageuses pour le présent & pour l'avenir, furent mises en avant; rien ne put ébranler la conscience de la jeune fille qui considérait comme un acte d'indélicatesse d'abandonner le théâtre qui l'avait mise en lumière & auquel la reconnaissance la liait à toujours.

Elle aurait pu ajouter qu'elle osait d'autant moins

aspirer à prendre la place, toujours restée vacante, de Mlle Mars, qu'à l'époque où trônait Mlle Plessy, on l'avait jugée incapable de remplir, après celle-ci, le modeste emploi des ingénuités.

Ainsi qu'il advient pour les artistes arrivés à la célébrité & qui la doivent à un talent incontesté & incontestable, toutes les formules élogieuses semblent avoir été épuisées pour cette comédienne. Cette voix unanime du public, proclamée par toute la presse de l'époque, ne rendait pas seulement une justice méritée aux rares qualités de l'artiste, à sa distinction native, à la vérité de son jeu, si pathétique dans le drame, & dans la comédie, d'une gaîté enjouée & spirituelle; elle n'appréciait pas moins les vertus domestiques & la conduite irréprochable de la femme. Cette existence honorable qui se partageait entre les triomphes enivrants du théâtre & les joies intimes de la famille, un malheur imprévu vint la briser. La mort, une mort digne d'une vie aussi pure, la saisit au chevet du lit du dernier de ses fils, en proie à une maladie contagieuse. Malgré l'avis des médecins, elle ne voulut pas s'en éloigner. Attaquée à son tour de la maladie terrible à laquelle elle avait arraché son enfant, & victime de son amour maternel, elle expira, le 22 septembre 1861.

Ses obsèques eurent lieu le surlendemain, en la petite église de Passy, au milieu d'un concours prodigieux de monde, réunissant les illustrations de l'art & de la littérature, parmi lesquelles se manifestait un sentiment univerſel de regrets. Trois diſcours furent prononcés ſur ſa tombe par le baron Taylor, Léon Laya & Samſon.

Sa ſœur cadette, née en 1826, Mlle Anna Cizos, également engagée au Gymnaſe-Dramatique, y remplit avec ſuccès d'abord, l'emploi des *ſoubrettes*. A la retraite de Mlle Mélanie, elle prit celui des duègnes. En 1852, elle épouſa Leſueur, acteur au même théâtre, qui ſe diſtinguait par un jeu fantaiſiſte & original. Leſueur eſt mort, le 5 mai 1876, âgé ſeulement de cinquante-cinq ans.

AIMÉE - OLYMPE

MADEMOISELLE DESCLÉE

1836 — 1874

NÉE à Paris, le mercredi 16 novembre 1836, rue de l'Ancienne-Comédie (était-ce un préfage ?), cette jeune fille, dont le père, d'abord avocat, puis engagé dans des affaires induſ- trielles, lui avait fait donner une éducation diſtinguée, en rapport avec la poſition qu'elle devait occuper dans le monde, cette jeune fille, difons-nous, n'avait point été deſtinée au théâtre.

Extrait du regiſtre des aƈtes de naiſſance du xie arrondiſſement (ancien) :
« Le feize novembre mil huit cent trente-fix, il a été préfenté devant nous, fouffigné, officier de l'état civil, maire de cet arrondiſſement, un enfant reconnu être du fexe féminin, né de ce jour à deux heures du matin, du légitime mariage de Philippe-Jofeph Defclée, avocat, âgé de vingt-fept ans, & de Léopoldine-Théophile Giraudier, fon époufe, âgée de dix-huit ans, auquel ont été donnés les noms de *Aimée-Olympe.* »

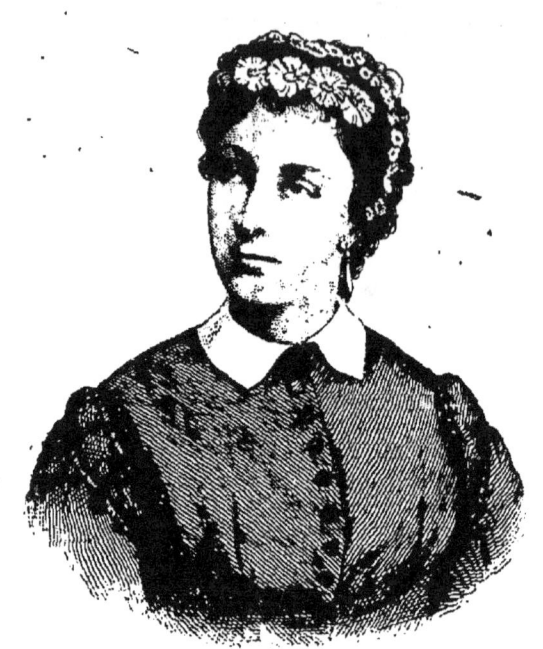

Melle DESCLÉE
1836-1874

Des revers de fortune, en détruisant les espérances de la famille, firent songer à tirer parti des talents de la jeune Aimée. On choisit la carrière théâtrale. Le 13 janvier 1853, elle entra au Conservatoire & y suivit, mais sans succès, le cours de Beauvallet. Ayant été engagée au Gymnase-Dramatique elle y débuta, le 17 juin 1855, dans *Gardée à vue*, comédie-vaudeville, de Bayard & Biéville; joua ensuite Antoinette dans le *Gendre de Monsieur Poirier* & *Une femme qui se jette par la fenêtre*. Elle créa le rôle de Mlle Duparc, dans le *Poëte inconnu*, pièce en trois actes, de Peillon, & parut successivement dans plusieurs ouvrages nouveaux, tels que le *Temps perdu*, d'Edouard Foussier; un *Feu de paille*, l'*Anneau de fer* & les *Toilettes tapageuses*. De 1855 à 1856, indépendamment de ses propres rôles, elle en remplissait d'autres appartenant au répertoire courant & doublait parfois Rose Chéri, notamment dans *Diane de Lys* & dans la baronne d'Ange, du *Demi-Monde*.

Ses appointements qui, dans le principe, n'étaient que de douze cents francs, furent portés à trois mille; néanmoins, mécontente de ses rapports avec ses bonnes petites camarades qui, en tirant son horoscope, que l'avenir devait démentir d'une manière si éclatante, prédisaient qu'elle ne serait jamais qu'une *cabotine*, elle quitta, en avril 1857, le Gymnase pour le Vaudeville. Mais elle ne fit à ce théâtre, pour ainsi dire, qu'une apparition insignifiante, & alla prendre un rôle effacé dans une revue des Variétés. De là, passant les ponts, elles difparut tout-à-coup dans les Steppes de l'Odéon.

Dégoûtée, finon de la carrière théâtrale, du moins des jaloufies & des rivalités de couliffes qu'elle rencontrait fur fa route, elle abandonna le théâtre, en 1859, pour vivre, pendant quatre années, de la vie oifive & luxueufe des femmes à la mode, recherchée à caufe de la féduction de fon efprit & pour fes excentricités. Mais à cette vie paffée dans des liaifons éphémères, où les enivrements de la veille font fouvent expiés par les défillufions du lendemain, fuccédèrent bientôt l'abandon & la folitude, &, à vingt-fept ans, Aimée Defclée fe retrouva en face de la trifte réalité & d'un avenir incertain.

Elle eut alors la penfée de fe faire religieufe. Puis, fe ravifant, elle repart pour la Ruffie, où elle ne fit qu'un court féjour, après avoir échoué dans le but de fon voyage. Revenue à Paris & faifie d'un nouvel accès de myfticité, elle va fe jeter aux pieds du curé de Saint-Laurent; & pénitente à l'imagination auffi mobile que les fables de la mer, elle s'engage, le lendemain, dans une troupe françaife qui fe rend en Italie.

Après de brillants fuccès obtenus à Turin, à Milan, à Florence & à Naples, dans l'emploi des jeunes premiers rôles de la comédie & du drame, elle paffe en revue le répertoire de la Comédie-Françaife, de l'Odéon & du Gymnafe.

Sa nature impétueufe, toute de premier mouvement, fe reflète dans fon jeu & féduit le public italien, qui l'applaudit avec transport & ne lui ménage pas les ovations. Dans l'enivrement de son triomphe, Mlle Desclée écrit à sa mère, avec laquelle on l'avait réconciliée : « O! combien je te remercie, ma mère, « de m'avoir faite belle & intelligente! Je t'en remer- « cie bien, va!... La femme a perdu ses illusions & « sa jeunesse; mais l'actrice a pris de l'aplomb, &, à « mon grand étonnement, il se trouve que j'ai du « talent. »

Le succès la suivit à Bruxelles, où elle était allée donner, en septembre 1867, des représentations au théâtre des Galeries-Saint-Hubert, & l'écho de ses triomphes retentit jusqu'à Paris. A la suite d'une nouvelle excursion au-delà des Alpes, dans l'hiver de 1868 à 1869, dont l'art ne fut pas la cause exclusive, l'obscure actrice de 1856, complètement transformée devint en peu de temps une grande comédienne, acclamée de tous.

Elle était rentrée au Gymnase, le 1er septembre 1869, par le rôle de *Diane de Lys*.

La supériorité avec laquelle elle établit celui de *Frou-Frou*, dans la pièce de ce nom, de MM. Henri Meilhac & Ludovic Halevy, justifia l'accueil enthousiaste du public. *Fernande*, de Sardou, maintint, si elle n'accrut, sa renommée ; &, définitivement, *la Princesse Georges, la Visite de Noces & la Femme de Claude*, d'Alexandre Dumas fils, classèrent l'actrice au rang des étoiles.

A ce tempérament dramatique exceptionnel, il

fallait le répertoire exceptionnel de cet auteur. Aimée Desclée fut la personnification exacte, le type accompli de ses créations réalistes, & l'un se complétait par l'autre.

Son talent passionné & ferme, à la fois, s'était emparé en maître du public, qui, en face de cette organisation d'élite, de cette originalité si profondément personnelle, disait, sans se préoccuper autrement de l'œuvre en elle-même : « Allons voir Desclée ; » ce dernier terme de l'éloge, comme il disait autrefois : « Allons voir Talma ou Mars. »

On citerait peu d'exemples au théâtre d'une popularité aussi rapidement acquise, & d'une semblable influence exercée sur les spectateurs. Ce jeu d'inspiration, en dehors de toutes les conventions théâtrales, & si nous ne craignions pas d'employer une expression triviale, de toutes les *ficelles* du métier, que l'actrice se plaignait d'ailleurs de ne pas posséder, dominait & fascinait le public ; la critique n'avait plus que des éloges, & tous les adjectifs laudatifs du dictionnaire étaient mis pour elle en réquisition & répétés par les échos de l'Étranger, lors des représentations qu'allait donner l'actrice en vogue sur les scènes de Belgique, d'Italie ou d'Angleterre.

Aimée Desclée était à l'apogée de sa renommée, comme l'interprète le plus élevé de la comédie & du drame contemporains, lorsque les premières atteintes du mal auquel elle devait succomber, vinrent la saisir. Elle lutta pendant quelque temps avec une énergie soutenue & surexcitée, en quelque sorte, par les enivrements de la scène ; mais bientôt la maladie marcha à grands pas & la força de s'arrêter. Le séjour à la campagne, le repos & les soins de la science, semblèrent d'abord conjurer le mal; mais ce ne fut qu'un leurre. Inexorable, il reparaît avec plus d'intensité; ses progrès sont incessants, le moment fatal approche &, après avoir langui quelque temps encore, en proie aux plus cruelles souffrances, la pauvre artiste meurt, à peu près au même âge que Rachel, laissant, à son exemple, sur la scène, une trace lumineuse.

Décédée, le lundi 9 mars 1874, à sept heures du matin, ses obsèques furent célébrées, le lendemain, à dix heures, à Saint-Laurent, & son corps fut transporté au cimetière du Père La Chaise, où il repose dans une tombe voisine de celle de Casimir Delavigne.

CHARLES-MARIE

DE CHILLY

1807 — 1872

PETIT employé d'une grande adminiftration, Charles-Marie de Chilly, né le 2 décembre 1804, à Stenay (Meufe), fils d'un receveur des contributions, perdit de bonne heure fon père, & élevé par le colonel Michau, fon oncle maternel, devint acteur en quelque forte par hafard & par curiofité. La vocation s'éveilla en lui à une repréfenta-

---

Extrait du regiftre des actes de naiffance de l'état civil de la ville de Stenay : « Du onze frimaire an XII (3 décembre 1804), acte de naiffance de Charles-Marie de Chilly, né le jour d'hier dix frimaire an XII (2 décembre 1804) à trois heures après midi, fils de Gabriel-François de Chilly, contrôleur des contributions directes, & de Reine-Charlotte-Clémentine Mercey de Lenoncourt, fon époufe, domiciliés à Stenay. Le fexe de l'enfant a été reconnu mafculin. Premier témoin, Albert Meyet, âgé de cinquante ans ; fecond témoin, François Dulac, âgé de trente ans, & ont figné (*fuivent les fignatures*). .

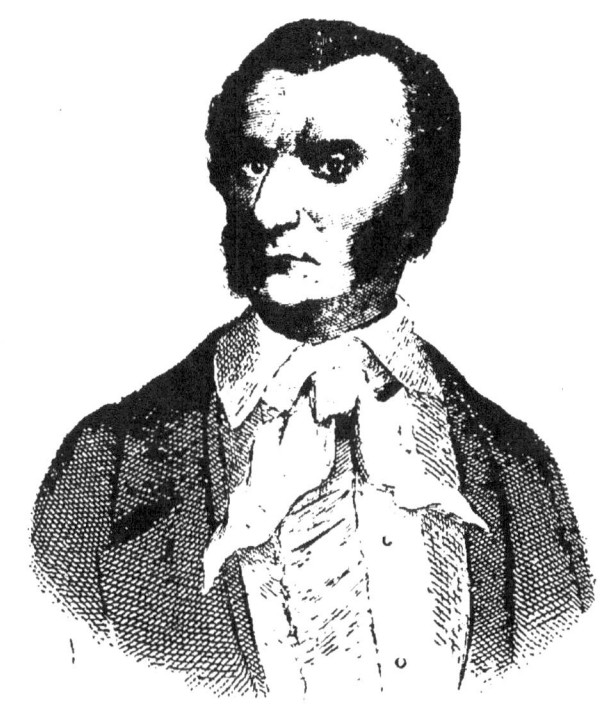

De Chilly
1807-1872

tion d'un mélodrame de la Porte-Saint-Martin, *Les Deux Forçats*. Les conseils d'un ami improvisé, acteur de société, le déterminèrent à suivre son exemple.

Chilly, gagné par l'enthousiasme de sa nouvelle connaissance, débuta d'abord sur un modeste théâtre, perdu dans la petite rue Saint-Pierre (quartier Popincourt), sur lequel s'exerçaient des jeunes gens; puis sur la scène de Doyen, rue Transnonain, où il joua avec succès le rôle de Daiglemont neveu dans *les Étourdis*, d'Andrieux. Une fois lancé dans cette voie séductrice, il se mit à étudier sérieusement un art qu'il n'avait d'abord considéré que comme un agréable passetemps & prit les conseils de Joanny. Le 19 avril 1827, il paraissait sur le théâtre de l'Odéon, dans les rôles d'amoureux de l'ancien répertoire qu'il remplissait convenablement, mais sans que rien le distinguât de la foule des médiocrités. Lassé de végéter, il quitta Paris, & s'engagea dans une troupe formée & dirigée par Sabatier & Bocage.

Après avoir pendant deux ans parcouru la province, il revint à l'Odéon en 1829, & fut admis dans l'emploi des petits amoureux dans la comédie, & des rôles secondaires dans la tragédie & le drame.

Son intelligence, développée par la pratique, par une éducation soignée, le fit remarquer, sans toutefois encore le placer au premier rang. Dans une sphère plus modeste, il créa avec tout le succès qu'ils pouvaient lui mériter, des rôles dans *Une Fête de Néron, Stockholm, Fontainebleau & Rome, Les Secrets de Cour,*

Le Moine, *Le Maréchal d'Ancre*, Louis XIII de *l'Homme au Masque de fer*, & dans quelques autres pièces du répertoire.

Harel ayant quitté la direction de l'Odéon pour celle de la Porte-Saint-Martin, Chilly fit partie des acteurs conservés sur cette nouvelle scène, & se fit applaudir dans *Le Monomane*, drame de Ch. Duveyrier, dans *Pinto*, dans *Charles III* & surtout dans *Marie Tudor*, où le rôle du Juif, rendu par lui avec une verve amère & une sombre énergie, commença à attirer sérieusement sur lui l'attention du public.

Indépendamment des rôles de jeunes premiers, dans le drame, où plus d'une fois, il remplaça Lockroy sans trop de désavantage, il jouait dans le vaudeville & les comédies les amoureux, bien que son physique anguleux ne fût pas précisément en harmonie avec les rôles de cette nature ; sa figure maigre, son nez pointu & trop développé, la spirituelle & railleuse expression de sa physionomie semblaient le désigner à tout autre rôle que celui d'un soupirant. Vers 1836, il quitta ce théâtre en compagnie de Delafosse, & après une année passée au théâtre d'Amsterdam, où il tenait l'emploi des premiers rôles dans le drame & la comédie, on le revit à Paris. Il entra alors au théâtre de l'Ambigu-Comique pour remplacer Saint-Firmin qui venait de mourir.

Il débuta le 29 octobre 1839, en même temps que Bocage, dans *Christophe le Suédois*, par le rôle d'Arwed & se fit applaudir à côté du célèbre comédien.

Son talent, que l'étude & dix ans d'exercice avaient mûri & développé, lui affigna une place diftinguée parmi fes camarades ; bientôt il prit en chef un emploi important, celui des traîtres : emploi, auquel fon jeu & fa diction mordante donnèrent une phyfionomie diftincte & caractérifée. Ce n'était plus le traître de l'ancien mélodrame, avec fa groffe voix, fes regards fournois, les éclats de fa voix faifant rouler les R, & fes geftes menaçants ; c'était un jeu correct, mefuré, où la raillerie mordante eft habilement diffimulée fous les dehors de l'homme du monde, dont la voix faccadée trahit feule parfois la paffion de haine & de vengeance qui l'agite.

Il rajeunit en quelque forte par la foupleffe de fon talent & la phyfionomie variée & diftincte de fes créations ce type obligé du drame du boulevard.

Il créa dans ce genre un affez grand nombre de rôles dont quelques-uns font demeurés populaires & prefque célèbres, entre autres Montorgueil des *Bohémiens de Paris*, Mordaunt des *Moufquetaires*, & furtout Rodin du *Juif-Errant*.

En 1857, il parut au théâtre de la Gaîté & joua dans *le Père aux écus*, un rôle d'avare qu'il compofa avec une profondeur finiftre.

Nommé directeur de l'Ambigu-Comique, le 3 février 1858, après la mort de Charles Defnoyers, fa geftion habile ramena à ce théâtre le public qui s'en était éloigné. Après lui avoir rendu une profpérité qui devait peu à peu difparaître de nouveau fous fes fuccesseurs moins heureux ou moins habiles, il devint associé à la direction du théâtre de l'Odéon, où il se signala par son expérience de directeur.

Des œuvres littéraires reparurent au répertoire; des artistes célèbres, entre autres Ligier, Frédérick Lemaître & Lafont, y vinrent créer des rôles. Chilly était encore dans la force de l'âge lorsqu'il fut subitement frappé d'apoplexie au milieu d'une réunion provoquée par le succès de la reprise de *Ruy-Blas*, & l'on n'eut que le temps de le transporter chez lui. Les soins furent impuissants pour conjurer le mal. Il mourut le 11 juin 1872, laissant une réputation doublement honorable comme artiste & comme administrateur.

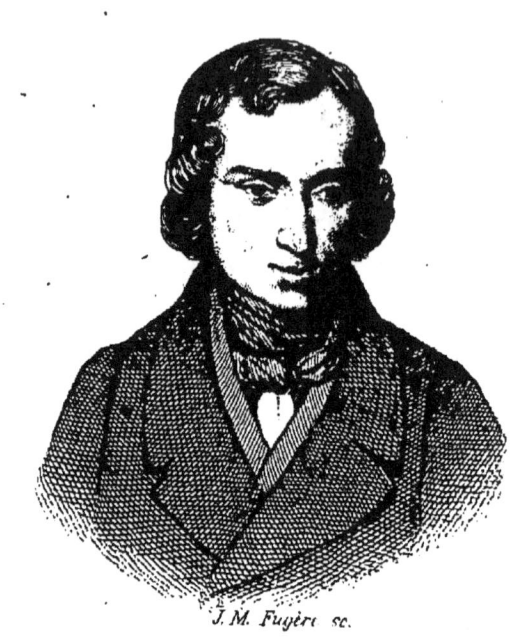

BOUFFÉ

HUGUES-MARIE-DÉSIRÉ

BOUFFÉ

1800

AINSI que nous l'avons fait pour le volume qui a précédé, nous terminerons celui-ci par une notice confacrée à un artifte vivant, qui, retiré du théâtre, où il ne fait plus que de lointaines apparitions, a brillé pendant plus d'un demi-fiècle fur la fcène avec un éclat incontefté. Sans renoncer à l'efpoir de le revoir offrir à la génération

---

Extrait du regiftre des actes de naiffance du VIIe *arrondiffement pour l'an VIII* « : Du vingt fructidor an VIII de la République, acte de naiffance de Hugues-Marie-Défiré, né le dix-fept du préfent mois (4 feptembre 1800), à une heure de relevée, rue Cloche-Percé, n° 15, divifion des Droits de l'homme, fils de Jean Bouffé, peintre-doreur en bâtiments & de Marie Jofin, fon époufe, domiciliée fufdite demeure, mariés le dix-neuf thermidor an VI, au feptième arrondiffement de Paris. »
Suivent les fignatures.

nouvelle de nos jeunes artistes un modèle accompli, dans quelques représentations de ses meilleures rôles, on peut dire de Bouffé qu'il est entré dans l'histoire du théâtre.

Il est peu d'existences artistiques aussi complètes que la sienne, & qui ait parcouru avec une égalité de talent & de succès tous les degrés de l'art dramatique, dans ses manifestations les plus opposées. Depuis ses premiers pas dans la carrière, embrassant tous les genres, il a traversé le vaudeville grivois & le vieux mélodrame, la comédie à ariettes, le drame sentimental & la comédie de genre & suivi dans leurs modifications, nous dirions presque dans leurs révolutions, les différents systèmes dramatiques qui se sont emparés tour-à-tour de la scène depuis cinquante ans..

La nomenclature des rôles joués par Bouffé formerait presque à elle seule l'histoire du théâtre à cette époque.

Ainsi que tous les artistes d'élite arrivés à la renommée, il révéla de bonne heure sa vocation.

Comme il l'a dit lui-même quelque part, il fut en quelque sorte bercé sur les banquettes du théâtre. Son père, peintre-doreur-décorateur, l'emmenait souvent à la comédie & il en prit ainsi instinctivement le goût. Une de ses tantes occupait un emploi de costumière à l'Ambigu-Comique, & lui donnait accès dans les coulisses, où il voyait de près les acteurs. Tout en travaillant avec son père de son état, il s'amusait à jouer de petites pièces avec sa sœur Joséphine, plus jeune que lui de quelques années & qui devait auffi parcourir avec fuccès la carrière théâtrale.

A ces repréfentations en famille fuccédèrent des effais plus férieux fur des théâtres de fociété, jufqu'au jour où le jeune homme, encouragé par les éloges des parents & des amis, fe hafarda à fe préfenter au directeur du Gymnafe-Dramatique, qu'on élevait alors fur le boulevard Bonne-Nouvelle, & qui ne devina pas en Bouffé celui qui deviendrait un jour une des colonnes de ce théâtre. Econduit par ce directeur mal infpiré, il courut frapper à la porte du *Panorama-Dramatique*, où l'on s'empreffa de l'accueillir pour les *grandes utilités*, aux appointements de 300 fr. par an. Bouffé y fit fon début le 14 avril 1821, dans *Ifmaïl & Maryam*, mélodrame à grand fpectacle, par un rôle d'arabe, venant faire le récit dramatique d'un terrible combat. Ainfi, le hafard, pour fon premier pas fur la fcène, le jetait en plein drame, c'eft-à-dire dans le genre qui devait plus tard confacrer fa popularité.

Mais ce ne fut qu'un accident pendant fon féjour à ce théâtre. Voué aux rôles de *niais* & aux *caricatures*, il commençait d'ailleurs à s'y faire remarquer, lorfque l'arrivée d'un acteur de Bordeaux, nommé Bertin, vint le reléguer dans les perfonnages facrifiés. Cependant, quoiqu'il n'eût pu d'abord voir fans chagrin l'arrivée de ce nouveau venu, il lui dut, d'après fon propre aveu, d'utiles confeils dont il fut profiter & devint fon ami.

Dans l'intervalle, fa pofition s'était améliorée ; de

300 francs, ses appointements avaient été portés à 1,200. Un nouvel engagement devait les élever à 3,000 ; mais il n'était pas donné à Bouffé de profiter de cette bonne fortune ; car, peu de temps après, l'entreprise faisait faillite & le théâtre ferma pour ne plus rouvrir : il fut démoli.

Le théâtre de la Gaîté recueillit ses épaves. Bouffé y débuta, le 28 février 1824, dans le *Cousin Ratine*, bluette au succès de laquelle il ne contribua pas peu.

Mais entre la déconfiture du *Panorama-Dramatique* & la date assignée à son nouvel engagement, il y avait cinq mois à passer sans appointements & cela ne laissait pas d'être rude, surtout pour un jeune ménage ; car, l'année précédente, Bouffé avait épousé Mlle Gilbert, danseuse de l'Ambigu-Comique, connue des habitués sous le nom de la *Jolie Blonde*, & qui fut alors engagée comme première danseuse au théâtre de la Gaîté. A partir de Pâques 1824, le traitement réuni du jeune ménage représentait une somme de 5,000 fr. On est aujourd'hui bien loin de ces chiffres modestes. Mais, dans l'intervalle, il fallait vivre, &, faisant de nécessité vertu, Bouffé s'était remis courageusement au travail de l'atelier & moulait des ornements en plâtre, quand un beau jour, chance inespérée ! il fut mandé par Minette Franconi, co-associé de son frère Laurent, pour l'exploitation du Cirque-Olympique, & le principal fournisseur des pièces à pied & à cheval de ce spectacle populaire. Il s'agissait en ce moment de monter une pièce en l'honneur de la victoire du Trocadéro. On lui avait signalé Bouffé comme un sujet d'avenir : « Veux-tu, lui dit-il à brûle-pourpoint, jouer deux rôles dans une pièce écrite *par des lapins qui ne se mouchent pas du pied?* Si cela te va, voici deux rôles qui te feront honneur... Nous ne convenons point d'argent; mais sois tranquille, je fais récompenser les artistes. »

Bouffé accepta, cela va sans dire, cette manne qui lui tombait du ciel; il joua la pièce quatorze fois, & Minette Franconi, après l'avoir complimenté chaudement sur le talent qu'il avait surtout montré dans un rôle de vieil invalide, ajouta : « Comme ce n'est pas avec des compliments que se paie le boulanger, voilà 200 fr. Es-tu content? »

Sans répondre *couci-couci*, le jeune acteur, qui avait la conscience de sa valeur, osa cependant lui représenter humblement qu'il croyait mériter mieux. « Hé bien, je n'ai pas l'habitude de lésiner avec les artistes; voilà cinquante francs, & ce n'est pas tout : Je te donne les entrées à mon théâtre (1). »

Voilà enfin Bouffé à la Gaîté, ainsi que nous l'avons dit plus haut. Il devait y remplacer Basnage & partager avec un nommé Mercier, acteur fort goûté du public de ce théâtre, l'emploi des jeunes comiques, que Duménis, le niais jadis en vogue, abandonnait peu à peu pour jouer les *Pères-Dindons*.

---

(1) Emprunté à un fragment des *Mémoires de Bouffé*, publiés par le *Figaro*.

A l'occasion, Bouffé jouait auffi la pantomime : Ainfi, dans le *Tonnelier*, pantomime de Lefebvre (mai 1824), il rempliffait le rôle du vieux père Sep à côté de fa femme, chargée de celui de Fanchette, &, à l'occafion, il fe chargeait de faire fa partie dans les ballets.

Dès cette époque, Bouffé fe diftinguait par un jeu varié & une flexibilité de talent qui lui faifaient confier par les auteurs les rôles les plus oppofés. Il n'était plus, comme naguère au ci-devant Panorama-Dramatique, confiné dans des rôles de *vieux ;* ceux qu'on lui donnait s'accordaient mieux avec fon phyfique & fon âge. Dans les mélodrames, notamment, il prêtait fon fin fourire & fes yeux expreffifs à des perfonnages de mauvais fujets ou de traîtres, qui agrémentaient leurs méfaits de lazzi & de plaifanteries plus ou moins raffinées. Le 26 mars 1826, la reprife à ce théâtre du *Pauvre Berger* (1), lui valut un grand fuccès. Il y rempliffait avec un rare talent le rôle d'un malheureux à demi-idiot, qui fe laiffait accufer d'un crime dont il était innocent. Ce même rôle avait été joué d'origine par Bertin, dont nous avons parlé précédemment, & qui, par un hafard fingulier, ayant été engagé à la Gaîté, en 1827, en remplacement de Bouffé, fit dans ce même rôle fon début à ce théâtre. Notons, en paffant, qu'à cette époque, Léménil y débutait également dans l'emploi des comiques.

---

(1) Mélodrame en 3 actes, par Daubigny, Carmouche & Hyacinthe Decomberouffe, repréfenté le 17 juin 1823.

Le rôle de Vendredi, lors d'une reprise de *Robinson Crusoé*, ne fut pas moins favorable à Bouffé. Citons encore dans ce répertoire, aujourd'hui si complètement &, disons-le, si justement oublié, parmi les comédies & vaudevilles, *Blaisot, la Mauvaise Langue de Village, la Salle de Police, la Dot & la Fille;* & parmi les mélodrames auxquels cet acteur prêta pendant une période de trois ans un concours zélé & une verve supérieure à la valeur de ces œuvres : *Minuit ou la Révélation, le Pauvre de l'Hôtel-Dieu, le Moulin des Etangs, le Mulâtre & l'Africaine* & enfin, *Poulailler*. Dans cette dernière pièce, il avait composé avec une piquante originalité la figure de Passe-Partout, bandit émérite, qui faisait fortune aux dépens de son chef & de ses compagnons. Quoique ces rôles ne fussent que sur le second plan, en leur donnant une véritable importance, il avait jeté les fondements d'une réputation qui lui rapportait plus d'honneur que de profits; car ses appointements étaient minimes, si minimes même, qu'il avait dû ne pas renoncer à son métier de doreur-décorateur, tout en accomplissant scrupuleusement son service au théâtre.

Heureusement pour lui, le théâtre des Nouveautés l'enrôla dans sa troupe à des conditions avantageuses; ce changement de position, en le mettant dans un milieu plus en évidence, allait permettre à son talent, consacré désormais à un genre plus élevé, de prendre un nouveau développement. C'est, en effet, de ce théâtre que date sa réputation qui, jusque-là, circonscrite dans un cercle assez restreint, ne tarda pas à s'étendre rapidement.

Le 25 mai 1827, sa première apparition sur cette scène eut lieu dans le *Débutant*, comédie composée pour lui, & dans laquelle il jouait un rôle à travestissements où son succès fut complet. Bientôt les rôles lui arrivèrent nombreux & variés dans tous les genres que ce nouveau théâtre aborda avec plus de courage que de bonheur, depuis l'opéra jusqu'au vaudeville-parade, en passant par la comédie historique & le drame le plus échevelé. Bouffé, en moins d'une année, était devenu l'artiste en renom, éclipsant rapidement la vieille réputation de Joly & de Philippe, ces transfuges de la rue de Chartres. Il sut maintenir son rang & son autorité même à côté de Potier, qui vint pendant quelque temps donner des représentations sur ce théâtre. La présence du grand comédien exerça sur le jeu de son jeune camarade une influence à laquelle celui-ci eut depuis quelque peine à se soustraire. Presque à son insçu, tant était sincère son admiration pour cette vieille gloire, Bouffé se laissa surprendre à l'imiter; le jeu de Potier, si l'on peut s'exprimer ainsi, avait déteint sur lui. Mais lui-même avait une valeur personnelle trop réelle pour que cet état de choses persistât : son originalité reprit le dessus, & il ne resta de cette étude attentive, nous dirions presque de cette fascination, qu'un nouveau progrès & une plus complète appropriation des secrets de l'art dramatique. En reproduisant sur la scène des personnages de tout âge

& de tout état, il en fit des types remarquables de vérité, depuis le jeune commis taquin & bavard, du *Marchand de la rue Saint-Denis*, qui fit rire tout Paris, jufqu'au vieux & dévoué ferviteur Caleb. Ce dernier rôle lui échut, au refus de l'acteur Joly, qui dut regretter de n'avoir pas compris le parti qu'on en pouvait tirer. Citons encore Rigolard de *Jean*, le joyeux Dubois de la *Femme, le Mari & l'Amant*, *Pierre le Couvreur*, *Quoniam*, Falftaff de *Henri V*, *André le Chanfonnier*, *Figaro* & enfin, Méphiftophélès de *Fauft*. Dans tous ces rôles, il apporta une fcience profonde, une finefſe & un goût parfait. « C'eft le meilleur « artifte comique de Paris, difent, en parlant de lui, « les biographies théâtrales du temps, & fon nom feul « vaut un éloge. »

Engagé, trois ans d'avance, par le directeur du Gymnafe, il quitta, à l'expiration de fon contrat, les Nouveautés qui, deux ans plus tard, fombrèrent, & alla donner des repréfentations à Londres, avant de débuter au boulevard Bonne-Nouvelle.

C'eft en avril 1831, qu'il s'y montra pour la première fois dans la *Maifon en loterie* & dans la *Penfion bourgeoife*. On ne fut pas d'abord utilifer cet acteur précieux, à qui on ne donnait que des rôles infignifiants. Le *Bouffon du Prince* rompit enfin cette mauvaife veine; puis, vinrent le *Gamin de Paris*, *Michel Perrin*, *Les Enfants de troupe*, *la Fille de l'Avare*, *Pauvre Jacques*, &c., & beaucoup d'autres rôles, dans lefquels il excitait le rire ou arrachait les larmes, qui prouvèrent la profondeur de son intelligence, la souplesse de son talent, & fixèrent la vogue à cet heureux théâtre pendant plus de douze années.

En 1843, le directeur ayant refusé de renouveler son traité avec la Société des auteurs dramatiques, vit son théâtre mis en interdit, & cette entreprise si prospère eut à traverser les épreuves les plus pénibles. Une des plus cruelles fut le départ de Bouffé, qui, au mois de décembre, passa avec armes & bagages aux Variétés. Le public l'y suivit & l'y applaudit. Ce ne fut point dans un ouvrage nouveau qu'il reparut devant le public : C'était Bouffé, c'était le comédien célèbre qu'on venait revoir. Ainsi qu'autrefois pour Talma, & de nos jours pour Frédérick-Lemaître, le nom & le talent de l'interprète suffisait à attirer & à retenir la foule; la curiosité pour les pièces n'arrive qu'en seconde ligne. Cependant, de nouvelles créations viennent attester que l'artiste n'a rien perdu de sa puissance & maintiennent à son apogée une réputation qui ne peut plus s'accroître : ce sont *le Baron de Grignon, Bocquillon à la recherche d'un père, Le Forestier, le Compagnon du Tour de France, Pierre Février, Léonard, Jérôme le maçon, le Pouvoir d'une Femme, le Berger de Souvigny*, pour ne citer que les principales.

Ici, se place une observation qui, sans s'appliquer particulièrement à Bouffé, dont elle ne discute pas, d'ailleurs, le talent hors ligne, mérite d'être signalée.

« C'est la tendance des auteurs à écrire des pièces
« en vue d'un acteur en renom, & à sacrifier l'ensem-

« ble de l'ouvrage, en subordonnant l'intrigue &
« l'intérêt à cet enfant gâté du public, qui devient
« ainsi le pivot unique autour duquel tout s'enchaîne
« & se rattache. Les autres personnages ne sont là
« qu'à l'état de satellites, chargés de donner la ré-
« plique, & de fournir à l'acteur privilégié le motif
« ou le prétexte de la scène ou du mot à effet. Devant
« sa personnalité, placée au premier plan, tout dispa-
« raît & s'efface; on ne voit plus, on n'entend plus
« que l'artiste qui doit assurer le triomphe de l'œuvre. »

Avec son esprit paradoxal, Théophile Gautier demandait, à ce propos, qu'on fît, au contraire, une pièce dans laquelle Bouffé n'aurait qu'un rôle secondaire, un personnage de second plan, que relèverait le talent du comédien.

Cette idée originale qui, du reste, ne paraît avoir été goûtée ni des auteurs, ni des directeurs, & nous pouvons ajouter que, le fût-elle par eux d'un commun accord, elle aurait peu de chance d'être adoptée par les artistes, cette idée ne manque pourtant pas d'un certain fond de vérité. Il y aurait peut-être là une épreuve à tenter; mais qui sait, si le public, en définitive juge en dernier ressort dans cette question, lui ferait bon accueil? Sa surprise, en retrouvant son acteur favori dans un rôle secondaire, n'aurait peut-être pour conséquence que de l'indisposer contre l'ouvrage, ou, ce qui serait un danger plus réel pour l'artiste, de faire croire un instant à une défaillance de son talent. Tout en reconnaissant ce que cette absorption d'une pièce au profit d'un feul acteur, a quelquefois d'abfolu & d'exceffif, nous y trouvons auffi, parfois, la preuve de la force & de la puiffance de cette organifation d'élite qui a fu s'impofer & conferver, avec fon originalité, la variété merveilleufe & la foupleffe de fon talent, dans un répertoire dont il était la clef de voûte & dont il portait à lui feul la refponfabilité.

C'eft là une glorieufe & rare exception, dont Bouffé n'a partagé le privilége qu'avec Déjazet. Malgré fa fanté délicate & fon organifation nerveufe, Bouffé puifait dans fon énergie le courage de lutter contre fon mal, & dans la journée, en rencontrant fur le boulevard un homme de petite taille, à l'apparence chétive, à la figure pâle & fatiguée, fe promenant lentement, prefqu'avec peine, & femblant demander au foleil la chaleur & la fanté, on fe prenait à douter que cet homme fût Bouffé, que, le foir, on reverrait fur la fcène dans le *Gamin de Paris*, ou dans les *Enfants de Troupe*, alerte & joyeux, plein de vie & d'entrain : transformation magique, qui ne pouvait s'expliquer que par le fentiment du devoir.

Mais un jour vint où le mal triompha de cette force de volonté, & le 1er décembre 1847, en jouant dans *Jérôme le maçon*, Bouffé, vers le milieu de la pièce, tomba tout-à-coup privé de fentiment (1). Son abfence de la fcène dura plus d'une année. Il reparut

---

(1) Pareil accident arrivait en 1833, à Joanny, au premier acte de Louis XI, dans la fcène de Coictier & de Comines, il perdait connaiffance, & était emporté hors de la fcène.

dans le *Muet d'Ingouville* & dans la *Maison en loterie*.

A sa sortie des Variétés, il alla demander au ciel de Nice le rétablissement de sa santé toujours chancelante. Puis il revint &, comme pour lui, le théâtre c'était la vie, on le revit aux Variétés, où sa rentrée dans *Michel Perrin*, fut acclamée avec transport.

Mais son état maladif persistait & paraissait ne pouvoir bientôt plus lui permettre un service régulier, sans encourir le danger d'une rechute. Il quitta de nouveau le théâtre & fut autorisé à donner de temps en temps des représentations à la Porte-Saint-Martin.

Il entra ensuite au Vaudeville, y reprit quelques-uns de ses principaux rôles, & reparut de nouveau sur la scène de la Porte-Saint-Martin.

Dans ces dernières années, nous l'avons vu revenir au théâtre du Gymnase-Dramatique, jouer soit dans les matinées théâtrales, soit dans les représentations du soir, quelques-uns de ses anciens rôles où il avait mis son cachet, & offrant aux jeunes comédiens un modèle qu'ils ne sauraient trop étudier.

Mais ces apparitions sont rares & Bouffé, alors qu'il revient sur la scène, n'est plus lié par aucun traité autre que de parole & de bonne foi.

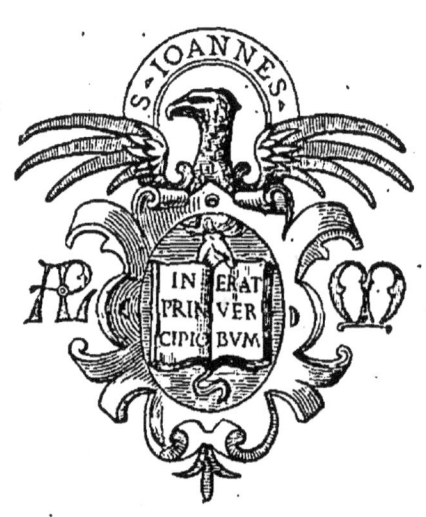

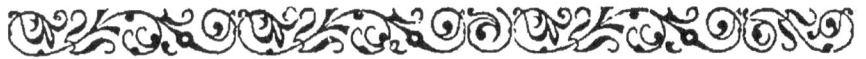

TABLE DES MATIÈRES

	Pages.
AVANT-PROPOS.	V
Baroto	1
Mague Saint-Aubin	4
Beaunoir.	11
Démaillot.	24
Plancher-Valcour.	28
Martelli.	35
Dumaniant.	41
Talon.	50
Le Petit Arlequin (Moreau).	58
Mlle Foreſt.	64
Révalard.	71
De Joigny.	73
Séveſte.	76
Duménis.	80
Mlle Lévêque.	87
Cazot.	91
Mme Bras.	95
Sophie Belmont.	101
Defreſne.	106
Élomire.	112
Mlle Rouzé-Bourgeois.	115
Malaga.	120
Rouſſeau.	125

Fontenay	127
Mlle Leroy	136
Blosseville	140
Klein	143
Cuisot	150
Mlle Adèle Dupuis	153
Flore	158
Basnage	165
Arnal	169
Legrand	188
Francisque aîné	192
Lafont	199
Jenny Vertpré	208
Déjazet	213
Mme Allan-Dorval	230
Mlle Anne Dussert	244
Bocage	248
Mme Perrin	260
Grassot	265
Numa	272
Frédérick Lemaître	278
Pauline Geoffroy	297
Mme Albert	302
Mélingue	309
Félix	319
Francisque jeune	327
Achard	333
Jenny Colon	339
Mlle Léontine Fay	343
Mme Rose Chéry	349
Mlle Desclée	358
De Chilly	364
Bouffé	369

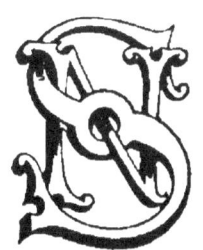

www.ingramcontent.com/pod-product-compliance
Lightning Source LLC
Chambersburg PA
CBHW052234220526
45471CB00001B/41